미래의 부자인 _____ 님을 위해

이 책을 드립니다.

자금조달
계획서
완전정복

자금조달
계획서
완전정복

초판 1쇄 발행 | 2020년 10월 29일
초판 3쇄 발행 | 2021년 9월 17일

지은이 | 우영제·이상규
펴낸이 | 박영욱
펴낸곳 | (주)북오션

편 집 | 권기우
마케팅 | 최석진
디자인 | 서정희·민영선·임진형
기획·진행 | 최기운
SNS마케팅 | 박현빈·박가빈

주 소 | 서울시 마포구 월드컵로 14길 62
이메일 | bookocean@naver.com
네이버포스트 | post.naver.com/bookocean
페이스북 | facebook.com/bookocean.book
인스타그램 | instagram.com/bookocean777
전 화 | 편집문의: 02-325-9172   영업문의: 02-322-6709
팩 스 | 02-3143-3964

출판신고번호 | 제313-2007-000197호

ISBN 978-89-6799-557-7 (03320)

이 도서의 국립중앙도서관 출판예정도서목록(CIP)은 서지정보유통지원시스템
홈페이지(http://seoji.nl.go.kr)와 국가자료공동목록시스템
(http://www.nl.go.kr/kolisnet)에서 이용하실 수 있습니다.
(CIP제어번호: CIP2020041733)

"어떻게 하면 세금을 줄일 수 있나요?"

어쩌면 가볍게 생각하고 던지는 질문이지만 도대체 어디서부터 어떻게 설명해야 할지 몰라 말문이 막히는 경우가 많습니다.

지금도 좋은 분들을 많이 만나고 있지만 제 몸은 하나라 지금 만나고 있고 앞으로 만나게 될 많은 분들에게 '알고 있으면 좋을 부분'을 친절하게 차근차근 설명할 자신이 없었습니다.

글보다는 영상으로 효과적으로 설명할 수 있다고 생각했고 그 영상을 많은 분들과 공유한다면 부족한 부분에 대한 피드백을 받으며 저 또한 단점을 보완해 나갈 수 있을 거라 생각했습니다.

그렇게 유튜브(밤송이회계사)를 통해 올린 영상에 많은 분들이 과분한 관심과 응원을 해주셨습니다. 하지만 다양한 주제를 많은 영상으로 다루다 보니, 특정한 목적이 있는 누군가에게는 불필요한 영상이 많다고 느껴지실 수 있다고 생각합니다. 그래서 보다 체계적으로 내용을 전달하고 싶다는 생각에 이 책을 집필하던 중 마침 증여세 및 자금출처조사와 밀접하게 관련돼 있는 자금조달계획서 및 증빙서류의 제출대상이 확대됨에 따라 많은 혼란이 예상되어 이 책을 출간하게 되었습니다.

흔히 말하는 자금조달계획서의 정식 명칭은 무엇일까요?

자금조달계획서의 정식 명칭은 "주택취득자금 조달 및 입주계획서"입니다.

이 "주택취득자금 조달 및 입주 계획서"는 말 그대로 주택을 취득하는 돈을 어디서 구했는지, 직접 입주할 계획은 있는지 확인하는 아주 간단한 서류라고 생각할 수 있습니다

하지만, 자금조달계획서 서식 하단에 있는 국세청에 제공될 수 있다는 경고 문구와 주택가격 안정화를 위해 도입이 필요하다는 정부의 강력한 의지를 고려할 때 자금조달계획서와 증여세 자금출처조사는 밀접한 관련이 있다고 보입니다.

이렇듯 간단해 보이지만 중요한 자금조달계획서 작성을 돕고자 부족하지만 이 책을 준비하였습니다.

부족한 필력에도 이 책을 출간할 수 있도록 도움을 주신 많은 분들께 감사드리며, 특히 책을 완성하기까지 모든 고민을 함께 해준 이상규 회계사님께도 감사의 뜻을 전합니다. 많이 부족한 내용이지만, 실제 자금조달계획서를 작성하고, 자금조달증빙을 준비하시는 데 조금이나마 도움이 되길 바랍니다.

이 책의 부족한 부분은 머물러 있는 것을 두려워하고 싶은 〈밤송이회계사〉의 유튜브채널을 통해 꾸준히 보완하도록 하겠습니다.

2020년 9월, 밤송이회계사

PART 4 자금출처 궁금증

PART 6 관련 규정 및 양식

아파트를 매매할 때는 부동산실거래신고를 합니다. 부동산실거래 신고는 계약당사자가 누구인지, 언제 계약했는지, 거래금액은 얼마인지 등을 시청에 신고를 하는 것입니다.

부동산 거래 내용 외에 추가로 자금조달계획서를 제출하라는 내용이 17년 8·2 주택시장 안정화 방안(이하 8·2 대책)에서 발표되었습니다.

Part 1

자금조달계획서가 뭐죠

01
자금조달계획서는
언제 생겼나요?

A: 이번에 서울에 괜찮은 아파트 하나 나와서 살까 생각 중이야.

B: 아파트를 사면 자금조달계획서도 제출해야 한다면서? 몇 년 전만 해도 자금조달계획서를 제출한다는 말을 별로 못 들어봤는데 말이야

A: 요즘에는 서울뿐 아니라 다른 지역도 자금조달계획서를 제출해야 한다고 하더라고. 심지어 청주에 있는 아파트를 사도 제출해야 된대.

B: 아파트 사는 것만으로도 신경이 많이 쓰이는데, 그것까지 신경 써야 해? 자금조달계획서는 도대체 언제 생긴거야?

Q "자금조달계획서는 언제 생긴 건가요?"

아파트를 매매할 때는 부동산실거래신고를 합니다. 부동산실거래신고는 계약당사자가 누구인지, 언제 계약했는지, 거래금액은 얼마인지 등을 시청에 신고를 하는 것입니다.

부동산 거래 내용 외에 추가로 자금조달계획서를 제출하라는 내용이 17년 8·2 주택시장 안정화 방안(이하 8·2 대책)에서 발표되었습니다.

기존에 하던 부동산 거래신고에 추가로 아파트를 구입하는 자금이 어디에서 나온 것인지 밝히라고 정한 것입니다. 아파트 구입 자금이 어디에서 나왔는지 조사하면, 떳떳하지 못한 자금은 사용할 수 없습니다. 부모님에게 받았는데 증여세 신고를 안 한 자금, 사업을 하면서 현금으로 수령했던 자금, 부모님 법인에서 근무하지 않으면서 받은 급여 등은 자금조달계획서에 적을 수 없습니다.

그에 따라 투기적 주택 수요가 줄어들어 아파트 가격도 안정될 것이라는 정부의 기대감으로 자금조달계획서를 신고하는 것입니다.

이 자금조달계획서는 8·2 대책 당시 발표되었고, 바로 그 다음 달인 17년 9월에 시행령에 반영되었습니다.

A "자금조달계획서는 17년 8 · 2대책에서 발표돼 17년 9월 시행령에 반영"

! 자금조달계획서 신설 관련 8 · 2 대책

〈17.8.2대책 중〉[1]

① 자금조달계획 등 신고 의무화

■ (현행) 모든 부동산 거래는 「부동산 거래신고 등에 관한 법률」에 따라 계약 당사자, 계약일, 거래가액 등을 신고하도록 의무화
o 투기가 발생할 우려가 있는 지역은 주택거래신고지역으로 지정하여 자금조달계획 등을 신고하도록 하였으나, '15년 동 제도 폐지

■ (개선) 투기과열지구 내에서 주택 거래 시 자금조달계획 및 입주계획 등의 신고를 의무화 *민간택지, 공공택지 모두 적용
o (대상) 투기과열지구 내 거래가액 3억원 이상 주택(분양권, 입주권 포함)
o (신고내용) 기존 「부동산 거래신고 등에 관한 법률」의 계약 당사자, 계약일, 거래가액 외에 자금조달계획 및 입주계획 추가
  *부동산거래계약 신고 시 자금조달계획, 입주계획 등 관련 서식에 따라 제출
o (자료활용) 자금출처 확인 등을 통해 증여세 등 탈루 여부 조사, 전입신고 등과 대조하여 위장전입, 실거주 여부 확인 등에 활용
o (벌칙) 미신고자, 허위신고자 등에 대해서는 과태료를 부과

---

1   2017.8.2. 주택시장 안정화 방안 p.15

■ (조치계획)「부동산 거래신고 등에 관한 법률 시행령」개정('17.9)
　*시행령 시행일 이후의 주택거래는 자금조달계획 및 입주계획 신
　고의무 부여

　정부는 자금조달계획서를 활용해 자금출처를 확인하고 이를 통해 증여세 등 세금 탈루 여부를 조사하려 계획하고 있습니다. 또한, 전입신고 등 정부가 기존에 보유하고 있고 확인 가능한 자료와 대조해 위장전입이나 실거주 여부를 확인하려는 목적으로 자금조달계획서를 도입했다는 사실을 알 수 있습니다.

　이러한 정부의 의지를 반영하듯이 2017년 8월 발표된 부동산 정책 중 하나인 자금조달계획서 신설 규정은 다음 달인 2017년 9월 「부동산 거래신고 등에 관한 법률」시행령에 곧바로 반영되었습니다.

🛈 자금조달계획서 제출 규정 신설

정부의 대책발표 이전에도 「부동산 거래신고 등에 관한 법률」시행령에 따라 부동산 거래의 신고를 하는 경우 거래당사자, 계약체결일, 실제거래가격 등을 포함하여 신고하도록 하고 있었습니다.

공표일인 2017년 9월 26일부터 시행된 다음 부동산 거래신고 등에 관한 법률 시행령에 따라, 법에서 정의한 특정 요건을 갖추고 있는 주택을 취득하는 경우 자금의 조달계획과 입주계획을 함께 제출해야 한다는 것을 확인할 수 있습니다.

17년 9월 26일
부동산 거래 신고 법률 시행령
제3조(부동산 거래의 신고) ① 법 제3조제1항 각 호 외의 부분 본문에서 "그 실제 거래가격 등 대통령령으로 정하는 사항"이란 다음 각 호의 사항을 말한다. 다만, 제5호의2 및 제5호의3은 「주택법」 제63조에 따라 지정된 투기과열지구에 소재하는 주택(「주택법」 제2조제1호의 주택을 말한다. 이하 이 조에서 같다)으로서 실제 거래가격이 3억원 이상인 주택의 거래계약을 체결한 경우(거래당사자 중 매수인이 법 제3조제1항 단서에 따른 국가등인 경우는 제외한다)에만 적용한다. 〈개정 2017. 9. 26.〉
1. 거래당사자의 인적사항
2. 계약 체결일, 중도금 지급일 및 잔금 지급일
3. 거래대상 부동산등(부동산을 취득할 수 있는 권리에 관한 계약의 경우에는 그 권리의 대상인 부동산을 말한다)의 소재지 · 지번 · 지

목 및 면적

4. 거래대상 부동산등의 종류(부동산을 취득할 수 있는 권리에 관한 계약의 경우에는 그 권리의 종류를 말한다)

5. 실제 거래가격

5의2. 거래대상 주택의 취득에 필요한 자금의 조달계획

5의3. 거래대상 주택에 매수자 본인이 입주할지 여부와 입주 예정 시기

6. 계약의 조건이나 기한이 있는 경우에는 그 조건 또는 기한

02

나도 자금조달계획서를
작성해야 하나요?

A: 그런데 서울에 있는 아파트를 사면 자금조달계획서를 반드시 내야 해?

B: 아닐 거야. 전에 나 아파트 살 때 보니깐, 서울에서는 3억원 이상인 아파트를 살 때만 낸다고 들었어.

A: 3억원 이상? 그럼 의미 없겠네. 서울에 있는 아파트를 사면 다 자금조달계획서를 내란 말이잖아

B: 그렇긴 하지. 뉴스에서 봐도 서울에 있는 아파트 가격이 평균 10억원이 넘는다는 소리도 들리고 말이야.

Q **"나도 자금조달계획서를 작성해야 하나요?"**

2017년 8·2 부동산대책으로 이미 2017년 9월 26일부터는 투기과열지구 내 3억원 이상의 주택을 취득하는 경우에 자금조달계획서를 제출해야 했습니다. 하지만 8·2 대책 이후로도 많은 부동산시장 안정대책이 발표되면서 자금조달계획서 제출대상은 꾸준히 확대되고 있습니다.

자금조달계획서 제출대상이 어떻게 변경돼왔는지 보겠습니다!

2019년 12·16 대책으로 2020년 3월 13일부터는 자금조달계획서의 제출대상이 확대돼 투기과열지구 및 조정대상지역의 주택은 3억원 이상, 그 외 비규제지역은 6억원 이상의 주택을 취득하는 경우 자금조달계획서 작성대상이 되었습니다.

이후 2020년 6·17 주택시장 안정을 위한 관리방안(이하 6·17 대책)에 따라 자금조달계획서 제출대상이 더욱 확대되었습니다. 투기과열지구, 조정대상지역의 주택은 금액에 상관없이 자금조달계획서를 제출해야 하는 것으로 바뀌었습니다. 이는 자금출처 조사 등 투기 수요 대응의 실효성을 제고하며, 투기과열지구에 소재하는 주택을 거래하는 경우 자금조달계획서 작성 시 항목별 증빙자료를 첨부해 제출하도록 함으로써 비정상 자금조달 등 이상거래에 신속하게 대응하고 선제적 조사를 도모하려는 것으로 보입니다.

Ⓐ "투기과열지구 및 조정대상지역은 금액에 상관없이 주택을 구입하는 자"

〈각 대책별 자금조달계획서 제출대상 주택〉

대책	제출대상 주택	목적
17.8.2 대책	• 투기과열지구 3억원 이상의 주택	증여세 탈루여부 조사

⇩

대책	제출대상 주택	목적
19.12.16 대책	• 투기과열지구 · 조정대상지역 3억원 이상의 주택 • 그 외 지역 6억원 이상의 주택	조정대상지역 투기적 수요조사

⇩

대책	제출대상 주택	목적
20.6.17 대책	• 투기과열지구 · 조정대상지역 모든 주택 • 그 외 지역 6억원 이상의 주택	투기과열지구 · 조정대상지역 내 저가주택에 대한 투기수요 점검

〈각 대책별 자금조달계획서 적용시기〉

구분	12.16대책 이전	12.16대책 이후	6.17 대책 이후
적용시기	20년 3월 이전	20년 3월	20년 9월
투기과열지구	3억원 이상	3억원 이상	금액 무관 제출
조정대상지역	제출대상 아님	3억원 이상	금액 무관 제출
그 외	제출대상 아님	6억원 이상	6억원 이상

❗ 자금조달계획서 제출대상 관련 대책자료

2017.8.2. 대책[2] 中

■ (현행) 모든 부동산 거래는 「부동산 거래신고 등에 관한 법률」에 따라 계약 당사자, 계약일, 거래가액 등을 신고하도록 의무화

○ 투기가 발생할 우려가 있는 지역은 주택거래신고지역으로 지정하여 자금조달계획 등을 신고하도록 하였으나, '15년 동 제도 폐지

■ (개선) 투기과열지구 내에서 주택 거래 시 자금조달계획 및 입주계획 등의 신고를 의무화 *민간택지, 공공택지 모두 적용

○ (대상) 투기과열지구 내 거래가액 3억원 이상 주택(분양권, 입주권 포함)

○ (신고내용) 기존 「부동산 거래신고 등에 관한 법률」의 계약 당사자, 계약일, 거래가액 외에 자금조달계획 및 입주계획 추가

*부동산거래계약 신고 시 자금조달계획, 입주계획 등 관련 서식에 따라 제출

---

2   2017.8.2. 주택시장 안정화 방안 p.15

2019.12.16. 대책[3] 中

■ (현행) 자금조달계획서 제출대상이 투기과열지구 내 3억 이상 주택 취득 시로 제한되어 있어,

■ (개선) 자금조달계획서 제출대상을 투기과열지구 조정대상지역 3억 이상 주택 및 非규제지역 6억원 이상 주택 취득 시로 확대(시행령)

■ (적용시기) 「부동산거래신고법 시행령」 등 개정 후 즉시 시행('20.3월)

2020.06.17. 대책[4] 中

■ (현행) 자금조달계획서 제출 대상이 투기과열지구·조정대상지역 내 3억원 이상 주택 거래 시로 제한되어 있어,

○ 투기과열지구·조정대상지역 내 3억원 미만 저가 주택의 경우 자금출처 조사 등 실효성 있는 투기수요 점검에 한계

■ (개선) 투기과열지구·조정대상지역 내에서 주택을 거래하는 경우 거래가액과 무관하게 자금조달계획서를 제출토록 함

■ (적용시기) 「부동산거래신고법 시행령」 등 개정 후 즉시 시행 ('20.9월)

---

3 2019.12.16. 주택시장 안정화 방안 p.16
4 2020.6.17 주택시장 안정을 위한 관리방안 p.11

! 자금조달계획서 제출대상 규정

부동산 거래신고 등에 관한 법률 시행령

제3조(부동산 거래의 신고)

① 법 제3조제1항 각 호 외의 부분 본문에서 "그 실제 거래가격 등 대통령령으로 정하는 사항"이란 다음 각 호의 사항을 말한다. 다만, 제5호의2 및 제5호의3은 실제 거래가격이 6억원 이상인 주택(「주택법」 제2조제1호의 주택을 말한다. 이하 이 조에서 같다)과 같은 법 제63조에 따라 지정된 투기과열지구(이하 이 조에서 "투기과열지구"라 한다) 또는 같은 법 제63조의2에 따라 지정된 조정대상지역에 소재하는 주택으로서 실제 거래가격이 3억원 이상인 주택의 거래계약을 체결한 경우(거래당사자 중 매수인이 법 제3조제1항 단서에 따른 국가등인 경우는 제외한다)에만 적용한다. 〈개정 2017. 9. 26., 2020. 3. 13.〉

이는 현행(2020.9.20. 현재) 부동산거래 신고 등에 관한 법률 시행령입니다. 현행 규정을 보면 일반지역에서는 6억원 이상의 주택, 투기과열지구와 조정대상지역 소재 주택은 3억원 이상인 경우가 제출대상임을 확인할 수 있습니다.

부동산 거래신고 등에 관한 법률 시행령

제3조(부동산 거래의 신고)

〈신설 20.9.4 현재 입법예고〉

⑥ 제1항에도 불구하고 제1항제5호의2 및 제5호의3은 다음 각 호의 어느 하나에 해당하는 경우에만 적용한다. 다만, 거래당사자 중 매수인이 법 제3조제1항 단서에 따른 국가등인 경우는 제외한다.

1. 실제 거래가격이 6억원 이상인 주택의 거래계약을 체결하는 경우

2. 「주택법」 제63조에 따라 지정된 투기과열지구(이하 이 조에서 "투기과열지구"라 한다) 또는 같은 법 제63조의2에 따라 지정된 조정대상지역에 소재하는 주택의 거래계약을 체결하는 경우. 다만, 투기과열지구에 소재하는 주택의 거래계약을 체결한 경우에는 제1항제5호의2에 따른 자금의 조달계획을 증명하는 국토교통부령으로 정하는 서류를 첨부해야 한다.

이는 앞으로 개정될 입법예고안(2020.09.20. 현재)입니다.

앞으로는 지역과 무관하게 6억원 이상인 주택을 거래하면 자금조달계획서를 제출해야 합니다. 또한 투기과열지구와 조정대상지역의 경우 이전에는 3억원 이상이라는 금액기준이 있었지만, 이번 입법예고안에 따르면 금액 기준이 없습니다. 즉, 투기과열지구와 조정대상이면 금액에 상관없이 모든 주택이 자금조달계획서 제출 대상이 된 것입니다.

❗ 투기과열지구, 조정대상지역은?

2017년 8·2 대책에서 투기과열지구 및 투기지역이 지정되었습니다.

이 당시 재건축 및 재개발 등 정비사업 예정지역을 중심으로 투기 과열이 심화되고 있다고 생각한 정부는 서울시 전역과 과천시, 세종시를 투기과열지구로 지정했습니다.

그리고 일반 주택시장으로 과열이 심화되었다고 본 강남 4개구 등 서울 11개구, 세종시는 투기지역으로 지정되었습니다.

〈17년 8·2대책 중 투기과열지구 및 투기지역 지정 〉[5]

구분	투기과열지구 ('17.8.3)	투기지역 ('17.8.3)	조정대상지역 ('16.11.3, '17.6.19 대책)
서울	전 지역 (25개구)	강남, 서초, 송파, 강동, 용산, 성동, 노원, 마포, 양천, 영등포, 강서 (11개구)	전 지역 (25개구)
경기	과천시	–	경기 7개시 (과천, 성남, 하남, 고양, 광명, 남양주, 동탄2)
기타	세종시	세종시	부산 7개구, 세종시

17년 8월 이후로도 수많은 부동산 대책이 나오면서 20년 9월 현재의 조정대상지역과 투기과열지구는 2017년 8·2 대책 당시와는 범위가 달라졌습니다.

---

5   2017.8.2. 주택시장 안정화 방안 p.5

조정대상지역 · 투기과열지구 지정 현황도 ('20.6.19 기준)[6]

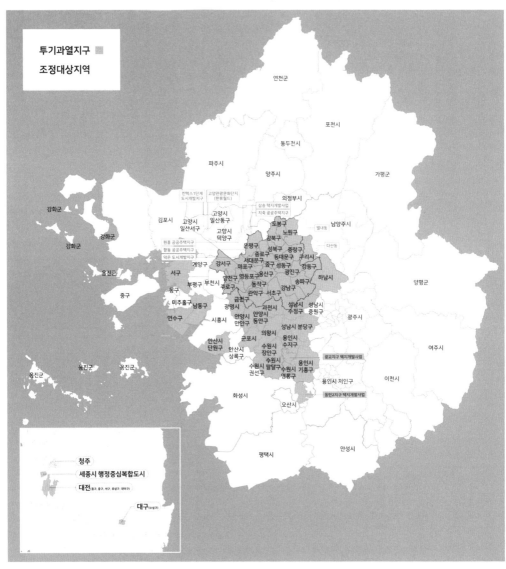

조정대상지역 · 투기과열지구 지정 현황표 ('20.6.19 기준)[7]

	투기과열지구(48개)	조정대상지역(69개)
서울	전 지역('17.8.3)	전 지역('16.11.3)
경기	과천('17.8.3), 성남분당('17.9.6), 광명, 하남('18.8.28), 수원, 성남수정, 안양, 안산단원, 구리, 군포, 의왕, 용인수지 · 기흥, 동탄2('20.6.19)	과천, 성남, 하남, 동탄2('16.11.3), 광명('17.6.19), 구리, 안양동안, 광교지구('18.8.28), 수원팔달, 용인수지 · 기흥('18.12.31), 수원영통 · 권선 · 장안, 안양만안, 의왕('20.2.21) 고양, 남양주[주1], 군포, 안성[주2], 부천, 안산, 시흥, 용인처인[주3], 오산, 평택, 광주[주4], 양주, 의정부('20.6.19)
인천	연수, 남동, 서('20.6.19)	중, 동, 미추홀, 연수, 남동, 부평, 계양, 서('20.6.19)
대전	동, 중, 서, 유성('20.6.19)	동, 중, 서, 유성, 대덕('20.6.19)
대구	대구수성('17.9.6)	–
세종	세종('17.8.3)	세종('16.11.3)
충북	–	청주[주5]('20.6.19)

주1 화도읍, 수동면 및 조안면 제외
주2 일죽면, 죽산면 죽산리 · 용설리 · 장계리 · 매산리 · 장릉리 · 장원리 · 두현리 및 삼죽면 용월리 · 덕산리 · 율곡리 · 내장리 · 배태리 제외
주3 포곡읍, 모현면, 백암면, 양지면 및 원삼면 가재월리 · 사암리 · 미평리 · 좌항리 · 맹리 · 두창리 제외
주4 초월읍, 곤지암읍, 도척면, 퇴촌면, 남종면 및 남한산성면 제외
주5 낭성면, 미원면, 가덕면, 남일면, 문의면, 남이면, 현도면, 강내면, 옥산면, 내수읍 및 북이면 제외

7   2020.6.17. 주택시장 안정을 위한 관리방안 p.7

❗ 투기지역, 투기과열지구, 조정대상지역 중 어떤 것이 더 큰 것일까?

조정대상지역, 투기과열지구, 투기지역 중 조정대상지역이 범위가 가장 넓고, 투기지역의 범위가 가장 좁습니다.

- 투기과열지구는 자동으로 조정대상지역에 해당합니다.
- 투기지역은 자동으로 투기과열지구이면서 조정대상지역에 해당합니다.

  (대구 수성같이 조정대상지역은 아니지만, 투기과열지구에 해당하는 경우도 있긴 합니다.)

즉, 투기지역으로 지정되면 투기지역에 해당하는 규제뿐 아니라 투기과열지구에 해당하는 규제 및 조정대상지역에 해당하는 규제 모두를 적용받게 됩니다.

반대로 투기지역 및 투기과열지구가 아닌 조정대상지역은 조정대상지역에 해당하는 규제만 적용받는 것입니다.

〈17.8.2대책 중〉[8]

조정대상지역
성남, 하남, 고양, 광명, 남양주, 동탄 2, 부산(해운대, 연제, 동래, 수영, 남, 기장, 부산진)

투기과열지구
서울(구로, 금천, 동작, 관악, 은평, 서대문, 종로, 중, 성북, 강북, 도봉, 중랑, 동대문, 광진), 과천시

투기지역
서울(강남, 서초, 송파, 강동, 용산, 성동, 노원, 마포, 양천, 영등포, 강서), 세종시

이는 17년 8 · 2 대책 당시 조정대상지역 등 현황입니다. 이후 20년 8월 현재까지 지속적인 부동산대책으로 투기지역, 투기과열 지구, 조정대상지역은 추가되거나 변경되었습니다. 따라서 현재 조정대상지역, 투기과열지구 지정현황은 20년 6 · 17 대책에 나온 자료를 참고하시면 됩니다.

---

8   2017.8.2. 주택시장 안정화 방안 p.32

03
비규제지역 아파트를
구입하면?

A: 이제부터는 서울에 있는 아파트를 사면 3억원 이하인 경우
에도 자금조달계획서를 내야 한다면서?

B: 맞아. 이번에 법이 바뀌어서 아파트가 10억원이나 3억원이
나 모두 대상이 되었다고 들었어.

A: 그럼 지방에 있는 아파트를 사면 어떨까? 이번에 울산에 위
치가 마음에 드는 아파트가 6억원에 나왔거든.

B: 설마 지방에 있는 아파트까지 자금조달계획서를 내라고
할까?

Q "투기과열지구나 조정대상지역이 아닌 비규제지역에 있는 아파트를 사도 자금조달계획서를 제출해야 하나요?"

앞서 살펴본 대로, 앞으로는 투기과열지구 및 조정대상지역의 주택을 구입하는 경우에는 금액과 상관없이 자금조달계획서를 제출해야 합니다.

A "투기과열지구나 조정대상지역은 금액 상관없이 주택을 구입하는 자"

투기과열지구나 조정대상지역이 아닌 비규제지역에서 6억원 미만인 주택을 구입하는 경우에는 자금조달계획서를 제출하지 않습니다. 따라서, 비규제지역에서 3억원 아파트를 구입하면 별도의 자금조달계획서를 제출하지 않습니다. 하지만 자금조달 계획서는 제출하지 않더라도 부동산실거래신고는 해야 함을 유의해야 합니다.

A "그 외 비규제지역에서는 6억원 이상 주택을 구입하는 자"

부동산 거래신고 등에 관한 법률 시행령

제3조(부동산 거래의 신고)

〈신설 20.9.4 현재 입법예고〉

⑥ 제1항에도 불구하고 제1항 제5호의2 및 제5호의3은 다음 각 호의 어느 하나에 해당하는 경우에만 적용한다. 다만, 거래당사자 중 매수인이 법 제3조제1항 단서에 따른 국가등인 경우는 제외한다.

　1. 실제 거래가격이 6억원 이상인 주택의 거래계약을 체결하는 경우

　2. 「주택법」 제63조에 따라 지정된 투기과열지구(이하 이 조에서 "투기과열지구"라 한다) 또는 같은 법 제63조의2에 따라 지정된 조정대상지역에 소재하는 주택의 거래계약을 체결하는 경우. 다만, 투기과열지구에 소재하는 주택의 거래계약을 체결한 경우에는 제1항제5호의2에 따른 자금의 조달계획을 증명하는 국토교통부령으로 정하는 서류를 첨부해야 한다.

20년 9월 현재 입법예고된 부동산 거래신고 등에 관한 법률 시행령입니다.

일반 비규제지역인 경우에는 6억원 이상인 주택을 거래하는 경우만 자금조달계획서 제출대상으로 되어 있습니다. 여기서 6억원 이상이란 6억원의 주택은 포함되고, 5억9000만원의 주택은 포함되지 않는 것입니다.

자금조달계획서는
어디에 있나요?

A: 이번에 서울에 있는 아파트를 하나 구입하기로 결정했어.

B: 여기저기 알아보더니, 결정하기 쉽지 않았을 텐데 고생했어.

A: 응. 그런데 지금 내 자금만으로 구입하기에는 부족해서. 은행 대출도 알아보려고 해.

B: 그래. 요새는 대출받기가 많이 어려워진 것 같던데, 아파트 계약하기 전에 미리 알아보는 게 좋아.

A: 응. 대출이 가능한지도 알아야 자금조달계획서도 제대로 작성할 수 있어서. 그런데 자금조달계획서가 어디에 있는지 알아? 어떤 항목을 써야 하는지 미리 한번 보고 싶어서.

B: 글쎄. 그건 부동산 중개사무실에 가면 있지 않을까?

Q "자금조달계획서는 어디에 있나요?"

자금조달계획서는 부동산거래신고 서류 중 하나입니다. 그래서 부동산 중개사무실에서 자금조달계획서를 포함한 서류를 챙겨서 시청, 구청에 거래신고를 합니다. 즉, 부동산 중개사무실에 가면 자금조달계획서 양식이 있을 것입니다.

물론 부동산 중개사무실에 가기 전에 자금조달계획서 양식을 미리 보고 싶다면 인터넷에서 서식을 찾아볼 수 있습니다.

1. 인터넷 검색창에 "부동산 거래신고 등에 관한 법률 시행규칙"으로 검색

2. 시행규칙의 별지 1호의 2서식 [주택취득자금조달 및 입주계획서] 클릭

3. 열람/출력

A "부동산 거래신고 등에 관한 법률 시행규칙의 별지 서식"

참고로 저희가 운영하는 카페에도 서식을 올려놓았습니다.

1. https://cafe.naver.com/jnpartners

2. "자금조달"로 검색

3. 서식 선택 및 출력

■ 부동산 거래신고 등에 관한 법률 시행규칙 [별지 제1호의2서식] 〈개정 2020. 3. 13.〉

주택취득자금 조달 및 입주계획서

※ 색상이 어두운 난은 신청인이 적지 않으며, [ ]에는 해당되는 곳에 ∨표시를 합니다. (앞쪽)

접수번호		접수일시		처리기간	
제출인 (매수인)	성명(법인명)		주민등록번호 (법인·외국인등록번호)		
	주소(법인소재지)		(휴대)전화번호		
① 자금 조달계획	자기 자금	② 금융기관 예금액 　　　　　원		③ 주식·채권 매각대금 　　　　　원	
		④ 증여·상속 　　　　　원		⑤ 현금 등 그 밖의 자금 　　　　　원	
		[ ] 부부 [ ] 직계존비속(관계:　) [ ] 그 밖의 관계(　 　 　)		[ ] 보유 현금 [ ] 그 밖의 자산(종류:　 　)	
		⑥ 부동산 처분대금 등 　　　　　원		⑦ 소계 　　　　　원	
	차입금 등	⑧ 금융기관 대출액 합계 　　　　　원	주택담보대출		원
			신용대출		원
			그 밖의 대출	(대출 종류:　 　)	원
		기존 주택 보유 여부 (주택담보대출이 있는 경우만 기재) [ ] 미보유　 [ ] 보유 (　 건)			
		⑨ 임대보증금 　　　　　원		⑩ 회사지원금·사채 　　　　　원	
		⑪ 그 밖의 차입금 　　　　　원		⑫ 소계	
		[ ] 부부 [ ] 직계존비속(관계:　) [ ] 그 밖의 관계(　 　 　)		원	
	⑬ 합계			원	
⑭ 조달자금 지급방식	총 거래금액				원
	⑮ 계좌이체 금액				원
	⑯ 보증금·대출 승계 금액				원
	⑰ 현금 및 그 밖의 지급방식 금액				원
	지급 사유 (　 　 　 　)				
입주 계획	[ ] 본인입주 [ ] 본인 외 가족입주 (입주 예정 시기:　 년　 월)		[ ] 임대 (전·월세)	[ ] 그 밖의 경우 (재건축 등)	

「부동산 거래신고 등에 관한 법률 시행령」 제3조제1항, 같은 법 시행규칙 제2조제5항부터 제8항까지의 규정에 따라 위와 같이 주택취득자금 조달 및 입주계획서를 제출합니다.

　　　　　　　　　　　　　　　　　　　　년　　 월　　 일

제출인　　　　　　　　　(서명 또는 인)

시장·군수·구청장 귀하

05
언제까지
제출해야 하나요?

A: 어떤 아파트를 사야 할지 결정하는 것보다 자금조달계획서
작성하는 게 더 힘들었어.

B: 그러게. 나는 작성하는 거 옆에서 보기만 해도 어지럽더라.
그런데 자금조달계획서 다 썼으면, 구청에 제출하는 거야?

A: 응. 중개사가 매매계약서랑 같이 구청에 제출할 거야.

B: 그것도 기한이 있어? 양도세, 증여세 같은 세금은 언제까지
신고하라는 기한이 있던데.

A: 자금조달계획서도 기한이 있을까? 잘 모르겠어. 중개사무실
에서 알아서 잘 제출하겠지.

Q "자금조달계획서는 언제까지 제출해야 하나요?"

아파트 매매계약을 하면, 그 실제 거래가격 등을 관할 시군구에 신고해야 합니다. 이 실제 거래가격 신고와 함께 거래 당사자의 인적사항, 계약 체결일, 거래금액뿐만 아니라 자금조달계획서도 신고하여야 합니다.

이때 그 실제 거래가격 등에 대한 신고서와 자금조달계획서는 계약체결일로부터 30일 이내에 제출해야 합니다.

A "계약체결일로부터 30일 이내에 제출"

❗ 자금조달계획서 제출 시기

부동산 거래신고 등에 관한 법률

제3조(부동산 거래의 신고) ① 거래당사자는 다음 각 호의 어느 하나에 해당하는 계약을 체결한 경우 그 실제 거래가격 등 대통령령으로 정하는 사항을 거래계약의 체결일부터 30일 이내에 그 권리의 대상인 부동산등(권리에 관한 계약의 경우에는 그 권리의 대상인 부동산을 말한다)의 소재지를 관할하는 시장(구가 설치되지 아니한 시의 시장 및 특별자치시장과 특별자치도 행정시의 시장을 말한다) · 군수 또는 구청장(이하 "신고관청"이라 한다)에게 공동으로 신고해야 한다.

부동산 거래신고 등에 관한 법률 시행령

제3조(부동산 거래의 신고) ① 법 제3조제1항 각 호 외의 부분 본문에서 "그 실제 거래가격 등 대통령령으로 정하는 사항"이란 다음 각 호의 사항을 말한다.

1. 거래당사자의 인적사항

2. 계약 체결일, 중도금 지급일 및 잔금 지급일

3. 거래대상 부동산등(부동산을 취득할 수 있는 권리에 관한 계약의 경우에는 그 권리의 대상인 부동산을 말한다)의 소재지 · 지번 · 지목 및 면적

4. 거래대상 부동산등의 종류(부동산을 취득할 수 있는 권리에 관한 계약의 경우에는 그 권리의 종류를 말한다)

5. 실제 거래가격

   5의2. 거래대상 주택의 취득에 필요한 자금의 조달계획 및 지급방식.

   5의3. 거래대상 주택에 매수자 본인이 입주할지 여부와 입주 예정 시기

....

06
제가 직접
구청에 제출해요?

A: 이제 정말 다 했어. 아파트 매매계약서도 쓰고, 자금도 준비했고, 자금조달계획서도 다 썼어.

B: 아파트 사는 게 점점 어려워지는 것 같네. 고생했어.

A: 응. 이제 등기만 나오면 내 집이 되는 거야.

B: 자금조달계획서는 써서 중개사무실에 갖다 준 거야? 거기에서 대신 제출해 준대?

A: 응. 중개사무실에서 인터넷으로 제출한다고 했어.

Q "자금조달계획서는 제가 직접 구청에 제출해야 하나요?"

아파트를 살 때는 대부분 부동산 중개사무실을 통해 거래합니다. 이렇게 공인중개사분들을 통해 거래하는 경우에는 공인중개사분들이 자금조달계획서를 제출하도록 하였습니다.

A "공인중개사를 통해 거래하는 경우 공인중개사가 신고"

자금조달계획서에는 많은 정보가 들어 있습니다. 예금은 얼마 있는지, 증여는 언제 받는지, 사업을 하면 소득이 얼마인지, 어디에서 대출받았는지 등 민감한 개인정보가 많습니다.

이러한 개인정보를 다른 사람에게 보여주고 싶지 않을 수도 있습니다. 이렇게 본인의 정보 노출을 원하지 않을 경우에는 자금조달계획서 및 증빙자료를 본인이 직접 제출할 수도 있습니다.

즉, 공인중개사의 부동산 실거래 신고 후 자금조달계획서를 직접 제출할 수 있습니다.

A "민감한 개인정보 노출을 원치 않는 경우 본인이 직접 제출 가능"

가끔 아파트를 직거래 하시는 분들도 있긴 합니다. 이때는 아파트를 매수한 사람이 직접 자금조달계획서 등 서류를 챙겨서 신고를 하면 됩니다.

ⓐ "공인중개사 없이 직거래하는 경우 매수한 사람이 신고"

❗ 2020.3.10. 국토부 보도자료[9]

2. 자금조달계획서 및 증빙자료는 어떻게 제출해야 하는지?

■ 중개계약의 경우, 공인중개사가 실거래 신고서를 제출해야 하며, 이때 자금조달계획서 및 증빙자료도 공인중개사가 실거래 신고서와 함께 일괄하여 제출

○ 다만, 개인정보 노출 등 사유로 매수인이 자금조달계획서 및 증빙자료를 직접 제출하고자 하는 경우, 별도 제출도 가능함

－ 이 경우 매수인은 해당 자료를 출력하여 신고관청에 직접 제출하거나, 스캔 또는 이미지 파일의 형태로 인터넷 부동산거래관리시스템(https://rtms.molit.go.kr)을 통해 제출할 수도 있음*

*다만, 공인중개사가 실거래 신고서를 먼저 제출해야 함

■ 직거래 계약의 경우, 매수인이 실거래 신고서와 함께 자금조달계획서 및 증빙자료를 신고관청에 직접 신고·제출하거나, 대리인을 통한 대리 제출 등도 가능

9　2020.3.10. 국토부 보도자료, 자금조달계획서 제출 대상지역 확대 등 투기대응 강화, p7

07
자금조달계획서를
제출 안 해도 되나요?

A: 이번에 본 아파트는 정말 사고 싶어.

B: 그래. 거기는 정말 위치가 좋더라.

　같이 볼 때는 바로 계약할 거 같더니 왜 그래?

A: 자금조달계획서 때문에…….

B: 자금조달계획서? 너 자금 충분하잖아?

A: 충분하긴 해. 그런데 몇 년전에 부모님께 받은 돈도 포함해
　야 하거든.

　그때 따로 증여세 신고를 안 해서…….

B: 음, 그런데 자금조달계획서를 꼭 제출해야 해?

Q "자금조달계획서를 꼭 제출해야 하나요?"

자금조달계획서는 부동산거래신고 등에 관한 법률에 제출하도록 명시돼 있습니다. 계약체결일로부터 30일 이내에 제출해야 하며, 제출하지 않으면 과태료가 부과됩니다.

이때 부과되는 과태료는 관련 자료의 단순 미제출에 대한 것이며, 탈세 등에 대한 징계금액이 아닙니다.

이렇게 미제출된 거래에 대해서는 과세관청이 증여세를 탈루한 것은 없는지 등을 더 유심히 볼 수밖에 없습니다.

A "자금조달계획서 미제출 시 과태료 500만원"

! 2020.3.10. 국토부 보도자료[10]

6. 자금조달계획서 또는 증빙자료를 제출하지 않을 경우 어떠한 규제나 처벌이 있는지?

■ 자금조달계획서 또는 증빙자료를 제출하지 아니할 경우 「부동산 거래신고 등에 관한 법률」 제28조제2항제4호 위반에 해당하여 500만원 과태료 처분대상임

  *불법행위 여부와는 무관하게 증빙자료를 제출하지 않은 데 대한 처분임

---

10   2020.3.10. 국토부 보도자료, 자금조달계획서 제출 대상지역 확대 등 투기대응 강화, p11

❗ 미제출 등 과태료

부동산 거래신고 등에 관한 법률 시행령

[별표 2] 과태료의 부과기준

위반행위	근거	과태료
4) 법 제6조를 위반하여 거래대금 지급을 증명할 수 있는 자료 외의 자료를 제출하지 않거나 거짓으로 제출한 경우	법 제28조 제2항제4호	500만원
1) 부동산등의 실제 거래가격 외의 사항을 거짓으로 신고한 경우	법 제28조 제3항 관련	취득가액(실제 거래가격을 말한다. 이하 이 목에서 같다)의 100분의 2

참고로 벌금과 과태료의 차이를 간단히 알아보겠습니다.

과태료는 형벌의 성질이 아닌, 행정법규 위반에 대해 시청이 부과하는 징계금액입니다(예: 주차단속 시).

한편, 벌금은 형사처벌 관련 규정을 위반했을 때, 재판을 거쳐 국가에 납부하는 금액입니다(예: 음주운전 시).

08
통장까지 제출해요?

A: 아~ 홀가분해. 원하는 금액에 아파트를 구입했고, 자금조달
   계획서도 잘 작성했어.

B: 이제 정말 끝난 거지?

A: 당연하지! (전화벨) 여보세요?

   네? 통장도 달라고요? 왜 통장까지?

B: 중개사사무실이야? 뭐라 그러는데?

A: 나보고 통장도 제출해달라고 하네.

B: 뭐? 통장까지?

Q "자금조달계획서를 제출했는데, 통장도 내야 하나요?"

앞서 말씀드렸듯이 투기과열지구와 조정대상지역 내 주택을 거래하는 경우에는 이제 금액과 상관없이 자금조달계획서를 제출해야 합니다.

그런데 자금조달계획서뿐 아니라 자금조달계획서 작성의 근거에 해당하는 증빙자료까지 제출해야 하는 경우도 있습니다. 바로 투기과열지구 내 주택을 거래하는 경우입니다.

즉, 투기과열지구는 거래금액과 상관없이 자금조달계획서 작성 항목별로 증빙자료를 제출해야 합니다.

예를 들어 예금을 5억원이라고 기재했다면, 5억원에 대한 통장 잔고증명서를 제출해야 한다는 뜻입니다. 또한 부동산 매각대금으로 5억원을 기재하였다면, 그 금액을 기재한 근거를 매매계약서 등으로 증명해야 합니다.

A "투기과열지구 내 주택거래 시 금액에 상관없이 자금조달 증빙 제출"

〈각 대책별 자금조달계획서 증빙자료 제출대상〉

대책	증빙자료 제출대상
19.12.16 대책	투기과열지구 내 9억원 이상의 주택

⇩

20.6.17 대책	투기과열지구 모든 주택

❗ 19.12.16 대책[11]

④ 자금조달계획서 증빙자료 제출

■ (현행) 실거래 신고 시 객관적인 자금조달 증빙자료가 부재하여 매매거래가 완결된 거래건만 소명자료를 받아 조사 중

○ 비정상 자금조달 등 이상거래 신속 대응과 선제적 조사가 곤란

■ (개선) 투기과열지구 9억원 초과 주택 실거래 신고 시 자금조달계획서와 함께 신고 관련 객관적 증빙자료를 제출토록 함*

   *(예시) ① 자기자금(소득금액증명원 등), ② 현금 · 금융기관 예금액(증빙 가능 예 적금 잔고 등), ③ 임대보증금(전세계약서 등), ④ 거래 가능 여부 확인(분양권 전매제한 예외 증빙 서류 등)

○ 증빙자료를 확인하여 이상거래 의심 시* 실거래 상설조사팀 조사 즉시 착수 ⇒ 과태료 부과 · 관계기관 통보 등 조치

   *(의심사례 예시) ① 소득금액이 없는 미성년자가 증여신고 없이 자기자금 과다 보유 ② 소득금액이 크지 않은 20대가 현금 · 금융기관 예금액 등 자기자금 과다 보유 ③ 대출 규제 초과하는 '임대보증금 포함 주택' 매수자가 주택담보대출 실행

■ (적용시기) 「부동산거래신고법 시행령」 개정 후 즉시 시행('20.3월)

---

11   2019.12.16. 주택시장 안정화 방안 p.16

사실 자금조달계획서를 최초로 도입할 당시에는 자금조달계획서만 제출하였을 뿐 그 자금조달계획서에 대한 증빙까지 제출하지는 않았습니다.

그러나 2019년 12·16 대책으로 관련 규정이 개정돼 2020년 3월 이후에는 서울 등 투기과열지구에서 9억원을 초과하는 주택을 거래하는 경우 자금조달계획서뿐 아니라 계획서에 있는 각 항목별 증빙자료도 제출하도록 변경되었습니다.

> ❗ 20.6.17 대책[12]
>
> ③ 자금조달계획서에 대한 증빙자료 제출대상 확대
>
> ■ (현행) 투기과열지구 9억원 초과 주택 거래신고 시 자금조달계획서 기재내용에 대한 객관적 진위를 입증할 수 있는 증빙자료를 제출
>   *자조서 작성 항목별로 예금잔액증명서, 소득금액증명원 등 증빙자료를 첨부·제출
>
> ○ 투기과열지구 9억원 이하 중·저가 주택의 경우 비정상 자금조달 등 이상거래에 대한 신속한 대응 및 선제적 조사가 제한
>
> ■ (개선) 투기과열지구 내 주택 거래 신고 시 거래가액과 무관하게 자금조달계획서 작성 항목 별 증빙자료를 첨부하여 제출토록 함
>
> ○ 증빙자료 확인을 통해 불법 증여, 대출규정 위반 등 의심거래는 집중 관리대상으로 선정하고, 실거래 신고 즉시 조사에 착수
>
> ■ (적용시기) 「부동산거래신고법 시행령」 등 개정 후 즉시 시행('20.9월)

---

12 2020.6.17. 주택시장 안정을 위한 관리방안 p.11

여기서 끝이 아닙니다. 2020년 3월부터 개정된 법률을 적용하였으나, 6개월 지난 현재 또 다시 그 대상을 확대하는 것으로 입법예고 되었습니다.

따라서 앞으로는 입법예고(10월 중 공표 예정)된 시행령에 따라, 투기과열지구 내 주택을 거래할 경우 금액에 상관없이 자금조달계획서에 대한 항목별 증빙자료를 같이 제출하여야 합니다.

09
자금조달계획서는
누가 보나요?

A: 아파트 매매계약서에, 자금조달계획서에, 증빙자료 준비까
   지 다했어.

   쉽지 않은 과정이었어.

B: 이제 정말 끝난 거지? 설마 뭐를 또 내라고 연락오는 건 아
   니겠지?

A: 부동산 중개사무실에서도 이제 다 끝났다고 했어.

B: 그런데 자금조달계획서는 누가 보는 거야?

   이것만 보고도 그 사람의 인생을 대충 알 수도 있겠는걸?

A: 그러네. 제출하고 보니, 내 정보가 많이 들어가 있네.

Q "자금조달계획서는 누가 보나요?"

자금조달계획서를 포함한 부동산 실거래 신고 내역에 대하여 국토부 및 지자체 등 관계기관은 실거래 상시 모니터링과 지자체 정밀조사로 이상거래 조사대상을 추출하여 소명자료 제출을 요청하고 필요에 따라 추가 출석 등을 요구해 출석조사를 실시합니다. 관계기관의 합동조사 결과 위법사항이 밝혀지는 경우, 관할 구청은 「부동산거래신고법」 등에 따라 과태료를 부과하고 있으며, 조사결과를 금융위,금감원, 행안부(편법 또는 불법대출), 경찰청(불법전매), 국세청(편법증여) 등 해당 기관에 즉시 통보하는 조치를 하고 있습니다.

특히 2020년 2월 21일 이후부터는 국토부에 실거래 조사(감정원 위탁) 권한이 주어짐에 따라 대응반과 한국감정원 실거래상설조사팀이 전국의 이상거래를 집중적으로 상시 조사하고 있습니다

그중에 가장 유의해야 하는 부분은 역시 법령에 첨부된 자금조달계획서 서식의 첫 번째 유의사항인 "주택취득자금 조달 및 입주계획서는 국세청 등 관계기관에 통보되어, 신고내역 조사 및 관련 세법에 따른 조사 시 참고로 활용됩니다"에서 볼 수 있듯이 편법증여 의심 건으로 분류되면 국세청에 통보, 세무조사의 대상이 될 수 있다는 것이라 할 수 있습니다.

Ⓐ "의심건에 대해서는 국토부 검토 후 국세청 송부"

❗ 2020.5.7. 국세청 보도자료[13]

○ 또한, 지난 4.21. '관계기관 합동조사*' 결과, 1차('19.11.28. 532건) 및 2차('20.2.4. 670건) 통보 건수에 비해 대폭 증가한 835건이 3차 탈세의심자료로 통보되었으며,

  *'19.10.부터 국토교통부, 행정안전부, 금융위원회, 국세청, 서울시, 금융감독원 등 32개 기관 합동으로 주택 거래 신고내용 조사

⇒ '20.2.부터는 국토교통부에 조사 권한이 부여되어 국토교통부 内 「부동산시장불법행위대응반」(국토교통부, 금융감독원, 국세청 등 7개 부처가 참여하여 2.21. 출범)에서 조사

  – 분석 결과 특수관계자간 채권 채무로 소명한 편법증여 혐의, 법인자금 유출 등 탈루혐의 사례가 다수 포착되었습니다.

[관계기관 합동조사 결과 자료 수보 및 조사 현황]　　　　　(단위:건)

구분		1차('19.11.28.)	2차('20. 2. 4.)	3차('20. 4.21.)
수보 건수		532	670	835
조사 착수	착수일	'19.12.23.	'20.2.13.	'20.5.7.
	건수	257	361	517

*1 · 2차는 서울지역, 3차는 전체 투기과열지구 주택거래 조사

13　2020.5.7. 국세청 보도자료, 고가부동산 거래과정에서의 편법증여 혐의자 등 517명 세무조사 착수, p3

이와 같이 국토부 실거래상설조사팀은 부동산 실거래가 신고내역 및 자금조달계획서(자금조달증빙 포함)를 분석한 후, 이상거래로 의심되는 거래를 국세청에 통보합니다. 하지만 조사건수 대비 투입되는 국세청 전문인력이 부족해 일반적으로 생각하는 부분과 다르다는 이유로 탈세 의심거래로 통보되는 경우도 많이 있는 것으로 보입니다.

앞의 표에서 볼 수 있듯이 국토부는 3차 조사 때 의심자료 835건을 국세청에 통보했지만, 그중 국세청이 실제 조사착수한 건은 517건입니다. 또한, 국세청이 조사를 착수했지만, 최종적으로 과세가 된 건은 더 적을 것으로 예상됩니다.

이렇게 국토부에서 국세청 전문인력을 투입해서 소명자료 분석을 고도화하였음에도 의심거래를 통보하는 과정에서 실수가 발생하는 데서 알 수 있듯이 단순의심만으로는 과세 여부를 판단하기 어렵습니다. 따라서 중요한 사안은 미리 꼼꼼하게 법리 검토를 할 필요가 있습니다.

투기과열지구·조정대상지역(서울 등)에 있는 아파트를 살 때는 아파트 가격과 무관하게 모든 아파트가 자금조달계획서 제출대상입니다. 따라서, 서울에 있는 아파트를 매매를 통해 구입할 때 자금조달계획서를 제출해야 합니다.

Part 2

어떤 물건을 사면 대상인가요

앞으로 어떤 아파트가
자금조달계획서 제출대상인가요?

A: 이번에 아들이 결혼하면서 서울에 아파트를 하나 샀어.

B: 잔금 치르는 데 문제는 없었어?

A: 잔금 준비하는 건 문제 없었어. 그것보다는 자금조달계획서
   를 작성하는 게 더 힘들었어.

B: 이제는 아파트를 사면 무조건 자금조달계획서란 거를 다 제
   출해야 하는 거야?

   서울뿐 아니라 지방에 있는 아파트도 모두 다 대상일까?

Q "어떤 아파트가 자금조달계획서 제출대상인가요?"

딱 3가지만 생각하면 됩니다.

Ⓐ "첫째, 매매거래금액을 기준으로 6억원 이상인 전국의 모든 주택이 자금조달계획서 제출대상입니다"

Ⓐ "둘째, 투기과열지구 · 조정대상지역 내 주택은 매매거래금액에 상관없이 모든 주택이 자금조달계획서 제출대상입니다"

Ⓐ "셋째, 투기과열지구 내 주택거래 시 자금조달계획서뿐 아니라 증빙서류까지 제출해야 합니다."

구분	거래금액	자금조달계획서	자금조달증빙
조정대상지역	모두	제출	–
투기과열지구	모두	제출	제출
비규제지역	6억원이상	제출	–

실제 자금조달계획서를 어떻게 작성하고 어떤 증빙을 준비해야 하는지는 Part 3에서 살펴보겠습니다.

조정대상지역 · 투기과열지구 지정 현황표 ('20.6.19 기준)[14]

	투기과열지구(48개)	조정대상지역(69개)
서울	전 지역('17.8.3)	전 지역('16.11.3)
경기	과천('17.8.3), 성남분당('17.9.6), 광명, 하남('18.8.28), 수원, 성남수정, 안양, 안산단원, 구리, 군포, 의왕, 용인수지 · 기흥, 동탄2('20.6.19)	과천, 성남, 하남, 동탄2('16.11.3), 광명('17.6.19), 구리, 안양동안, 광교지구('18.8.28), 수원팔달, 용인수지 · 기흥('18.12.31), 수원영통 · 권선 · 장안, 안양만안, 의왕('20.2.21) 고양, 남양주[주1], 군포, 안성[주2], 부천, 안산, 시흥, 용인처인[주3], 오산, 평택, 광주[주4], 양주, 의정부('20.6.19)
인천	연수, 남동, 서('20.6.19)	중, 동, 미추홀, 연수, 남동, 부평, 계양, 서('20.6.19)
대전	동, 중, 서, 유성('20.6.19)	동, 중, 서, 유성, 대덕('20.6.19)
대구	대구수성('17.9.6)	–
세종	세종('17.8.3)	세종('16.11.3)
충북	–	청주[주5]('20.6.19)

주1 화도읍, 수동면 및 조안면 제외
주2 일죽면, 죽산면 죽산리 · 용설리 · 장계리 · 매산리 · 장릉리 · 장원리 · 두현리 및 삼죽면 용월리 · 덕산리 · 율곡리 · 내장리 · 배태리 제외
주3 포곡읍, 모현면, 백암면, 양지면 및 원삼면 가재월리 · 사암리 · 미평리 · 좌항리 · 맹리 · 두창리 제외
주4 초월읍, 곤지암읍, 도척면, 퇴촌면, 남종면 및 남한산성면 제외
주5 낭성면, 미원면, 가덕면, 남일면, 문의면, 남이면, 현도면, 강내면, 옥산면, 내수읍 및 북이면 제외

14 2020.6.17. 주택시장 안정을 위한 관리방안 p.7

02
자금조달계획서 없이
아파트를 사는 방법이 있다고?

A: 이번에 아파트 하나 알아보고 있다면서?

B: 응. 서울에서 살까, 지방에 있는 걸 살까 고민 중이야.

A: 여유 있으면 서울에 있는 아파트를 사는 게 낫지 않아?

B: 그렇긴 한데, 자금조달계획서 작성하는 게 너무 번거롭고
  싫어서

Q "서울에 있는 아파트를 사고 싶은데 까다로운 자금조달계획서는
  작성하고 싶지 않아요"

투기과열지구·조정대상지역(서울 등)에 있는 아파트를 살 때는 아파트 가격과 무관하게 모든 아파트가 자금조달계획서 제출대상입니다. 따라서, 서울에 있는 아파트를 매매를 통해 구입할 때 자금조달계획서를 제출해야 합니다.

부동산 거래신고 등에 관한 법률에 따른 자금조달계획서는 부동산 실거래신고 시 제출하는 서류입니다. 하지만 경매는 법률에 의한 처분행위로, 부동산 실거래 신고 등에 대한 의무가 없습니다. 따라서 매매를 통한 실거래가 아닌 경매로 아파트를 취득하는 경우에는 자금조달계획서 제출대상이 아닙니다.

Ⓐ "경매로 낙찰받은 아파트는 자금조달계획서 제출대상이 아닙니다"

실제 자금조달계획서를 작성하기 불편한 분들은 이런 이유로 경매에 참여하기도 합니다. 종종 경매에서 시세보다 높은 가격으로 낙찰을 받는 경우가 있다는 뉴스를 보곤 하는데, 다양한 사연이 있겠지만 자금조달계획서 또한 그 이유가 될 수 있습니다.

<문화일보 기사 中>[15]

경매시장까지 '들썩'… 8월 아파트 낙찰가율 108% '역대 최대'
6·17대책 규제 적용 안 받고
"시세보다 저렴" 수요자 몰려
감정가보다 비싼 가격 속출

   예금, 대출, 부동산 보유현황 등 나의 재산상태가 그대로 드러날 수 있는 자금조달계획서를 정부기관에 제출하는 상황은 굳이 잘못한 부분이 없다고 해도 불편한 마음이 드는 것이 당연할 것입니다.

---

15   2020.8.24. 문화일보 기사, 경매시장까지 '들썩'… 8월 아파트 낙찰가율 108% '역대 최대'

03
자녀에게
아파트를 팔면?

A: 뉴스에서 보니 종합부동산세 폭탄이라는 말이 많이 나오네.

B: 맞아. 부동산 대책이 나올 때마다 종부세 세율이 계속 올라
   갔어.

   나도 종부세 때문에 아파트 하나 내놓으려고.

A: 종부세 부담이 만만치 않지.

   그런데 가지고 있는 아파트가 위치가 다 좋잖아?

   남에게 팔면 아깝지 않겠어?

B: 응. 그래서 아들에게 팔려고 생각 중이야.

Q "위치가 좋아 앞으로도 가격이 오를 것 같아서 남에게 팔기는 아까우니까 자녀에게 팔려고 해요"

끊임없는 주택시장 안정화 방안에 따라 기존 종합부동산세 개편안은 폐기되었고 세율이 큰 폭으로 인상되고 과세대상이 확대된 새로운 종합부동산세 개편안을 정부가 내놓고 있습니다.

이렇게 급격하게 인상되고 있는 종합부동산세를 줄일 수 있는 방법 중 하나는 보유하고 있는 아파트를 처분하는 것입니다. 하지만, 향후 지속적인 가격 상승이 예상되는 경우라면, 남이 아니라 자녀에게 처분하는 것도 좋은 선택일 수 있습니다. 그전에 자녀가 해당 아파트를 살 수 있는 경제적 능력이 있는지, 이를 객관적으로 증명할 수 있는지 여부를 확인하는 것은 당연한 일입니다.

이처럼 자녀에게 아파트를 양도하는 경우에도 매매계약서를 작성하고 부동산 실거래 신고를 하는 것은 타인과 거래할 때와 동일합니다. 예외적인 거래인 만큼 그 실질을 객관적으로 입증할 수 있어야 합니다. 따라서 서울에 있는 아파트를 자녀에게 매매계약으로 이전한다면, 자금조달계획서뿐 아니라 자금조달 증빙서류까지 제출해야 합니다.

A "서울에 있는 아파트를 자녀에게 팔아도 자금조달계획서는 제출해야 합니다."

자녀에게 아파트를
증여해주면?

A: 저번에 아파트를 아들에게 판다고 했지?

B: 매매계약으로 이전하려고 했는데, 증여해주는 방향으로 결
   정했어.

A: 왜 마음이 바뀌었어?

B: 아들이 모아놓은 돈도 없고, 대출도 얼마되지 않아서

   매매계약으로 하면, 자금조달계획서 쓰기가 힘들 거 같아.

Q "서울 아파트를 자녀에게 증여해주려고 해요"

부모가 자녀에게 부동산을 양도하는 거래에서 가장 중요한 부분은 그 자녀에게 자금조달능력 및 대출금을 상환할 수 있는 경제적 능력이 있는지입니다. 이러한 경제적 능력을 객관적으로 입증하기 어렵다면 그 부동산거래 자체를 증여로 볼 수도 있음에 유의해야 합니다.

주택(아파트) 거래에서 국세청이 가장 예의주시하고 있는 부분은 다름 아닌 출처가 불분명한 자금, 즉 편법증여를 통해 주택을 취득하는 행위입니다. 이와 같이 출처가 불분명한 자금을 조사하는 것을 흔히 자금출처조사라고 합니다.

한편, 자금출처조사란 어떤 사람이 재산을 취득하거나 부채를 상환하였을 때 그 사람의 직업·나이, 그동안의 소득세 납부실적·재산상태 등으로 보아 스스로의 힘으로 재산을 취득하였거나 부채를 상환했다고 보기 어려운 경우, 국세청에서 소요자금의 출처를 제시하도록 요청하고 출처를 제시하지 못하면 이를 증여받은 것으로 보아 증여세를 징수하는 것을 말합니다.

하지만, 주택을 증여했다면 국세청이 자녀의 자금출처를 궁금해할 이유가 없습니다.

Ⓐ "매매계약이 아닌 증여계약으로 아파트를 취득하는 경우에는 자 금조달계획서 제출대상이 아닙니다"

05

분양권을 사면?

A: 아파트를 사려니 자금조달계획서 작성하는 게 너무 번거롭고 힘드네.

B: 자금에 여유가 없어서, 여기저기서 자금을 모아야 할 때는 더 힘들더라고.

A: 그래서 난 아파트 말고 분양권을 살까 고민 중이야

B: 분양권은 아파트가 아니니깐, 자금조달계획서를 안 써도 되는 거야?

신축하는 아파트가 준공되면 입주를 할 수 있는 권리가 분양권입니다. 즉, 분양권은 주택에 해당하지 않습니다. 따라서 아직 주택공사가 완료되지 않았거나, 분양대금을 완납하지 않는 상태인 분양권을 취득한다면 자금조달계획서를 작성할 필요가 없다고 생각할 수 있습니다.

하지만, 정부의 부동산투기 수요 차단과 부동산거래 신고사항에 대한 집중조사 목적으로 나온 2017년 8·2 대책에 따라 투기의 대상으로 보이는 부동산을 취득할 수 있는 권리인 분양권의 매매거래 또한 자금조달계획서 작성대상에 포함되었습니다. 그러므로 2017년 9월 26일 자금조달계획서 작성이 시작된 이후 분양권 매매계약은 자금조달계획서 제출대상입니다.

또한 재개발·재건축으로 조합원이 취득한 입주권은 부동산을 취득할 수 있는 권리에 해당합니다. 이러한 입주권 매매 또한 분양권 매매와 마찬가지로 자금조달계획서 제출대상입니다.

A "분양권뿐 아니라 입주권 매매계약도 자금조달계획서 작성대상입니다"

현 정부는 부동산시장의 안정 및 부동산 투기수요를 억제하는 방안 중 하나로 자금조달계획서 제출 제도를 도입했습니다. 따라서 정부 입장에서는 분양권 및 입주권의 매매거래도 자금조달계획서를 작성하는 것이 부동산시장 안정에 도움을 줄 수 있다고 판단한 것입니다.

이유가 무엇이든 2017년 8·2 대책이 나올 당시부터 분양권과 입주권 매매계약은 자금조달계획서 작성대상에 포함돼 있었습니다.

❗ 신고대상 매매계약

부동산 거래신고 등에 관한 법률

제3조(부동산 거래의 신고) ① 거래당사자는 다음 각 호의 어느 하나에 해당하는 계약을 체결한 경우 그 실제 거래가격 등 대통령령으로 정하는 사항을 거래계약의 체결일부터 30일 이내에 그 권리의 대상인 부동산등(권리에 관한 계약의 경우에는 그 권리의 대상인 부동산을 말한다)의 소재지를 관할하는 시장(구가 설치되지 아니한 시의 시장 및 특별자치시장과 특별자치도 행정시의 시장을 말한다)·군수 또는 구청장(이하 "신고관청"이라 한다)에게 공동으로 신고하여야 한다.

1. 부동산의 매매계약
2. 「택지개발촉진법」, 「주택법」 등 대통령령으로 정하는 법률에 따른 부동산에 대한 공급계약
3. 다음 각 목의 어느 하나에 해당하는 지위의 매매계약
가. 제2호에 따른 계약을 통하여 부동산을 공급받는 자로 선정된 지위
나. 「도시 및 주거환경정비법」 제74조에 따른 관리처분계획의 인가 및 「빈집 및 소규모주택 정비에 관한 특례법」 제29조에 따른 사업시행계획인가로 취득한 입주자로 선정된 지위

부동산 거래신고 등에 관한 법률 제3조 제1항 제3호에 따라 부동산을 공급받는 자로 선정된 지위인 분양권과 사업시행계획 인가로 취득함으로써 입주자로 선정된 지위인 입주권의 매매계약도 신고대상에 포함된 것을 확인할 수 있습니다.

06
설마
오피스텔도?

A: 아파트는 가격이 너무 올라서 오피스텔에 투자해보려고 생
　 각 중이야.

B: 위치만 좋으면 월세도 잘 받고, 괜찮을 거 같아.

A: 응. 아파트에 비해 상대적으로 저렴하기도 하고.

B: 그래. 위치 좋은 거 있나 잘 알아봐.

A: 그런데 설마 오피스텔도 자금조달계획서를 내야 할까?

Q "오피스텔도 자금조달계획서를 작성해야 하나요?"

오피스텔은 건축법상 공동주택이 아닌 업무시설로 분류되며, 신축 당시를 기준으로 한다면 소득세법상 주택으로 볼 수 없습니다.

또한, 오피스텔의 건축물대장을 보면 용도란에 업무용으로 표시됩니다. 오피스텔을 주거용으로 사용하는 경우도 있지만, 건축물대장상 표시는 동일합니다. 다만 소득세법에서는 취득일 이후 사업자등록 여부와 상관없이 사실상 주거용으로 사용한다면 이를 주택으로 보고 있습니다.

논리적인 이유를 찾기는 어렵지만, 오피스텔 등의 준주택은 자금조달계획서 제출대상 주택에 해당하지 않습니다.

A "오피스텔 등의 준주택은 자금조달계획서 제출대상이 아닙니다"

⚠️ 국토부 보도자료[16]

2. 자금조달계획 및 입주계획을 제출해야 하는 신고대상 주택은?
○ 투기과열지구 소재 거래금액 3억원 이상 주택을 대상으로 하며, 오피스텔 등 준주택은 제외
○ 민간택지, 공공택지 분양계약 모두에 적용되며, 최초 분양계약, 분양권 및 입주권 전매를 모두 포함

아파트에 적용되는 규제를 피하기 위해, 투자자들이 오피스텔에 관심을 가지는 바람에 오피스텔 거래량이 많이 늘었다는 기사[17]도 볼 수 있습니다.

다른 유인도 있겠지만, 자금조달계획서를 제출하지 않는 점이 오피스텔 투자의 매력 중 하나일 것입니다.

하지만 이렇게 오피스텔로 투자자들이 몰리면, 오피스텔 매매도 자금조달계획서로 규제하는 대책이 나올 수도 있겠죠? 지금까지 그랬듯 예상하기는 어렵지만 지역별 풍선효과뿐 아니라, 부동산 물건별 풍선효과도 나타나면 또 다른 대책이 나올지도 모릅니다.

---

16 2017.9.26. 국토부, 9월 27일부터 주택 매매거래의 자금조달 및 입주계획 조사 실시, p3
17 2020.7.23. 파이낸셜뉴스, 5억 넘는 '고가' 오피스텔 거래도 늘었다

ⓄⓄ 토지는 사도 되나요?
상가는요?

A: 주위에서 실제 투자하기는 토지가 더 좋다고들 하네.

B: 토지도 위치가 중요하지. 지금 아무것도 없는 벌판이라도 잘 개발하면 수익이 정말 좋을걸.

A: 응. 그리고 토지가 나중에 증여하기도 좋다면서?

B: 토지는 시세보다 싼 공시지가로 증여할 수 있대. 그럼 증여세도 생각보다 크지 않아.

A: 오늘부터 토지에 대해 알아봐야겠어.

Q "토지도 자금조달계획서를 작성해야 하나요?"

자금조달계획서의 정식 명칭은 '주택'취득자금 조달 및 입주계획 서입니다.

자금조달계획서는 말 그대로 주택을 취득하는 경우에 작성하고 제출하는 서류입니다.

이름에서 알 수 있듯이 토지는 주택이 아니기에, 자금조달계획 서를 제출하지 않습니다. 주택이 아닌 상가 역시 자금조달계획서 가 필요하지 않습니다.

A "토지, 상가는 자금조달계획서 제출대상이 아닙니다"

참고로 토지거래허가제라는 것도 있죠? 허가구역 내 토지를 거 래할 경우에는 토지취득자금 조달계획서를 제출해야 합니다.

■ 부동산 거래신고 등에 관한 법률 시행규칙 [별지 제10호]서식

토지취득자금 조달계획서

제출인 (매수인)	①성명(법인명)		②생년월일 (법인 · 외국인등록번호)	
	③주소(법인소재지)		(휴대)전화번호	
자기 자금	④금융기관 예금액	원	⑤토지보상금	원
	⑥부동산매도액	원	⑦주식 · 채권 매각대금	원
	⑧현금 등 기타	원	⑨소계	원
차입금 등	⑩금융기관 대출액	원	⑪사채	원
	⑫기타	원	⑬소계	원
⑭ 합계	원			

「부동산 거래신고 등에 관한 법률」제11조제1항, 같은 법 시행령 제9조제1항 및 같은 법 시행규칙 제9조제2항제2호에 따라 위와 같이 토지취득자금 조달계획을 제출합니다.

년   월   일

제출인   (서명 또는 인)

시장 · 군수 · 구청장 귀하

❗ 토지는 공시지가로 증여[18]

(사실관계)

o 甲은 임야 00,000㎡를 2003.4.23. 취득하여 현재까지 보유하고 있음.

o 위 임야는 ★★★국립공원 매 자연림 임야로서 전체가 자연녹지 지역, 개발제한구역, 공익용산지, 보전산지, 공원 자연환경구역으로 지정되어 일반매매 사례는 전무함.

o 사권 행사가 제한된 토지로 장기보유가 필요하기에 신청인은 본인의 자녀 7명에게 일정 비율로 증여하고자 함.

(질의내용)

o 증여세 신고시 시가를 공시지가로 산정할 수 있는지 여부

【회신】

「상속세 및 증여세법」 제60조 제1항 및 제2항의 규정에 의하여 증여 재산의 가액은 증여일 현재의 시가에 의하는 것이며,

시가에 해당하는 가액이 없는 경우에는 같은 법 제60조 제3항에 의거하여 토지의 경우 같은 법 제61조 제1항 제1호의 규정에 의한 개별공시지가로 평가하는 것임.

유사한 물건이 많고, 매매가 빈번한 아파트는 매매사례가액이 있습니다. 정확히 내 집은 아니지만 비슷한 옆 집의 거래가액을 증여 시 활용할 수 있습니다.

---

18 서면-2019-상속증여-1610, 2019.06.12

그러나 아파트에 비해 상대적으로 매매가 잘 이루어지지 않는 토지는 이러한 매매사례가액을 적용하기가 어렵습니다. 이런 경우 시세보단 낮은 공시지가를 적용해 증여하는 경우도 있습니다. 공시지가로 증여하면 시세와의 차이만큼 증여세도 작아집니다.

다만 토지에 대해 감정평가를 받거나 수용되는 경우 등 간접적으로 시가를 확인할 수 있다면 공시지가를 적용받을 수 없습니다.

08

아파트를 상속받아도
자금조달계획서를 제출해야 하나요?

A: 이번에 아버님의 서울 아파트를 상속받았어.

B: 단독으로 상속받았어? 아니면 형제랑 공동으로?

A: 법정비율대로 공동으로 상속받았어. 명의도 공동명의로
　 했어.

B: 그래. 정신없겠지만, 시청이나 세무서에 내야 할 서류들 잘
　 챙기고.

Q "서울 아파트를 공동으로 상속받았어요"

증여와 마찬가지로 아파트를 상속받은 경우에도 유상으로 대가를 주고받은 매매계약이 아닙니다. 따라서 별도의 자금조달계획서를 제출할 필요는 없습니다.

A "상속받은 아파트는 자금조달계획서 제출대상이 아닙니다"

아파트 또는 단독주택을 공동으로 상속받은 경우에는 자금조달계획서에 대한 걱정보다 각 상속인들의 주택보유현황을 고려해서 아파트에 대한 상속지분을 어떻게 정할지를 고민해야 합니다. 지분율 49퍼센트와 51퍼센트는 전체 상속금액에서 중요하지 않지만 본인이 다주택자인 경우 양도소득세 등의 각종 세금에서 상당히 큰 차이가 발생할 수 있습니다. 특히 다주택자에 대한 양도세 중과 규정이 신설됨에 따라 상속받은 주택을 누구에게 몇 퍼센트의 지분으로 소유권이전등기를 할 것인지가 매우 중요해졌습니다.

A "공동상속아파트는 지분비율을 결정하는 것이 중요합니다"

❗ 공동으로 상속받은 아파트

구분	내용
원칙	공동상속주택은 해당 거주자의 주택으로 보지 아니한다
단서	해당 거주자의 주택으로 보는 경우 1. 최대지분자 2. 당해 주택 거주자 3. 최연장자

상속으로 여러 사람이 공동으로 소유하는 1주택이 있는 경우 해당 공동상속주택은 상속지분이 가장 큰 상속인이 주택을 소유한 것으로 봅니다. 상속지분이 가장 큰 상속인이 2인 이상인 때는 해당 주택에 거주하는 자가 그 주택을 소유하는 것으로 보며, 동일한 지분으로 당해 주택에 거주하는 자가 없다면 최연장자가 해당 공동상속주택을 소유한 것으로 보는 것입니다.

소득세법시행령 제155조 【1세대 1주택의 특례】

③ 제154조 제1항을 적용할 때 공동상속주택[상속으로 여러 사람이 공동으로 소유하는 1주택을 말하며, 피상속인이 상속개시 당시 2 이상의 주택(상속받은 1주택이 재개발사업, 재건축사업 또는 소규모재건축사업의 시행으로 2 이상의 주택이 된 경우를 포함한다)을 소유한 경우에는 제2항 각 호의 순위에 따른 1주택을 말한다] 외의 다른 주택을 양도하는 때에는 해당 공동상속주택은 해당 거주자의 주택으로 보지 아니한다. 다만, 상속지분이 가장 큰 상속인의 경우에는 그러하지 아니하며, 상속지분이 가장 큰 상속인이 2명 이상인 경우에는 그 2명 이상의 사람 중 다음 각 호의 순서에 따라 해당 각 호에 해당하는 사람이 그 공동상속주택을 소유한 것으로 본다. (2020. 2. 11. 개정)
1. 당해 주택에 거주하는 자 (1994. 12. 31. 개정)
2. (삭제, 2008. 2. 22.)
3. 최연장자 (1994. 12. 31. 개정)

❗ 양도소득세 더 중과[19]

양도소득세

※ 매물 유도를 위해 내년 종부세 부과일(21.6.1)까지 시행유예

① (단기 양도차익 환수) 2년 미만 단기 보유 주택에 대한 양도 소득
세율 인상(1년 미만 40 → 70%, 2년 미만 기본세율 → 60%)

양도소득세 세율 인상(안)

구분		현행			12.16.대책	개선	
		주택 외 부동산	주택 · 입주권	분양권	주택 · 입주권	주택 · 입주권	분양권
보유기간	1년 미만	50%	40%	(조정대상지역) 50% (기타지역) 기본세율	50%	70%	70%
	2년 미만	40%	기본세율		40%	60%	60%
	2년 이상	기본세율	기본세율		기본세율	기본세율	

② (다주택자 중과세율 인상) 규제지역 다주택자 양도세 중과세율 인상
*기본세율(6~42%)+(10%p(2주택) 또는 20%p(3주택 이상)→20%p
(2주택) 또는 30%p(3주택 이상))

---

19 2020.7.10. 주택시장 안정 보완대책, p5

Part 3

사례별 작성:
저는 어떻게 작성하면
될까요?

01
모아놓은 예금이 충분한 경우
(청주시 아파트)

1) 거래 상황

A씨는 청주에서 직장을 다니고 있으며, 직장 근처에 있는 아파트를 구입하려고 합니다.

거래금액은 5억원으로 결정했습니다.

구분	금액
계약금	500만원
중도금	9500만원
잔금	4억원
합계	5억원

Q "청주시에 5억원 아파트를 구입하려 해요"

2) 자금 상황

A씨가 직장생활을 시작한 지는 20년차 되었고, 그동안 큰 지출 없이 생활비를 제외한 월급을 모두 은행에 예금으로 예치하였습니다.

다행히 그동안 저축한 예금으로 아파트 잔금을 치르는 데 부족하지 않습니다.

Q "모아놓은 예금이 충분해요"

구분	금액	자금출처
예금	5억원	근로소득
합계	5억원	

3) 자금조달계획서 작성여부

지역	거래 금액	구분		자금조달 계획서
청주	5억원	조정대상지역	O	제출
		투기과열지구	–	
		비규제지역	–	

🅐 "청주는 조정대상지역이므로 자금조달계획서 제출대상입니다"

4) 어떻게 작성할까요?

A씨처럼 모아놓은 예금이 충분한 경우에는 자금조달계획서 작성에 별다른 어려움이 없습니다.

- 자금조달계획의 자기자금 부분에서

②번 항목인 금융기관 예금액 칸에 5억원을 기입합니다.

- 조달자금지급방식에서는

⑮번 항목인 계좌이체 금액 칸에 5억원을 기입합니다.

주택취득자금 조달 및 입주계획서

① 자금조달계획	자기자금	② 금융기관 예금액 500,000,000원		③ 주식 · 채권 매각대금 원	
		④ 증여 · 상속 원		⑤ 현금 등 그 밖의 자금 원	
		[ ] 부부 [ ] 직계존비속(관계:) [ ] 그 밖의 관계( )		[ ] 보유 현금 [ ] 그 밖의 자산(종류:)	
		⑥ 부동산 처분대금 등 원		⑦ 소계 500,000,000 원	
	차입금 등	⑧ 금융기관 대출액 합계 원	주택담보대출		원
			신용대출		원
			그 밖의 대출	(대출 종류:)	원
		기존 주택 보유 여부 (주택담보대출이 있는 경우만 기재) [ ] 미보유 [ ] 보유 (건)			
		⑨ 임대보증금 원		⑩ 회사지원금 · 사채 원	
		⑪ 그 밖의 차입금 원		⑫ 소계	
		[ ] 부부 [ ] 직계존비속(관계:) [ ] 그 밖의 관계( )		원	
	⑬ 합계			500,000,000원	
⑭ 조달자금 지급방식		총 거래금액		500,000,000원	
		⑮ 계좌이체 금액		500,000,000원	
		⑯ 보증금 · 대출 승계 금액		원	
		⑰ 현금 및 그 밖의 지급방식 금액		원	
		지급 사유 (		)	

5) 증빙 제출여부

지역	거래 금액	구분		자금조달 증빙
청주	5억원	조정대상지역	O	제출X
		투기과열지구	–	
		비규제지역	–	

Ⓐ "청주는 투기과열지구가 아니라서 자금조달 증빙은 제출하지 않습니다."

⑫
모아놓은 예금이 충분한 경우
(세종시 아파트)

1) 거래 상황

A씨는 세종에서 직장을 다니고 있으며, 직장 근처에 있는 아파트를 구입하려고 합니다.

거래금액은 5억원으로 결정했습니다.

구분	금액
계약금	500만원
중도금	9500만원
잔금	4억원
합계	5억원

Q "세종시에 5억원 아파트를 구입하려 해요"

2) 자금 상황

A씨가 직장생활을 시작한 지는 20년차 되었고, 그동안 큰 지출 없이 생활비를 제외한 월급을 모두 은행에 예금으로 예치하였습니다.

다행히 그동안 저축한 예금으로 아파트 잔금을 치르는 데 부족하지 않습니다.

Q "모아놓은 예금이 충분해요"

구분	금액	자금출처
예금	5억원	근로소득
합계	5억원	

3) 자금조달계획서 작성여부

지역	거래 금액	구분		자금조달 계획서
세종	5억원	조정대상지역	O	제출
		투기과열지구	O	
		비규제지역	–	

A "세종시는 조정대상지역과 투기과열지구에 해당하므로 자금조달계획서 제출대상입니다"

4) 어떻게 작성할까요?

A씨처럼 모아놓은 예금이 충분한 경우에는 자금조달계획서 작성에 별다른 어려움이 없습니다.

- 자금조달계획의 자기자금 부분에서

②번 항목인 금융기관 예금액 칸에 5억원을 기입합니다.

- 조달자금지급방식에서는

⑮번 항목인 계좌이체 금액 칸에 5억원을 기입합니다.

주택취득자금 조달 및 입주계획서

<table>
<tr>
<td rowspan="13">① 자금
조달
계획</td>
<td rowspan="5">자기
자금</td>
<td colspan="2">② 금융기관 예금액
　500,000,000원</td>
<td colspan="2">③ 주식 · 채권 매각대금
　원</td>
</tr>
<tr>
<td colspan="2">④ 증여 · 상속
　원</td>
<td colspan="2">⑤ 현금 등 그 밖의 자금
　원</td>
</tr>
<tr>
<td colspan="2">[ ] 부부 [ ] 직계존비속(관계: 　)
[ ] 그 밖의 관계(　)</td>
<td colspan="2">[ ] 보유 현금
[ ] 그 밖의 자산(종류: 　)</td>
</tr>
<tr>
<td colspan="2">⑥ 부동산 처분대금 등
　원</td>
<td colspan="2">⑦ 소계
　500,000,000 원</td>
</tr>
<tr><td colspan="4"></td></tr>
<tr>
<td rowspan="7">차입금
등</td>
<td rowspan="3">⑧ 금융기관 대출액 합계

　원</td>
<td>주택담보대출</td>
<td colspan="2">원</td>
</tr>
<tr>
<td>신용대출</td>
<td colspan="2">원</td>
</tr>
<tr>
<td>그 밖의 대출</td>
<td colspan="2">원
(대출 종류: 　)</td>
</tr>
<tr>
<td colspan="3">기존 주택 보유 여부 (주택담보대출이 있는 경우만 기재)
[ ] 미보유　 [ ] 보유 (　건)</td>
</tr>
<tr>
<td colspan="2">⑨ 임대보증금
　원</td>
<td colspan="2">⑩ 회사지원금 · 사채
　원</td>
</tr>
<tr>
<td colspan="2">⑪ 그 밖의 차입금
　원</td>
<td colspan="2" rowspan="2">⑫ 소계

　원</td>
</tr>
<tr>
<td colspan="2">[ ] 부부 [ ] 직계존비속(관계: 　)
[ ] 그 밖의 관계(　)</td>
</tr>
<tr>
<td>⑬ 합계</td>
<td colspan="4">500,000,000원</td>
</tr>
<tr>
<td rowspan="5">⑭ 조달자금
지급방식</td>
<td colspan="4">총 거래금액　500,000,000원</td>
</tr>
<tr>
<td colspan="4">⑮ 계좌이체 금액　500,000,000원</td>
</tr>
<tr>
<td colspan="4">⑯ 보증금 · 대출 승계 금액　원</td>
</tr>
<tr>
<td colspan="4">⑰ 현금 및 그 밖의 지급방식 금액　원</td>
</tr>
<tr>
<td colspan="4">지급 사유 (　)</td>
</tr>
</table>

5) 증빙 제출여부

지역	거래 금액	구분		자금조달 증빙
세종	5억원	조정대상지역	O	제출
		투기과열지구	O	
		비규제지역	−	

Ⓐ **"세종시는 투기과열지구에 해당하므로 자금조달증빙 제출대상입니다"**

6) 어떤 증빙을 제출하나요?

A씨는 자금조달계획서를 아래와 같이 작성하였습니다.

• 자기자금: 예금 5억원.

이때 필요한 증빙은 5억원에 대한 예금잔액증명서입니다.

구분	자금조달계획서		필요 증빙
자기자금	금융기관예금액 5억원	⇨	예금잔액증명서

Ⓐ **"금융기관 예금액을 기재한 경우, 예금잔액증명서 준비"**

03
잔금일까지 월급을 고려하면
자금조달이 가능한 경우(세종시 아파트)

1) 거래 상황

A씨는 세종에서 직장을 다니고 있으며, 직장 근처에 있는 아파트를 구입하려고 합니다.

거래금액은 5억원으로 결정했습니다.

구분	금액
계약금	500만원
중도금	9500만원
잔금	4억원
합계	5억원

Q "세종시에 5억원 아파트를 구입하려 해요"

2) 자금 상황

A씨가 직장생활을 시작한 지는 20년차 되었고, 아파트 구입금액의 대부분을 모았지만, 잔금이 약간 모자랍니다.

하지만 3개월 후인 잔금일까지의 월급을 모으면 충분합니다.

Q "모아놓은 예금이 약간 모자라지만, 잔금일까지 받는 월급을 더하면 충분해요"

구분	금액	자금출처
예금	4.7억원	근로소득
3개월치 급여	3000만원	근로소득
합계	5억원	

3) 자금조달계획서 작성여부

지역	거래 금액	구분		자금조달 계획서
세종	5억원	조정대상지역	O	제출
		투기과열지구	O	
		비규제지역	–	

🅐 "세종시는 조정대상지역과 투기과열지구에 해당하므로 자금조
달계획서 제출대상"

4) 어떻게 작성할까요?

A씨는 아파트 계약일부터 잔금일까지 3개월 동안 기대되는 월
급을 더하면 잔금을 치를 수 있는 상황입니다.

• 자금조달계획 부분의 자기자금 부분에서

②번 항목인 금융기관 예금액 칸에 4.7억원을 기입하고

⑤번 항목인 현금 등 그 밖의 자금 칸에 3000만원을 기입합니다.

• 조달자금지급방식에서는

⑮번 항목인 계좌이체 금액 칸에 5억원을 기입합니다.

🅐 "잔금일까지의 기대월급도 활용가능"

주택취득자금 조달 및 입주계획서

① 자금조달계획	자기자금	② 금융기관 예금액 470,000,000원		③ 주식 · 채권 매각대금 원	
		④ 증여 · 상속 원		⑤ 현금 등 그 밖의 자금 30,000,000원	
		[ ] 부부 [ ] 직계존비속(관계:) [ ] 그 밖의 관계( )		[ ] 보유 현금 [∨] 그 밖의 자산(종류: 급여)	
		⑥ 부동산 처분대금 등 원		⑦ 소계 500,000,000원	
	차입금 등	⑧ 금융기관 대출액 합계	주택담보대출		원
			신용대출		원
		원	그 밖의 대출	(대출 종류:)	원
		기존 주택 보유 여부 (주택담보대출이 있는 경우만 기재) [ ] 미보유 [ ] 보유 (건)			
		⑨ 임대보증금 원		⑩ 회사지원금 · 사채 원	
		⑪ 그 밖의 차입금 원		⑫ 소계	
		[ ] 부부 [ ] 직계존비속(관계:) [ ] 그 밖의 관계( )		원	
	⑬ 합계			500,000,000원	
⑭ 조달자금 지급방식		총 거래금액		500,000,000원	
		⑮ 계좌이체 금액		500,000,000원	
		⑯ 보증금 · 대출 승계 금액		원	
		⑰ 현금 및 그 밖의 지급방식 금액		원	
		지급 사유 (		)	

5) 증빙 제출여부

지역	거래 금액	구분		자금조달 증빙
세종	5억원	조정대상지역	O	제출
		투기과열지구	O	
		비규제지역	−	

Ⓐ "세종시는 투기과열지구에 해당하므로 자금조달증빙 제출대상"

6) 어떤 증빙을 제출하나요?

A씨는 자금조달계획서를 아래와 같이 작성하였습니다.

• 자기자금: 예금 4.7억원

• 자기자금: 그 밖의 자산 3000만원

이때 필요한 증빙은

• 4.7억원에 대한 예금잔액증명서.

• 3개월 동안의 급여 3000만원을 확인할 수 있는 근로소득원천
  징수영수증.

구분	자금조달계획서		필요 증빙
자기자금	금융기관 예금액 4.7억원	⇨	예금잔액증명서
	그 밖의 자산 0.3억원		근로소득원천징수영수증

Ⓐ "기대되는 월급을 기재한 경우, 근로소득원천징수영수증 준비"

예금은 충분한데 자금출처가
불확실한 예금이 포함돼 있는 경우
(인천 계양구 아파트)

1) 거래 상황

A씨는 인천 계양구에서 직장을 다니고 있으며, 직장 근처에 있는 아파트를 구입하려고 합니다.

거래금액은 5억원으로 결정했습니다.

구분	금액
계약금	500만원
중도금	9500만원
잔금	4억원
합계	5억원

Q "인천 계양구에 있는 아파트를 5억원에 구입하려 해요"

2) 자금 상황

A씨가 직장생활을 시작한 지는 20년차 되었고, 아파트를 구입하기에 예금은 충분합니다.

하지만 자금출처가 불확실한 예금 1억원이 포함돼 있습니다(별도 통장).

구분	금액	자금출처
예금	4억원	근로소득
예금	1억원	불확실
합계	5억원	

Q "통장에 있는 예금잔액은 충분해요. 그런데 출처가 불확실한 예금이 포함돼 있어요"

3) 자금조달계획서 작성여부

지역	거래 금액	구분		자금조달 계획서
인천 계양	5억원	조정대상지역	O	제출
		투기과열지구	–	
		비규제지역	–	

🅐 "인천 계양구는 조정대상지역에 해당하므로 자금조달계획서 제출대상"

4) 어떻게 작성할까요?

A씨는 아파트 구입금액 중 대부분을 모았고, 통장에도 충분한 자금이 들어 있습니다. 다만, 출처가 불확실한 자금도 일부 포함돼 있습니다.

통장잔고가 충분하니 아래처럼 작성할 수도 있습니다.

• 자금조달계획 부분의 자기자금 부분에서

②번 항목인 금융기관 예금액 칸에 5억원을 기입합니다.

• 조달자금지급방식에서는

⑮번 항목인 계좌이체 금액 칸에 5억원을 기입합니다.

A씨의 직업·나이, 그동안의 소득세 납부실적과 재산상태 등으로 보아 스스로의 힘으로 재산을 취득하거나 부채를 상환하였다고 보기 어려운 경우, 세무서에서 소요자금의 출처를 소명하라는 요청을 할 수 있습니다. 따라서 소명안내문을 받게 될 경우에 대비해 소명자료를 최대한 구비해야 합니다.

🅐 "불확실한 예금에 대해서는 시청·세무서 대응자료 준비 필요"

주택취득자금 조달 및 입주계획서

<table>
<tr><td rowspan="13">① 자금 조달 계획</td><td rowspan="4">자기 자금</td><td colspan="2">② 금융기관 예금액
500,000,000원</td><td colspan="2">③ 주식 · 채권 매각대금
원</td></tr>
<tr><td colspan="2">④ 증여 · 상속
원</td><td colspan="2">⑤ 현금 등 그 밖의 자금
원</td></tr>
<tr><td colspan="2">[ ] 부부 [ ] 직계존비속(관계:　　)
[ ] 그 밖의 관계(　　　　)</td><td colspan="2">[ ] 보유 현금
[ ] 그 밖의 자산(종류:　　)</td></tr>
<tr><td colspan="2">⑥ 부동산 처분대금 등
원</td><td colspan="2">⑦ 소계
500,000,000원</td></tr>
<tr><td rowspan="8">차입금 등</td><td rowspan="3">⑧ 금융기관 대출액 합계

원</td><td>주택담보대출</td><td colspan="2">원</td></tr>
<tr><td>신용대출</td><td colspan="2">원</td></tr>
<tr><td>그 밖의 대출</td><td>(대출 종류:　　)</td><td>원</td></tr>
<tr><td colspan="4">기존 주택 보유 여부 (주택담보대출이 있는 경우만 기재)
[ ] 미보유　[ ] 보유 (　건)</td></tr>
<tr><td colspan="2">⑨ 임대보증금
원</td><td colspan="2">⑩ 회사지원금 · 사채
원</td></tr>
<tr><td colspan="2">⑪ 그 밖의 차입금
원</td><td colspan="2">⑫ 소계</td></tr>
<tr><td colspan="2">[ ] 부부 [ ] 직계존비속(관계:　)
[ ] 그 밖의 관계(　　)</td><td colspan="2">원</td></tr>
<tr><td colspan="4">　</td></tr>
<tr><td>⑬ 합계</td><td colspan="4" style="text-align:right">500,000,000원</td></tr>
<tr><td rowspan="5">⑭ 조달자금 지급방식</td><td colspan="4">총 거래금액　　　　　　　500,000,000원</td></tr>
<tr><td colspan="4">⑮ 계좌이체 금액　　　　　500,000,000원</td></tr>
<tr><td colspan="4">⑯ 보증금 · 대출 승계 금액　　　　　　원</td></tr>
<tr><td colspan="4">⑰ 현금 및 그 밖의 지급방식 금액　　　　원</td></tr>
<tr><td colspan="4">지급 사유 (　　　　　　　　　　)</td></tr>
</table>

5) 증빙 제출여부

지역	거래 금액	구분		자금조달 증빙
인천 계양	5억원	조정대상지역	O	제출X
		투기과열지구	–	
		비규제지역	–	

Ⓐ "인천 계양구는 투기과열지구가 아니므로 자금조달증빙은 제출
하지 않습니다"

05

자금출처가 불확실한 예금이 있어 대출을 받은 경우 (인천 계양구 아파트)

1) 거래 상황

A씨는 인천 계양구에서 직장을 다니고 있으며, 직장 근처에 있는 아파트를 구입하려고 합니다.

거래금액은 5억원으로 결정했습니다.

구분	금액
계약금	500만원
중도금	9500만원
잔금	4억원
합계	5억원

Q "인천 계양구에 있는 아파트를 5억원에 구입하려 해요"

2) 자금 상황

A씨가 직장생활을 시작한 지는 20년차 되었고, 아파트를 구입하기에 예금은 충분합니다.

하지만 자금출처가 불확실한 예금 1억원이 포함돼 있습니다(별도 통장).

그래서 자금출처가 불확실한 예금을 사용하지 않고 금융기관 대출을 받았습니다.

Q "출처가 불확실한 예금은 사용하지 않고, 그만큼 신용대출을 받았어요"

구분	금액	자금출처
예금	4억원	근로소득
~~예금~~	~~1억원~~	~~불확실~~
대출	1억원	금융기관 신용대출
합계	5억원(출처확실)	

3) 자금조달계획서 작성여부

지역	거래 금액	구분		자금조달 계획서
인천 계양	5억원	조정대상지역	O	제출
		투기과열지구	–	
		비규제지역	–	

Ⓐ "인천 계양구는 조정대상지역에 해당하므로 자금조달계획서 제출대상입니다"

4) 어떻게 작성할까요?

A씨는 자금출처가 불확실한 예금을 사용하고 싶지 않아, 은행에서 신용대출을 신청했습니다.

• 자금조달계획 부분의 자기자금 부분에서

②번 항목인 금융기관 예금액 칸에 4억원을 기입하고

• 자금조달계획부분의 차입금 부분에서

⑧번 항목인 금융기관 대출액 중 신용대출 칸에 1억원을 기입합니다.

• 조달자금지급방식에서는

⑮번 항목인 계좌이체 금액 칸에 5억원을 기입합니다.

Ⓐ "불확실한 자금보다는 자금출처가 확실한 자금으로 작성 "

주택취득자금 조달 및 입주계획서

<table>
<tr>
<td rowspan="13">① 자금 조달 계획</td>
<td rowspan="4">자기 자금</td>
<td colspan="2">② 금융기관 예금액
400,000,000원</td>
<td colspan="2">③ 주식 · 채권 매각대금
원</td>
</tr>
<tr>
<td colspan="2">④ 증여 · 상속
원</td>
<td colspan="2">⑤ 현금 등 그 밖의 자금
원</td>
</tr>
<tr>
<td colspan="2">[ ] 부부 [ ] 직계존비속(관계:)
[ ] 그 밖의 관계( )</td>
<td colspan="2">[ ] 보유 현금
[ ] 그 밖의 자산(종류:)</td>
</tr>
<tr>
<td colspan="2">⑥ 부동산 처분대금 등
원</td>
<td colspan="2">⑦ 소계
400,000,000원</td>
</tr>
<tr>
<td rowspan="7">차입금 등</td>
<td rowspan="3">⑧ 금융기관 대출액 합계

100,000,000원</td>
<td>주택담보대출</td>
<td colspan="2">원</td>
</tr>
<tr>
<td>신용대출</td>
<td colspan="2">100,000,000원</td>
</tr>
<tr>
<td>그 밖의 대출</td>
<td>(대출 종류:)</td>
<td>원</td>
</tr>
<tr>
<td colspan="4">기존 주택 보유 여부 (주택담보대출이 있는 경우만 기재)
[ ] 미보유 [ ] 보유 (건)</td>
</tr>
<tr>
<td colspan="2">⑨ 임대보증금
원</td>
<td colspan="2">⑩ 회사지원금 · 사채
원</td>
</tr>
<tr>
<td colspan="2">⑪ 그 밖의 차입금
원</td>
<td colspan="2">⑫ 소계</td>
</tr>
<tr>
<td colspan="2">[ ] 부부 [ ] 직계존비속(관계:)
[ ] 그 밖의 관계( )</td>
<td colspan="2">100,000,000원</td>
</tr>
<tr>
<td>⑬ 합계</td>
<td colspan="4">500,000,000원</td>
</tr>
<tr>
<td rowspan="5">⑭ 조달자금 지급방식</td>
<td colspan="3">총 거래금액</td>
<td>500,000,000원</td>
</tr>
<tr>
<td colspan="3">⑮ 계좌이체 금액</td>
<td>500,000,000원</td>
</tr>
<tr>
<td colspan="3">⑯ 보증금 · 대출 승계 금액</td>
<td>원</td>
</tr>
<tr>
<td colspan="3">⑰ 현금 및 그 밖의 지급방식 금액</td>
<td>원</td>
</tr>
<tr>
<td colspan="4">지급 사유 ( )</td>
</tr>
</table>

5) 증빙 제출여부

지역	거래 금액	구분		자금조달 증빙
인천 계양	5억원	조정대상지역	O	제출X
		투기과열지구	–	
		비규제지역	–	

Ⓐ "인천 계양구는 투기과열지구에 해당하지 않으므로 자금조달증 빙을 제출하지 않습니다"

예금이 부족해서
대출을 받았을 경우(하남 아파트)

1) 거래 상황

A씨는 서울에서 직장을 다니고 있으며, 서울에서 가까운 하남에 아파트를 구입하려 합니다.

거래금액은 7억원으로 결정했습니다.

구분	금액
계약금	5000만원
중도금	1억5000만원
잔금	5억원
합계	7억원

Q "하남에 있는 아파트를 7억원에 구입하려 해요"

2) 자금 상황

A씨가 직장생활을 시작한 지는 20년차 되었고, 아파트를 구입하기에 예금잔액은 부족합니다.

다행히 금융기관에서 3억원 대출이 가능해서, 대출신청 완료했습니다.

A "모아놓은 예금만으로는 부족해서 은행대출을 신청했어요"

구분	금액	자금출처
예금	4억원	근로소득
대출	3억원	대출신청 완료
자금 합계	7억원	

3) 자금조달계획서 작성여부

지역	거래 금액	구분		자금조달 계획서
하남	7억원	조정대상지역	O	제출
		투기과열지구	O	
		비규제지역	–	

🅐 "하남시는 조정대상지역과 투기과열지구에 해당하므로 자금조
　　달계획서 제출대상입니다"

4) 어떻게 작성할까요?

A씨는 아파트 구입금액 7억원 중 4억원이 예금으로 있고, 나머
지는 주택담보대출을 신청한 상황입니다.

　• 자금조달계획 부분의 자기자금 부분에서

②번 항목인 금융기관 예금액 칸에 4억원을 기입하고

　• 자금조달계획 부분의 차입금 부분에서

⑧번 항목인 금융기관 대출액 중 주택담보대출 칸에 3억원을 기
입합니다.

　• 조달자금지급방식에서는

⑮번 항목인 계좌이체 금액 칸에 7억원을 기입합니다.

🅐 "대출신청한 경우 금융기관 대출액 칸에 기재"

주택취득자금 조달 및 입주계획서

<table>
<tr><td rowspan="13">① 자금 조달 계획</td><td rowspan="6">자기 자금</td><td colspan="2">② 금융기관 예금액
400,000,000원</td><td colspan="2">③ 주식 · 채권 매각대금
원</td></tr>
<tr><td colspan="2">④ 증여 · 상속
원</td><td colspan="2">⑤ 현금 등 그 밖의 자금
원</td></tr>
<tr><td colspan="2">[ ] 부부 [ ] 직계존비속(관계:)
[ ] 그 밖의 관계( )</td><td colspan="2">[ ] 보유 현금
[ ] 그 밖의 자산(종류:)</td></tr>
<tr><td colspan="2">⑥ 부동산 처분대금 등
원</td><td colspan="2">⑦ 소계
400,000,000원</td></tr>
<tr><td rowspan="9">차입금 등</td><td rowspan="3">⑧ 금융기관 대출액 합계

300,000,000원</td><td>주택담보대출</td><td colspan="2">300,000,000원</td></tr>
<tr><td>신용대출</td><td colspan="2">원</td></tr>
<tr><td>그 밖의 대출</td><td colspan="2">원
(대출 종류:)</td></tr>
<tr><td colspan="4">기존 주택 보유 여부 (주택담보대출이 있는 경우만 기재)
[∨] 미보유 [ ] 보유 (건)</td></tr>
<tr><td colspan="2">⑨ 임대보증금
원</td><td colspan="2">⑩ 회사지원금 · 사채
원</td></tr>
<tr><td colspan="2">⑪ 그 밖의 차입금
원</td><td colspan="2">⑫ 소계</td></tr>
<tr><td colspan="2">[ ] 부부 [ ] 직계존비속(관계:)
[ ] 그 밖의 관계( )</td><td colspan="2">300,000,000원</td></tr>
<tr><td colspan="2">⑬ 합계</td><td colspan="2">700,000,000원</td></tr>
</table>

<table>
<tr><td rowspan="5">⑭ 조달자금 지급방식</td><td>총 거래금액</td><td>700,000,000원</td></tr>
<tr><td>⑮ 계좌이체 금액</td><td>700,000,000원</td></tr>
<tr><td>⑯ 보증금 · 대출 승계 금액</td><td>원</td></tr>
<tr><td>⑰ 현금 및 그 밖의 지급방식 금액</td><td>원</td></tr>
<tr><td colspan="2">지급 사유 ( )</td></tr>
</table>

5) 증빙 제출여부

지역	거래 금액	구분		자금조달 증빙
하남	7억원	조정대상지역	O	제출
		투기과열지구	O	
		비규제지역	–	

Ⓐ "하남시는 투기과열지구에 해당하므로 자금조달 증빙 제출대상입니다"

6) 어떤 증빙을 제출하나요?

A씨는 하남에 7억원 아파트를 구입해 자금조달계획서를 아래와 같이 작성하였습니다.

- 자기자금: 예금 4억원
- 차입금: 주택담보대출 3억원

이 경우 다음 증빙서류를 준비하시면 됩니다.

- 4억원을 확인할 수 있는 예금잔액증명서.
- 3억원을 확인할 수 있는 금융기관대출신청서 또는 부채증명서.

구분	자금조달계획서		필요 증빙
자기자금	금융기관예금액 4억원	⇨	예금잔액증명서
차입금	주택담보대출 3억원		금융기관대출신청서

Ⓐ "대출신청 완료한 경우 대출신청서 제출"

07
대출신청 예정이지만,
아직 대출신청을 하지 않는 경우
(하남 아파트)

1) 거래 상황

A씨는 서울에서 직장을 다니고 있으며, 서울에 가까운 하남에 아파트를 구입하려고 합니다.

거래금액은 7억원으로 결정했습니다.

구분	금액
계약금	5000만원
중도금	1억5000만원
잔금	5억원
합계	7억원

Q "하남에 있는 아파트를 7억원에 구입하려 해요"

2) 자금 상황

A씨가 직장생활을 시작한 지는 20년차 되었고, 아파트를 구입하기에 예금은 부족합니다.

다행히 금융기관에서 3억원 대출이 가능합니다.

잔금일까지 일정에 여유가 있어 아직 대출신청은 하지 않았습니다.

Q "부족한 자금은 대출을 받을 건데, 잔금일까지 일정상 여유가 있어 아직 대출신청 전이이에요"

구분	금액	자금출처
예금	4억원	근로소득
대출	3억원	2개월 후 대출신청 예정
자금 합계	7억원	

3) 자금조달계획서 작성여부

지역	거래 금액	구분		자금조달 계획서
하남	7억원	조정재상지역	O	제출
		투기과열지구	O	
		비규제지역	−	

🅐 "하남시는 조정대상지역과 투기과열지구에 해당하므로 자금조
　　달계획서 제출대상"

4) 어떻게 작성할까요?

A씨는 아파트 구입금액 7억원 중에서 4억원이 예금으로 있고,
나머지는 주택담보대출을 신청할 예정입니다.

・자금조달계획 부분의 자기자금 부분에서

②번 항목인 금융기관 예금액 칸에 4억원을 기입하고

・자금조달계획 부분의 차입금 부분에서

⑧번 항목인 금융기관 대출액 중 주택담보대출 칸에 3억원을 기
입합니다.

・조달자금지급방식에서는

⑮번 항목인 계좌이체 금액 칸에 7억원을 기입합니다.

🅐 "대출신청 전이라도 대출받아 잔금을 치를 예정이라면 금융기관
　　대출액 칸에 기입"

주택취득자금 조달 및 입주계획서

<table>
<tr><td rowspan="13">① 자금조달계획</td><td rowspan="6">자기자금</td><td colspan="2">② 금융기관 예금액
400,000,000원</td><td colspan="2">③ 주식 · 채권 매각대금
원</td></tr>
<tr><td colspan="2">④ 증여 · 상속
원</td><td colspan="2">⑤ 현금 등 그 밖의 자금
원</td></tr>
<tr><td colspan="2">[ ] 부부 [ ] 직계존비속(관계:　　)
[ ] 그 밖의 관계(　　　　)</td><td colspan="2">[ ] 보유 현금
[ ] 그 밖의 자산(종류:　　)</td></tr>
<tr><td colspan="2">⑥ 부동산 처분대금 등
원</td><td colspan="2">⑦ 소계
400,000,000원</td></tr>
<tr><td rowspan="9">차입금 등</td><td rowspan="3">⑧ 금융기관 대출액 합계

300,000,000원</td><td>주택담보대출</td><td colspan="2">300,000,000원</td></tr>
<tr><td>신용대출</td><td colspan="2">원</td></tr>
<tr><td>그 밖의 대출</td><td colspan="2">원
(대출 종류:　　)</td></tr>
<tr><td colspan="4">기존 주택 보유 여부 (주택담보대출이 있는 경우만 기재)
[∨] 미보유　 [ ] 보유 (　건)</td></tr>
<tr><td colspan="2">⑨ 임대보증금
원</td><td colspan="2">⑩ 회사지원금 · 사채
원</td></tr>
<tr><td colspan="2">⑪ 그 밖의 차입금
원</td><td colspan="2" rowspan="2">⑫ 소계

300,000,000원</td></tr>
<tr><td colspan="2">[ ] 부부 [ ] 직계존비속(관계:　　)
[ ] 그 밖의 관계(　　　　)</td></tr>
<tr><td>⑬ 합계</td><td colspan="4">700,000,000원</td></tr>
<tr><td colspan="6"></td></tr>
</table>

<table>
<tr><td rowspan="5">⑭ 조달자금 지급방식</td><td>총 거래금액</td><td>700,000,000원</td></tr>
<tr><td>⑮ 계좌이체 금액</td><td>700,000,000원</td></tr>
<tr><td>⑯ 보증금 · 대출 승계 금액</td><td>원</td></tr>
<tr><td>⑰ 현금 및 그 밖의 지급방식 금액</td><td>원</td></tr>
<tr><td>지급 사유 (</td><td>)</td></tr>
</table>

5) 증빙 제출여부

지역	거래 금액	구분		자금조달 증빙
하남	7억원	조정대상지역	O	제출
		투기과열지구	O	
		비규제지역	–	

Ⓐ "하남시는 투기과열지구에 해당하므로 자금조달증빙 제출대상"

6) 어떤 증빙을 제출하나요?

A씨는 하남에 7억원 아파트를 구입하며 자금조달계획서를 아래와 같이 작성하였습니다.

- 자기자금: 예금 4억원
- 차입금: 주택담보대출 3억원

이 경우 다음 증빙서류를 준비하면 됩니다.

- 4억원을 확인할 수 있는 예금잔액증명서.

구분	조달계획서 작성		필요 증빙
자기자금	금융기관예금액 4억원	⇨	예금잔액증명서
차입금	주택담보대출 3억원		

A "대출신청 전인 경우 증빙제출을 안 해도 됩니다"

7) 증빙 미제출 사유서 제출

금융기관 대출을 기재하였지만, 아직 대출신청을 하지 않은 경우에는 대출신청서 등의 증빙을 준비할 수 없는 상황입니다. 그래서 대출신청서는 제출하지 않아도 됩니다.

다만, 대출신청서를 제출하지 못하는 이유에 대한 사유서를 제출해야 합니다.

> 부동산 거래신고 등에 관한 법률 시행규칙
> 제2조(부동산 거래의 신고)
> ⑥ 영 제3조제1항제5호의2 후단에서 "국토교통부령으로 정하는 서류"란 다음 각 호의 구분에 따른 서류를 말한다. 이 경우 자금조달 · 입주계획서의 제출일을 기준으로 주택취득에 필요한 자금의 대출이 실행되지 않았거나 본인 소유 부동산의 매매계약이 체결되지 않은 경우 등 항목별 금액 증명이 어려운 경우에는 그 사유서를 첨부해야 한다. 〈신설 2020. 3. 13.〉

A "증빙을 제출하지 못하면, 제출하지 못하는 사유서를 제출합니다"

또한 잔금을 지급하고 거래가 완료된 경우에 시청 · 군청 · 구청 혹은 국토부에서 나중에라도 증빙자료를 요청할 수 있습니다. 따라서 추후 증빙을 요청할 경우를 대비해 대출신청서를 잘 보관할 필요가 있습니다.

Ⓐ "거래 완료 후 시청 등에서 대출증빙을 요청할 수 있습니다"

증빙서류 미제출 사유서

자조서 기재항목		증빙자료	제출 여부	미제출사유
자기 자금	금융기관 예금액	예금잔액증명서	O	제출완료
		기타		
	주식·채권 매각대금	주식거래내역서		–
		예금잔액증명서		
		기타		
	증여·상속	증여·상속세 신고서		–
		납세증명서		
		기타		
	현금 등 그 밖의 자금	소득금액증명원		–
		근로소득원천징수영수증		
		기타		
	부동산 처분대금 등	부동산 매매계약서		–
		부동산 임대차계약서		
		기타		
차입금	금융기관 대출액	금융거래확인서	X	2개월 후 대출신청 예정
		부채증명서	X	
		금융기관 대출신청서	X	
		기타	X	
	임대보증금	부동산임대차계약서		–
	회사지원금 사채	금전을 빌린 사실과 그 금액을 확인할 수 있는 서류		–
	그 밖의 차입금	금전을 빌린 사실과 그 금액을 확인할 수 있는 서류		–

대출이 안 나와서
아버지에게 빌린 경우(서울 아파트)

1) 거래 상황

A씨는 서울에서 IT 관련 개인사업체를 운영하고 있으며, 이번에 강동구 쪽의 아파트를 알아봤고, 거래금액은 10억원으로 결정했습니다.

구분	금액
계약금	5000만원
중도금	1억5000만원
잔금	8억원
합계	10억원

Q "서울 강동구에 있는 아파트를 10억원에 구입하려 해요"

2) 자금 상황

A씨는 5년간 사업 운영에 큰 어려움이 없었습니다.

사업하며 돈을 모은 결과 지금 통장에 6억원 정도 있습니다.

금융기관 대출은 이용하고 싶지 않아, 아버지에게 빌리려고 합니다.

Q "은행대출을 받기 싫어서 부모님께 빌렸어요"

구분	금액	자금출처
예금	6억원	사업소득
차입금	4억원	아버지 차입
자금 합계	10억원	

3) 자금조달계획서 작성여부

지역	거래 금액	구분		자금조달 계획서
서울	10억원	조정대상지역	O	제출
		투기과열지구	O	
		비규제지역	–	

Ⓐ "서울은 조정대상지역과 투기과열지구에 해당하므로 자금조달
계획서 제출대상"

4) 어떻게 작성할까요?

부족한 자금을 금융기관이 아닌 아버지에게서 빌리는 경우에는
아래처럼 기입할 수 있습니다.

• 자금조달계획 부분의 자기자금 부분에서

②번 항목인 금융기관 예금액 칸에 6억원을 기입하고

• 자금조달계획 부분의 차입금 부분에서

⑪번 항목인 그 밖의 차입금 칸에 4억원을 기입하고 직계존비속
칸에 체크합니다.

• 조달자금지급방식에서는

⑮번 항목인 계좌이체금액 칸에 10억원을 기입합니다.

Ⓐ "아버지에게 빌리면 그 밖의 차입금 칸에 기입"

주택취득자금 조달 및 입주계획서

<table>
<tr>
<td rowspan="14">① 자금조달계획</td>
<td rowspan="6">자기자금</td>
<td colspan="2">② 금융기관 예금액
600,000,000원</td>
<td colspan="2">③ 주식 · 채권 매각대금
원</td>
</tr>
<tr>
<td colspan="2">④ 증여 · 상속
원</td>
<td colspan="2">⑤ 현금 등 그 밖의 자금
원</td>
</tr>
<tr>
<td colspan="2">[ ] 부부 [ ] 직계존비속(관계:)
[ ] 그 밖의 관계( )</td>
<td colspan="2">[ ] 보유 현금
[ ] 그 밖의 자산(종류:)</td>
</tr>
<tr>
<td colspan="2">⑥ 부동산 처분대금 등
원</td>
<td colspan="2">⑦ 소계
600,000,000원</td>
</tr>
</table>

<table>
<thead>
<tr>
<th rowspan="16">① 자금조달계획</th>
<th rowspan="6">자기자금</th>
<th colspan="2">② 금융기관 예금액 600,000,000원</th>
<th colspan="2">③ 주식 · 채권 매각대금 원</th>
</tr>
</thead>
<tbody>
<tr>
<td colspan="2">④ 증여 · 상속 원</td>
<td colspan="2">⑤ 현금 등 그 밖의 자금 원</td>
</tr>
<tr>
<td colspan="2">[ ] 부부 [ ] 직계존비속(관계:)
[ ] 그 밖의 관계( )</td>
<td colspan="2">[ ] 보유 현금
[ ] 그 밖의 자산(종류:)</td>
</tr>
<tr>
<td colspan="2">⑥ 부동산 처분대금 등 원</td>
<td colspan="2">⑦ 소계 600,000,000원</td>
</tr>
<tr>
<td rowspan="7">차입금 등</td>
<td rowspan="3">⑧ 금융기관 대출액 합계

원</td>
<td>주택담보대출</td>
<td colspan="2">원</td>
</tr>
<tr>
<td>신용대출</td>
<td colspan="2">원</td>
</tr>
<tr>
<td>그 밖의 대출</td>
<td>(대출 종류:)</td>
<td>원</td>
</tr>
<tr>
<td colspan="3">기존 주택 보유 여부 (주택담보대출이 있는 경우만 기재)
[ ] 미보유 [ ] 보유 (건)</td>
</tr>
<tr>
<td colspan="2">⑨ 임대보증금 원</td>
<td colspan="2">⑩ 회사지원금 · 사채 원</td>
</tr>
<tr>
<td colspan="2">⑪ 그 밖의 차입금
400,000,000원</td>
<td colspan="2" rowspan="2">⑫ 소계

400,000,000원</td>
</tr>
<tr>
<td colspan="2">[ ] 부부 [∨] 직계존비속(관계: 부)
[ ] 그 밖의 관계( )</td>
</tr>
<tr>
<td>⑬ 합계</td>
<td colspan="4">1,000,000,000원</td>
</tr>
</tbody>
</table>

<table>
<tr>
<td rowspan="5">⑭ 조달자금
지급방식</td>
<td>총 거래금액</td>
<td>1,000,000,000원</td>
</tr>
<tr>
<td>⑮ 계좌이체 금액</td>
<td>1,000,000,000원</td>
</tr>
<tr>
<td>⑯ 보증금 · 대출 승계 금액</td>
<td>원</td>
</tr>
<tr>
<td>⑰ 현금 및 그 밖의 지급방식 금액</td>
<td>원</td>
</tr>
<tr>
<td colspan="2">지급 사유 ( )</td>
</tr>
</table>

5) 증빙 제출여부

지역	거래 금액	구분		자금조달 증빙
서울	10억원	조정대상지역	O	제출
		투기과열지구	O	
		비규제지역	–	

A "서울은 투기과열지구에 해당하므로 자금조달증빙 제출대상입니다"

6) 어떤 증빙을 제출하나요?

A씨는 서울에 10억원 아파트를 구입해 자금조달계획서를 아래와 같이 작성하였습니다.

- 자기자금: 예금 6억원
- 차입금: 그 밖의 차입금 4억원

이 경우 다음 증빙서류를 준비하시면 됩니다.

- 6억원을 확인할 수 있는 예금잔액증명서.
- 4억원을 확인할 수 있는 차입계약서.

구분	조달계획서 작성		필요 증빙
자기자금	금융기관 예금액 6억원	⇨	예금잔액증명서
차입금	그 밖의 차입금 4억원		차입계약서

Ⓐ **"아버지에게 빌려 그 밖의 차입금 칸에 기재한 경우, 차입계약서 준비"**

한편, 상속증여세법 기본통칙 45-34…1 [자금출처로 인정되는 경우]에 따르면 원칙적으로 부모와 자녀간의 금전소비대차(차입)은 인정되지 않습니다. 다만, 실질과세원칙에 따라 차입했다는 사실을 객관적으로 입증할 수 있다면 인정받을 수는 있습니다.

이에 따라 국세청은 특히 개인 간의 금전거래인 경우에는 사적인 차용증, 계약서, 영수증 등만 가지고는 거래사실을 인정받기 어렵다고 보기 때문에 이를 뒷받침할 수 있는 예금통장사본, 무통장입금증 등의 금융거래 자료 등을 준비해 자금출처조사에 대비할 필요가 있습니다.

Ⓐ **"아버지로부터 차입할 경우, 단순한 차입계약서 작성 그 이상의 준비가 필요"**

09

아버지 자금이 부족해서 형에게도 빌린 경우(서울 아파트)

1) 거래 상황

A씨는 서울에서 IT 관련 개인사업체를 운영하고 있으며, 이번에 강동구 쪽의 아파트를 알아봤고, 거래금액은 10억원으로 결정했습니다.

구분	금액
계약금	5000만원
중도금	1억5000만원
잔금	8억원
합계	10억원

Q "서울 강동구에 있는 아파트를 10억원에 구입하려 해요"

2) 자금 상황

A씨는 5년간 사업 운영에 큰 어려움이 없었습니다.

사업하며 돈을 모은 결과 지금 통장에 6억원 정도 있습니다.

금융기관 대출은 이용하고 싶지 않아, 아버지에게 빌리려고 합니다. 그런데 아버지 자금이 약간 묶여 있어서 형에게도 일부 빌렸습니다.

Q "아버지 자금이 부족해서 형에게도 추가로 빌렸어요"

구분	금액	자금출처
예금	6억원	사업소득
차입금	3억원	아버지 차입
차입금	1억원	형에게 차입
자금 합계	10억원	

3) 자금조달계획서 작성여부

지역	거래 금액	구분		자금조달 계획서
서울	10억원	조정대상지역	O	제출
		투기과열지구	O	
		비규제지역	–	

Ⓐ "서울은 조정대상지역과 투기과열지구에 해당하므로 자금조달
　계획서 제출대상입니다"

4) 어떻게 작성할까요?

부족한 자금을 아버지와 형에게 동시에 빌리는 경우입니다.

　• 자금조달계획 부분의 자기자금 부분에서

②번 항목인 금융기관 예금액 칸에 6억원을 기입하고

　• 자금조달계획 부분의 차입금 부분에서

⑪번 항목인 그 밖의 차입금 칸에 4억원을 기입하고,

직계존비속 칸에 아버지를 기입하고 그 밖의 관계 칸에 형으로

기입합니다.

　• 조달자금지급방식에서는

⑮번 항목인 계좌이체 금액 칸에 10억원을 기입합니다.

Ⓐ "그 밖의 차입금을 기재할 때, 아버지는 직계존비속 칸에, 형은
　그 밖의 관계 칸에 체크합니다"

주택취득자금 조달 및 입주계획서

<table>
<tr>
<td rowspan="9">① 자금 조달 계획</td>
<td rowspan="4">자기 자금</td>
<td colspan="2">② 금융기관 예금액
600,000,000원</td>
<td colspan="2">③ 주식 · 채권 매각대금
원</td>
</tr>
<tr>
<td colspan="2">④ 증여 · 상속
원</td>
<td colspan="2">⑤ 현금 등 그 밖의 자금
원</td>
</tr>
<tr>
<td colspan="2">[ ] 부부 [ ] 직계존비속(관계:)
[ ] 그 밖의 관계( )</td>
<td colspan="2">[ ] 보유 현금
[ ] 그 밖의 자산(종류:)</td>
</tr>
<tr>
<td colspan="2">⑥ 부동산 처분대금 등
원</td>
<td colspan="2">⑦ 소계
600,000,000원</td>
</tr>
<tr>
<td rowspan="5">차입금 등</td>
<td rowspan="3">⑧ 금융기관 대출액 합계

원</td>
<td>주택담보대출</td>
<td colspan="2">원</td>
</tr>
<tr>
<td>신용대출</td>
<td colspan="2">원</td>
</tr>
<tr>
<td>그 밖의 대출</td>
<td colspan="2">원
(대출 종류:)</td>
</tr>
<tr>
<td colspan="4">기존 주택 보유 여부 (주택담보대출이 있는 경우만 기재)
[ ] 미보유   [ ] 보유 (건)</td>
</tr>
<tr>
<td colspan="2">⑨ 임대보증금
원</td>
<td colspan="2">⑩ 회사지원금 · 사채
원</td>
</tr>
</table>

① 자금 조달 계획	차입금 등	⑪ 그 밖의 차입금 400,000,000원	⑫ 소계
		[ ] 부부 [∨] 직계존비속(관계: 부) [∨] 그 밖의 관계(형)	400,000,000원
	⑬ 합계		1,000,000,000원

⑭ 조달자금 지급방식	총 거래금액	1,000,000,000원
	⑮ 계좌이체 금액	1,000,000,000원
	⑯ 보증금 · 대출 승계 금액	원
	⑰ 현금 및 그 밖의 지급방식 금액	원
	지급 사유 (	)

5) 증빙 제출여부

지역	거래 금액	구분		자금조달 증빙
서울	10억원	조정대상지역	O	제출
		투기과열지구	O	
		비규제지역	–	

Ⓐ "서울은 투기과열지구에 해당하므로 자금조달증빙 제출대상입니다"

6) 어떤 증빙을 제출하나요?

A씨는 서울에 10억원 아파트를 구입해 자금조달계획서를 아래와 같이 작성하였습니다.

- 자기자금: 예금 6억원
- 차입금: 그 밖의 차입금 4억원

이 경우 다음 증빙서류를 준비하시면 됩니다.

- 6억원을 확인할 수 있는 예금잔액증명서.
- 4억원을 확인할 수 있는 차입계약서.

구분	조달계획서 작성		필요 증빙
자기자금	금융기관 예금액 6억원	⇨	예금잔액증명서
차입금	그 밖의 차입금 4억원		차입계약서(아버지, 3억원) 차입계약서(형, 1억원)

Ⓐ "아버지랑 형에게 빌린 경우, 각각에 대해 차입계약서 작성"

⑩
2개월 뒤에 아버지에게 빌린 경우 (서울 아파트)

1) 거래 상황

A씨는 서울에서 IT 관련 개인사업체를 운영하고 있으며, 이번에 강동구 쪽의 아파트를 알아봤고, 거래금액은 10억원으로 결정했습니다.

구분	금액
계약금	5000만원
중도금	1억5000만원
잔금	8억원
합계	10억원

Q "서울 강동구에 있는 아파트를 10억원에 구입하려 해요"

2) 자금 상황

A씨는 5년간 사업 운영에 큰 어려움이 없었습니다.

사업하며 돈을 모은 결과 지금 통장에 6억원 정도 있습니다.

금융기관 대출은 이용하고 싶지 않아, 아버지에게 빌리려고 했는데 지금은 자금이 약간 묶여 있다고 합니다.

다행히 아버지 자금이 2개월 뒤에 풀린다고 하여 그때 빌리기로 했습니다.

Q "아버지에게 2개월 뒤에 빌리려고요"

구분	금액	자금출처
예금	6억원	사업소득
차입금	4억원	아버지 차입
자금 합계	10억원	

3) 자금조달계획서 작성여부

지역	거래 금액	구분		자금조달 계획서
서울	10억원	조정대상지역	O	제출
		투기과열지구	O	
		비규제지역	–	

(A) "서울은 조정대상지역과 투기과열지구에 해당하므로 자금조달
계획서 제출대상입니다"

4) 어떻게 작성할까요?

부족한 자금을 아버지에게 나중에 빌리는 경우입니다.

• 자금조달계획 부분의 자기자금 부분에서

②번 항목인 금융기관 예금액 칸에 6억원을 기입하고

• 자금조달계획 부분의 차입금 부분에서

⑪번 항목인 그 밖의 차입금 칸에 4억원을 기입하고 직계존비속
칸에 체크합니다.

• 조달자금지급방식에서는

⑮번 항목인 계좌이체 금액 칸에 10억원을 기입합니다.

(A) "아버지에게 나중에 빌릴 예정이라도, 그 밖의 차입금 칸에 기재
합니다."

주택취득자금 조달 및 입주계획서

<table>
<tr>
<td rowspan="13">① 자금
조달
계획</td>
<td rowspan="5">자기
자금</td>
<td colspan="2">② 금융기관 예금액
 600,000,000원 </td>
<td colspan="2">③ 주식 · 채권 매각대금
 원 </td>
</tr>
<tr>
<td colspan="2">④ 증여 · 상속
 원 </td>
<td colspan="2">⑤ 현금 등 그 밖의 자금
 원 </td>
</tr>
<tr>
<td colspan="2">[ ] 부부 [ ] 직계존비속(관계:)
[ ] 그 밖의 관계(   )</td>
<td colspan="2">[ ] 보유 현금
[ ] 그 밖의 자산(종류:)</td>
</tr>
<tr>
<td colspan="2">⑥ 부동산 처분대금 등
 원 </td>
<td colspan="2">⑦ 소계
 600,000,000원 </td>
</tr>
<tr>
<td colspan="4"></td>
</tr>
<tr>
<td rowspan="7">차입금
등</td>
<td rowspan="3">⑧ 금융기관 대출액
합계

 원 </td>
<td colspan="3">주택담보대출   원</td>
</tr>
<tr>
<td colspan="3">신용대출   원</td>
</tr>
<tr>
<td>그 밖의 대출</td>
<td colspan="2">원
(대출 종류:)</td>
</tr>
<tr>
<td colspan="4">기존 주택 보유 여부 (주택담보대출이 있는 경우만 기재)
[ ] 미보유   [ ] 보유 (건)</td>
</tr>
<tr>
<td colspan="2">⑨ 임대보증금
 원 </td>
<td colspan="2">⑩ 회사지원금 · 사채
 원 </td>
</tr>
<tr>
<td colspan="2">⑪ 그 밖의 차입금
 400,000,000원 </td>
<td colspan="2" rowspan="2">⑫ 소계

 400,000,000원 </td>
</tr>
<tr>
<td colspan="2">[ ] 부부 [∨] 직계존비속(관계: 부)
[ ] 그 밖의 관계(   )</td>
</tr>
<tr>
<td colspan="2">⑬ 합계</td>
<td colspan="4"> 1,000,000,000원 </td>
</tr>
<tr>
<td rowspan="5">⑭ 조달자금
지급방식</td>
<td colspan="3">총 거래금액</td>
<td> 1,000,000,000원 </td>
</tr>
<tr>
<td colspan="3">⑮ 계좌이체 금액</td>
<td> 1,000,000,000원 </td>
</tr>
<tr>
<td colspan="3">⑯ 보증금 · 대출 승계 금액</td>
<td> 원 </td>
</tr>
<tr>
<td colspan="3">⑰ 현금 및 그 밖의 지급방식 금액</td>
<td> 원 </td>
</tr>
<tr>
<td colspan="4">지급 사유 (   )</td>
</tr>
</table>

5) 증빙 제출여부

지역	거래 금액	구분		자금조달 증빙
서울	10억원	조정대상지역	O	제출
		투기과열지구	O	
		비규제지역	–	

Ⓐ "서울은 투기과열지구에 해당하므로 자금조달증빙 제출대상입니다"

6) 어떤 증빙을 제출하나요?

A씨는 강동에 10억원 아파트를 구입해 자금조달계획서를 아래와 같이 작성하였습니다.

- 자기자금: 예금 6억원
- 차입금: 그 밖의 차입금 4억원

이 경우 다음 증빙서류를 준비하시면 됩니다.

- 6억원을 확인할 수 있는 예금잔액증명서.

구분	자금조달계획서		필요 증빙
자기자금	금융기관 예금액 6억원	⇨	예금잔액증명서
차입금	그 밖의 차입금 4억원		

"2개월 후 차입할 예정인 경우 증빙제출을 안 해도 되지만, 제출하지 못하는 사유에 대한 사유서를 제출합니다"

증빙서류 미제출 사유서

자조서 기재항목		증빙자료	제출 여부	미제출사유
자기 자금	금융기관 예금액	예금잔액증명서	O	제출완료
		기타		
	주식 · 채권 매각대금	주식거래내역서		–
		예금잔액증명서		
		기타		
	증여 · 상속	증여 · 상속세 신고서		–
		납세증명서		
		기타		
	현금 등 그 밖의 자금	소득금액증명원		–
		근로소득원천징수영수증		
		기타		
	부동산 처분대금 등	부동산 매매계약서		–
		부동산 임대차계약서		
		기타		
차입금	금융기관 대출액	금융거래확인서		–
		부채증명서		
		금융기관 대출신청서		
		기타		
	임대보증금	부동산임대차계약서		–
	회사지원금 사채	금전을 빌린 사실과 그 금 액을 확인할 수 있는 서류		–
	그 밖의 차입금	금전을 빌린 사실과 그 금 액을 확인할 수 있는 서류	×	2개월 후 차입 예정

⑪ 계약금을 치르기 전에 미리 아버지에게 빌린 경우(서울 아파트)

1) 거래 상황

A씨는 서울에서 IT 관련 개인사업체를 운영하고 있으며, 이번에 강동구 쪽의 아파트를 알아봤고, 거래금액은 10억원으로 결정했습니다.

구분	금액
계약금	5000만원
중도금	1억5000만원
잔금	8억원
합계	10억원

Q "서울 강동구에 있는 아파트를 10억원에 구입하려 해요"

2) 자금 상황

A씨는 5년간 사업 운영에 큰 어려움이 없었습니다.

사업하며 돈을 모은 결과 지금 통장에 6억원 정도 있습니다.

금융기관 대출은 이용하고 싶지 않아, 아버지에게 빌리려고 합니다.

잔금일에 맞춰 빌리면, 일정에 여유가 없다는 불안감에 계약금도 치르기 전에 미리 통장으로 차입금을 받았습니다.

Q "아버지에게 빌리는 자금을 여유 있게 미리 통장으로 받았어요"

구분	금액	자금출처
예금	6억원	사업소득
차입금	4억원	아버지 차입
자금 합계	10억원	

3) 자금조달계획서 작성여부

지역	거래 금액	구분		자금조달 계획서
서울	10억원	조정대상지역	O	제출
		투기과열지구	O	
		비규제지역	–	

🅐 "서울은 조정대상지역과 투기과열지구에 해당하여 자금조달계획서 제출대상입니다"

4) 어떻게 작성할까요?

아버지에게 빌렸는데, 여유 있게 미리 A씨의 통장으로 받아놓은 상황입니다.

• 자금조달계획 부분의 자기자금 부분에서

②번 항목인 금융기관 예금액 칸에 10억원을 기입합니다.

• 조달자금지급방식에서는

⑮번 항목인 계좌이체 금액 칸에 10억원을 기입합니다.

🅐 "차입금이라도 이미 내 통장에 들어와 있다면 예금으로 기재"

주택취득자금 조달 및 입주계획서

<table>
<tr>
<td rowspan="9">① 자금
조달
계획</td>
<td rowspan="4">자기
자금</td>
<td colspan="2">② 금융기관 예금액
 1,000,000,000원 </td>
<td colspan="2">③ 주식 · 채권 매각대금
 원 </td>
</tr>
<tr>
<td colspan="2">④ 증여 · 상속
 원 </td>
<td colspan="2">⑤ 현금 등 그 밖의 자금
 원 </td>
</tr>
<tr>
<td colspan="2">[ ] 부부 [ ] 직계존비속(관계:)
[ ] 그 밖의 관계(   )</td>
<td colspan="2">[ ] 보유 현금
[ ] 그 밖의 자산(종류:)</td>
</tr>
<tr>
<td colspan="2">⑥ 부동산 처분대금 등
 원 </td>
<td colspan="2">⑦ 소계
 1,000,000,000원 </td>
</tr>
<tr>
<td rowspan="5">차입금
등</td>
<td rowspan="3">⑧ 금융기관 대출액
합계

 원 </td>
<td>주택담보대출</td>
<td colspan="2"> 원 </td>
</tr>
<tr>
<td>신용대출</td>
<td colspan="2"> 원 </td>
</tr>
<tr>
<td>그 밖의 대출</td>
<td colspan="2">(대출 종류: 원
)</td>
</tr>
<tr>
<td colspan="4">기존 주택 보유 여부 (주택담보대출이 있는 경우만 기재)
[ ] 미보유   [ ] 보유 (건)</td>
</tr>
<tr>
<td colspan="4">
</td>
</tr>
</table>

<table>
<tr>
<td colspan="2">⑨ 임대보증금
 원 </td>
<td colspan="2">⑩ 회사지원금 · 사채
 원 </td>
</tr>
<tr>
<td colspan="2">⑪ 그 밖의 차입금
 원 </td>
<td colspan="2" rowspan="2">⑫ 소계

 원 </td>
</tr>
<tr>
<td colspan="2">[ ] 부부 [ ] 직계존비속(관계:)
[ ] 그 밖의 관계(   )</td>
</tr>
<tr>
<td colspan="2">⑬ 합계</td>
<td colspan="2"> 1,000,000,000원 </td>
</tr>
</table>

⑭ 조달자금 지급방식	총 거래금액	1,000,000,000원
	⑮ 계좌이체 금액	1,000,000,000원
	⑯ 보증금 · 대출 승계 금액	원
	⑰ 현금 및 그 밖의 지급방식 금액	원
	지급 사유 ( )	

5) 증빙 제출여부

지역	거래 금액	구분		자금조달 증빙
서울	10억원	조정대상지역	O	제출
		투기과열지구	O	
		비규제지역	–	

Ⓐ "서울은 투기과열지구에 해당하므로 자금조달증빙 제출대상입니다"

6) 어떤 증빙을 제출하나요?

A씨는 강동에 10억원 아파트를 구입하며 자금조달계획서를 아래와 같이 작성하였습니다.

• 자기자금: 예금 10억원

이 경우 다음 증빙서류를 준비하시면 됩니다.

• 10억원을 확인할 수 있는 예금잔액증명서.

구분	자금조달계획서		필요 증빙
자기자금	금융기관 예금액 10억원	⇨	예금잔액증명서

Ⓐ "차입금이라도 예금으로 들어 있는 경우, 예금잔액증명서 준비"

2020년 2월 21일부터 국토교통부에 실거래 조사(감정원 위탁)권한이 주어짐에 따라 대응반과 한국감정원 "실거래상설조사팀"이 조사를 수행하고 있습니다. 조사팀은 전국의 주택 거래를 대상으로 이상거래가 의심되는 건에 대해 자금조달계획서 및 부동산거래 신고내역을 토대로 거래당사자 등에게 거래대금 지급 증빙자료, 금융거래확인서 등 자금 출처 및 조달 증빙자료를 제출받아 철저히 검토하고 있습니다.

한편, 지금 사례는 예금잔고 및 이체내역을 제시할 수 있다면 실거래상설조사팀의 조사과정에서 고액거래 및 이상거래와 같은 특이한 문제점이 발견되지 않을 가능성이 높습니다.

하지만 직업 · 나이, 그동안의 소득세 납부실적, 재산상태 등으로 보아 스스로의 힘으로 재산을 취득하거나 부채를 상환했다고 보기 어려운 경우, 세무서에서 자금조달계획서 및 제출된 증빙자료를 토대로 자금출처조사 대상에 올릴 수 있음에 유의해야 합니다. 따라서 차입거래를 객관적으로 입증할 수 있는 자료를 준비할 필요가 있습니다.

참고로 국토교통부의 실거래조사 또는 국세청의 소명자료 요청에 대비하려면 앞의 자금조달계획서와 관련된 모든 금융거래를 별도의 계좌로 관리할 필요가 있습니다. 왜냐하면, 행여 불법적인 자금거래가 없다고 해도 증빙자료로 제출한 통장계좌에 기록된 다른

이체 내역에 대해 추가로 소명자료를 제출해야 하는 번거로운 일
이 발생할 수도 있기 때문입니다.

Ⓐ "아버지 차입금이 예금으로 표시되어 있어도 차입금에 대한 지
　 속적인 관리 필요"

12
아버지에게 증여받은 경우 (서울 아파트)

1) 거래 상황

A씨는 서울에서 IT 관련 개인사업체를 운영하고 있으며, 이번에 강동구 쪽의 아파트를 알아봤고, 거래금액은 10억원으로 결정했습니다.

구분	금액
계약금	5000만원
중도금	1억5000만원
잔금	8억원
합계	10억원

Q "서울에서 10억원 아파트를 구입하려 해요"

2) 자금 상황

A씨는 5년간 사업 운영에 큰 어려움이 없었습니다.

사업하며 돈을 모은 결과 지금 통장에 6억원 정도 있습니다.

아버지에게 빌리려고 계획했다가 차입금 관리를 잘못하면 증여세는 물론 사업체조사까지 나온다는 뉴스를 보고 부모님과 상의 후, 증여받는 것으로 하였습니다.

Q "차입금에 대해 신경쓰고 싶지 않아 증여를 받기로 했어요."

구분	예금	자금출처
예금	6억원	사업소득
증여	4억원	아버지
자금 합계	10억원	

3) 자금조달계획서 작성여부

지역	거래 금액	구분		자금조달 계획서
서울	10억원	조정대상지역	O	제출
		투기과열지구	O	
		비규제지역	–	

A "서울은 조정대상지역과 투기과열지구에 해당하므로 자금조달
계획서 제출대상입니다"

4) 어떻게 작성할까요?

부족한 자금을 아버지에게 증여를 받기로 한 경우입니다.

• 자금조달계획 부분의 자기자금 부분에서

②번 항목인 금융기관 예금액 칸에 6억원을 기입하고

④번 항목인 증여 · 상속 칸에 4억원을 기입합니다.

• 조달자금지급방식에서는

⑮번 항목인 계좌이체 금액 칸에 10억원을 기입합니다.

A "증여를 받는 경우에는 증여 · 상속 칸에 기재"

주택취득자금 조달 및 입주계획서

<table>
<tr>
<td rowspan="11">① 자금 조달 계획</td>
<td rowspan="4">자기 자금</td>
<td colspan="2">② 금융기관 예금액
600,000,000원</td>
<td colspan="2">③ 주식 · 채권 매각대금
원</td>
</tr>
<tr>
<td colspan="2">④ 증여 · 상속
400,000,000원</td>
<td colspan="2">⑤ 현금 등 그 밖의 자금
원</td>
</tr>
<tr>
<td colspan="2">[ ] 부부 [∨] 직계존비속(관계: 부)
[ ] 그 밖의 관계( )</td>
<td colspan="2">[ ] 보유 현금
[ ] 그 밖의 자산(종류:)</td>
</tr>
<tr>
<td colspan="2">⑥ 부동산 처분대금 등
원</td>
<td colspan="2">⑦ 소계
1,000,000,000원</td>
</tr>
<tr>
<td rowspan="6">차입금 등</td>
<td rowspan="3">⑧ 금융기관 대출액 합계

원</td>
<td>주택담보대출</td>
<td colspan="2">원</td>
</tr>
<tr>
<td>신용대출</td>
<td colspan="2">원</td>
</tr>
<tr>
<td>그 밖의 대출</td>
<td>(대출 종류:)</td>
<td>원</td>
</tr>
<tr>
<td colspan="3">기존 주택 보유 여부 (주택담보대출이 있는 경우만 기재)
[ ] 미보유 [ ] 보유 (건)</td>
</tr>
<tr>
<td colspan="1">⑨ 임대보증금
원</td>
<td colspan="2">⑩ 회사지원금 · 사채
원</td>
</tr>
<tr>
<td colspan="1">⑪ 그 밖의 차입금
원</td>
<td colspan="2">⑫ 소계</td>
</tr>
<tr>
<td colspan="1">[ ] 부부 [ ] 직계존비속(관계: 부모)
[ ] 그 밖의 관계( )</td>
<td colspan="2">원</td>
</tr>
<tr>
<td colspan="2">⑬ 합계</td>
<td colspan="3">1,000,000,000원</td>
</tr>
<tr>
<td rowspan="5">⑭ 조달자금 지급방식</td>
<td colspan="3">총 거래금액</td>
<td colspan="2">1,000,000,000원</td>
</tr>
<tr>
<td colspan="3">⑮ 계좌이체 금액</td>
<td colspan="2">1,000,000,000원</td>
</tr>
<tr>
<td colspan="3">⑯ 보증금 · 대출 승계 금액</td>
<td colspan="2">원</td>
</tr>
<tr>
<td colspan="3">⑰ 현금 및 그 밖의 지급방식 금액</td>
<td colspan="2">원</td>
</tr>
<tr>
<td colspan="3">지급 사유 ( )</td>
<td colspan="2"></td>
</tr>
</table>

5) 증빙 제출여부

지역	거래 금액	구분		자금조달 증빙
서울	10억원	조정대상지역	O	제출
		투기과열지구	O	
		비규제지역	−	

Ⓐ "서울은 투기과열지구에 해당하므로 자금조달 증빙 제출 대상입니다"

6) 어떤 증빙을 제출하나요?

A씨는 강동에 10억원 아파트를 구입하며 자금조달계획서를 아래와 같이 작성하였습니다.

• 자기자금: 예금 6억원

• 자기자금: 증여 4억원

이 경우 다음 증빙서류를 준비하면 됩니다.

• 6억원을 확인할 수 있는 예금잔액증명서.

• 4억원을 확인할 수 있는 증여세 신고서.

구분	자금조달계획서		필요 증빙
자기자금	금융기관 예금액 6억원 증여 4억원	⇨	예금잔액증명서 증여세 신고서

Ⓐ "증여받은 경우, 증여세 신고서 제출"

아버지에게 미리 증여받았을 경우 (서울 아파트)

1) 거래 상황

A씨는 서울에서 IT 관련 개인사업체를 운영하고 있으며, 이번에 강동구 쪽의 아파트를 알아봤고, 거래금액은 10억원으로 결정했습니다.

구분	금액
계약금	5000만원
중도금	1억5000만원
잔금	8억원
합계	10억원

Q "서울에서 10억원 아파트를 구입하려 해요"

2) 자금 상황

A씨는 5년간 사업 운영에 큰 어려움이 없었습니다.

사업하며 돈을 모은 결과 지금 통장에 6억원 정도 있습니다.

아버지에게 빌리려고 계획했다가 차입금 관리를 잘못하면 증여세는 물론 사업체 조사까지 나온다는 뉴스를 보고 부모님과 상의 후, 증여받는 것으로 결정했습니다.

그리고 부모님이 당분간 해외출장을 가실 예정이라 미리 증여받았습니다.

Q "부모님이 당분간 해외출장 가실 예정이라, 미리 증여를 받아 통장에 넣어놨어요"

구분	금액	자금출처
예금	6억원	사업소득
증여	4억원	아버지
자금 합계	10억원	

3) 자금조달계획서 작성여부

지역	거래 금액	구분		자금조달 계획서
서울	10억원	조정대상지역	O	제출
		투기과열지구	O	
		비규제지역	–	

🅐 "서울은 조정대상지역과 투기과열지구에 해당하여 자금조달계획서 제출대상입니다"

4) 어떻게 작성할까요?

부족한 자금을 아버지에게 증여를 받기로 했고, 계약일 전에 미리 자금을 증여받은 상황입니다.

- 자금조달계획 부분의 자기자금 부분에서

②번 항목인 금융기관 예금액 칸에 10억원을 기입합니다.

- 조달자금지급방식에서는

⑮번 항목인 계좌이체 금액 칸에 10억원을 기입합니다.

🅐 "미리 증여를 받아 통장에 있는 경우 예금으로 표시"

주택취득자금 조달 및 입주계획서

<table>
<tr><td rowspan="11">① 자금 조달 계획</td><td rowspan="5">자기 자금</td><td colspan="2">② 금융기관 예금액
1,000,000,000원</td><td colspan="2">③ 주식 · 채권 매각대금
원</td></tr>
<tr><td colspan="2">④ 증여 · 상속
원</td><td colspan="2">⑤ 현금 등 그 밖의 자금
원</td></tr>
<tr><td colspan="2">[ ] 부부 [ ] 직계존비속(관계: 부)
[ ] 그 밖의 관계(   )</td><td colspan="2">[ ] 보유 현금
[ ] 그 밖의 자산(종류:)</td></tr>
<tr><td colspan="2">⑥ 부동산 처분대금 등
원</td><td colspan="2">⑦ 소계
1,000,000,000원</td></tr>
</table>

① 자금 조달 계획	자기 자금	② 금융기관 예금액 1,000,000,000원		③ 주식 · 채권 매각대금 원	
		④ 증여 · 상속 원		⑤ 현금 등 그 밖의 자금 원	
		[ ] 부부 [ ] 직계존비속(관계: 부) [ ] 그 밖의 관계( )		[ ] 보유 현금 [ ] 그 밖의 자산(종류:)	
		⑥ 부동산 처분대금 등 원		⑦ 소계 1,000,000,000원	
	차입금 등	⑧ 금융기관 대출액 합계	주택담보대출		원
			신용대출		원
		원	그 밖의 대출	(대출 종류:)	원
		기존 주택 보유 여부 (주택담보대출이 있는 경우만 기재) [ ] 미보유 [ ] 보유 (건)			
		⑨ 임대보증금 원		⑩ 회사지원금 · 사채 원	
		⑪ 그 밖의 차입금 원		⑫ 소계	
		[ ] 부부 [ ] 직계존비속(관계: 부모) [ ] 그 밖의 관계( )		원	
	⑬ 합계			1,000,000,000원	
⑭ 조달자금 지급방식		총 거래금액		1,000,000,000원	
		⑮ 계좌이체 금액		1,000,000,000원	
		⑯ 보증금 · 대출 승계 금액		원	
		⑰ 현금 및 그 밖의 지급방식 금액		원	
		지급 사유 (		)	

156

5) 증빙 제출여부

지역	거래 금액	구분		자금조달 증빙
서울	10억원	조정대상지역	O	제출
		투기과열지구	O	
		비규제지역	–	

A "서울은 투기과열지구에 해당하므로 자금조달증빙 제출대상입니다"

6) 어떤 증빙을 제출하나요?

A씨는 강동에 10억원 아파트를 구입하며 자금조달계획서를 아래와 같이 작성하였습니다.

• 자기자금: 예금 10억원

이 경우 다음 증빙서류를 준비하면 됩니다.

• 10억원을 확인할 수 있는 예금잔액증명서.

구분	조달계획서 작성		필요 증빙
자기자금	금융기관 예금액 10억원	⇨	예금잔액증명서

A "미리 증여를 받은 경우, 예금잔액증명서로 증빙 제출"

🔟4

아버지에게 나중에 증여받기로 한 경우(서울 아파트)

1) 거래 상황

A씨는 서울에서 IT 관련 개인사업체를 운영하고 있으며, 이번에 강동구 쪽의 아파트를 알아봤고, 거래금액은 10억원으로 결정했습니다.

구분	금액
계약금	5000만원
중도금	1억5000만원
잔금	8억원
합계	10억원

Q "서울에서 10억원 아파트를 구입하려 해요"

2) 자금 상황

A씨는 5년간 사업 운영에 큰 어려움이 없었습니다.

사업하며 돈을 모은 결과 지금 통장에 6억원 정도 있습니다.

아버지에게 빌리려고 계획했다가 차입금 관리를 잘못하면 증여세는 물론 사업체 조사까지 나온다는 뉴스를 보고 부모님과 상의 후, 증여받는 것으로 하였습니다.

하지만, 지금은 친척에게 자금을 빌려주는 바람에 여유가 없어, 2개월 뒤에 증여받기로 했습니다.

Q "2개월 후에 증여받기로 했어요"

구분	금액	자금출처
예금	6억원	사업소득
증여	4억원	아버지 증여
자금 합계	10억원	

3) 자금조달계획서 작성여부

지역	거래 금액	구분		자금조달 계획서
서울	10억원	조정대상지역	O	제출
		투기과열지구	O	
		비규제지역	−	

Ⓐ "서울은 조정대상지역과 투기과열지구에 해당하므로 자금조달
계획서 제출대상입니다"

4) 어떻게 작성할까요?

부족한 자금을 아버지에게 증여를 받기로 했고, 아버지께서 당
장은 자금이 없어, 2개월 뒤에 증여를 해주기로 한 상황입니다.

• 자금조달계획 부분의 자기자금 부분에서

②번 항목인 금융기관 예금액 칸에 6억원을 기입합니다.

④번 항목인 증여 · 상속 칸에 4억원을 기입합니다.

• 조달자금지급방식에서는

⑮번 항목인 계좌이체 금액 칸에 10억원을 기입합니다.

Ⓐ "지금은 아니더라도 잔금일 전에 증여받을 계획이라면 증여 칸
에 기입"

주택취득자금 조달 및 입주계획서

① 자금 조달 계획	자기 자금	② 금융기관 예금액 600,000,000원		③ 주식 · 채권 매각대금 원	
		④ 증여 · 상속 400,000,000원		⑤ 현금 등 그 밖의 자금 원	
		[ ] 부부 [∨] 직계존비속(관계: 부) [ ] 그 밖의 관계( )		[ ] 보유 현금 [ ] 그 밖의 자산(종류:)	
		⑥ 부동산 처분대금 등 원		⑦ 소계 1,000,000,000원	
	차입금 등	⑧ 금융기관 대출액 합계	주택담보대출		원
			신용대출		원
		원	그 밖의 대출	(대출 종류:)	원
		기존 주택 보유 여부 (주택담보대출이 있는 경우만 기재) [ ] 미보유 [ ] 보유 (건)			
		⑨ 임대보증금 원		⑩ 회사지원금 · 사채 원	
		⑪ 그 밖의 차입금 원		⑫ 소계	
		[ ] 부부 [ ] 직계존비속(관계:) [ ] 그 밖의 관계( )		원	
	⑬ 합계			1,000,000,000원	
⑭ 조달자금 지급방식		총 거래금액		1,000,000,000원	
		⑮ 계좌이체 금액		1,000,000,000원	
		⑯ 보증금 · 대출 승계 금액		원	
		⑰ 현금 및 그 밖의 지급방식 금액		원	
		지급 사유 (		)	

5) 증빙 제출여부

지역	거래 금액	구분		자금조달 증빙
서울	10억원	조정대상지역	O	제출
		투기과열지구	O	
		비규제지역	–	

Ⓐ "서울은 투기과열지구에 해당하므로 자금조달증빙 제출대상입니다"

6) 어떤 증빙을 제출하나요?

A씨는 10억원의 서울 아파트를 구입하면서 아래와 같이 자금조달계획서를 작성했습니다.

- 자기자금: 예금 6억원

- 자기자금: 증여 4억원

이 경우 다음 증빙서류를 준비하시면 됩니다.

- 6억원을 확인할 수 있는 예금잔액증명서.

구분	조달계획서 작성		필요 증빙
자기자금	금융기관 예금액 6억원 증여 4억원	⇨	예금잔액증명서

"2개월 후 증여받을 예정인 경우 증빙제출을 안 해도 되지만, 제출하지 못하는 사유에 대한 사유서를 제출합니다"

증빙서류 미제출 사유서

자조서 기재항목		증빙자료	제출 여부	미제출사유
자기 자금	금융기관 예금액	예금잔액증명서	O	제출완료
		기타		
	주식·채권 매각대금	주식거래내역서		-
		예금잔액증명서		
		기타		
	증여·상속	증여·상속세 신고서	×	2개월 후 증여받을 예정
		납세증명서	×	
		기타	×	
	현금 등 그 밖의 자금	소득금액증명원		-
		근로소득원천징수영수증		
		기타		
	부동산 처분대금 등	부동산 매매계약서		-
		부동산 임대차계약서		
		기타		
차입금	금융기관 대출액	금융거래확인서		-
		부채증명서		
		금융기관 대출신청서		
		기타		
	임대보증금	부동산임대차계약서		-
	회사지원금 사채	금전을 빌린 사실과 그 금 액을 확인할 수 있는 서류		-
	그 밖의 차입금	금전을 빌린 사실과 그 금 액을 확인할 수 있는 서류		-

⑮
부모님에게 반반 증여받았을 경우 (서울 아파트)

1) 거래 상황

A씨는 서울에서 IT 관련 개인사업체를 운영하고 있으며, 이번에 강동구 쪽의 아파트를 알아봤고, 거래금액은 10억원으로 결정했습니다.

구분	금액
계약금	5000만원
중도금	1억5000만원
잔금	8억원
합계	10억원

Q "서울에서 10억원 아파트를 구입하려 해요"

2) 자금 상황

A씨는 5년간 사업 운영에 큰 어려움이 없었습니다.

사업하며 돈을 모은 결과 지금 통장에 6억원 정도 있습니다.

아버지에게 빌리려고 계획했다가 차입금 관리를 잘못하면 증여세는 물론 사업체 조사까지 나온다는 뉴스를 보고 부모님과 상의 후, 증여받는 것으로 하였습니다.

부모님 두 분 다 자금이 충분해서, 증여세 절세를 위해 반반 증여받았습니다.

Q "부모님 각각에게 부족한 자금을 반반 증여받았어요 "

구분	금액	자금출처
예금	6억원	사업소득
증여	2억원	아버지 증여
증여	2억원	어머니 증여
자금 합계	10억원	

3) 자금조달계획서 작성여부

지역	거래 금액	구분		자금조달 계획서
서울	10억원	조정대상지역	O	제출
		투기과열지구	O	
		비규제지역	–	

Ⓐ "서울은 조정대상지역과 투기과열지구에 해당하므로 자금조달
계획서 제출대상입니다"

4) 어떻게 작성할까요?

부족한 자금을 아버지, 어머니 각각에게 증여를 받기로 한 경우
입니다.

• 자금조달계획 부분의 자기자금 부분에서

②번 항목인 금융기관 예금액 칸에 6억원을 기입하고

④번 항목인 증여 · 상속 칸에 4억원을 기입하고, 관계 칸에 직
계존비속을 체크하고 부모라고 기입합니다.

• 조달자금지급방식에서는

⑮번 항목인 계좌이체 금액 칸에 10억원을 기입합니다.

Ⓐ "부모님 각각에게 증여를 받는 경우에 증여 · 상속 칸에 부모 기재"

주택취득자금 조달 및 입주계획서

<table>
<tr>
<td rowspan="13">① 자금 조달 계획</td>
<td rowspan="5">자기 자금</td>
<td colspan="2">② 금융기관 예금액
600,000,000원</td>
<td colspan="2">③ 주식 · 채권 매각대금
원</td>
</tr>
<tr>
<td colspan="2">④ 증여 · 상속
400,000,000원</td>
<td colspan="2">⑤ 현금 등 그 밖의 자금
원</td>
</tr>
<tr>
<td colspan="2">[ ] 부부 [∨] 직계존비속(관계: 부모)
[ ] 그 밖의 관계(　　　　　)</td>
<td colspan="2">[ ] 보유 현금
[ ] 그 밖의 자산(종류:　　　)</td>
</tr>
<tr>
<td colspan="2">⑥ 부동산 처분대금 등
원</td>
<td colspan="2">⑦ 소계
1,000,000,000원</td>
</tr>
<tr>
<td colspan="4"></td>
</tr>
<tr>
<td rowspan="7">차입금 등</td>
<td rowspan="3">⑧ 금융기관 대출액 합계</td>
<td>주택담보대출</td>
<td colspan="2">원</td>
</tr>
<tr>
<td>신용대출</td>
<td colspan="2">원</td>
</tr>
<tr>
<td>그 밖의 대출</td>
<td colspan="2">원
(대출 종류:　　　)</td>
</tr>
<tr>
<td>원</td>
<td colspan="3">기존 주택 보유 여부 (주택담보대출이 있는 경우만 기재)
[ ] 미보유　[ ] 보유 (　건)</td>
</tr>
<tr>
<td colspan="2">⑨ 임대보증금
원</td>
<td colspan="2">⑩ 회사지원금 · 사채
원</td>
</tr>
<tr>
<td colspan="2">⑪ 그 밖의 차입금
원</td>
<td colspan="2">⑫ 소계</td>
</tr>
<tr>
<td colspan="3">[ ] 부부 [ ] 직계존비속(관계: 부모)
[ ] 그 밖의 관계(　　　　　)</td>
<td>원</td>
</tr>
<tr>
<td colspan="2">⑬ 합계</td>
<td colspan="3">1,000,000,000원</td>
</tr>
<tr>
<td rowspan="5">⑭ 조달자금 지급방식</td>
<td colspan="3">총 거래금액</td>
<td>1,000,000,000원</td>
</tr>
<tr>
<td colspan="3">⑮ 계좌이체 금액</td>
<td>1,000,000,000원</td>
</tr>
<tr>
<td colspan="3">⑯ 보증금 · 대출 승계 금액</td>
<td>원</td>
</tr>
<tr>
<td colspan="3">⑰ 현금 및 그 밖의 지급방식 금액</td>
<td>원</td>
</tr>
<tr>
<td colspan="4">지급 사유 (　　　　　　　　　　　　　　　)</td>
</tr>
</table>

5) 증빙 제출여부

지역	거래 금액	구분		자금조달 증빙
서울	10억원	조정대상지역	O	제출
		투기과열지구	O	
		비규제지역	–	

Ⓐ "서울은 투기과열지구에 해당하므로 자금조달증빙 제출대상입니다"

6) 어떤 증빙을 제출하나요?

A씨는 서울에 10억원 아파트를 구입하며 자금조달계획서를 아래와 같이 작성하였습니다.

- 자기자금: 예금액 6억원
- 자기자금: 증여 4억원

이 경우 다음 증빙서류를 준비하면 됩니다.

- 6억원을 확인할 수 있는 예금잔액증명서.
- 4억원을 확인할 수 있는 증여세 신고서.

구분	자금조달계획서		필요 증빙
자기자금	금융기관 예금액 6억원 증여 4억원	⇨	예금잔액증명서 증여세 신고서(아버지) 증여세 신고서(어머니)

A "부모님 두 분에게 증여받은 경우, 각각의 증여세 신고서 제출"

16

아버지에게 일부 차입/일부 증여받은 경우(서울 아파트)

1) 거래 상황

A씨는 서울에서 IT 관련 개인사업체를 운영하고 있으며, 이번에 강동구 쪽의 아파트를 알아봤고, 거래금액은 10억원으로 결정했습니다.

구분	금액
계약금	5000만원
중도금	1억5000만원
잔금	8억원
합계	10억원

Q "서울에서 10억원 아파트를 구입하려 해요"

2) 자금 상황

A씨는 5년간 사업 운영에 큰 어려움이 없었습니다.

사업하며 돈을 모은 결과 지금 통장에 6억원 정도 있습니다.

나머지를 증여받으면 증여세가 너무 많이 나와서 절반은 차입으로 빌리고, 절반은 증여받으려고 합니다.

Q "아버지에게 2억원은 빌리고, 2억원은 증여를 받아요"

구분	금액	자금출처
예금	6억원	사업소득
증여	2억원	아버지
차입	2억원	아버지
자금 합계	10억원	

3) 자금조달계획서 작성여부

지역	거래 금액	구분		자금조달 계획서
서울	10억원	조정대상지역	O	제출
		투기과열지구	O	
		비규제지역	–	

Ⓐ "서울은 조정대상지역과 투기과열지구에 해당하므로 자금조달 계획서 제출대상입니다"

4) 어떻게 작성할까요?

아버지에게 일부는 차입하고 일부는 증여받기로 한 상황입니다.

• 자금조달계획 부분의 자기자금 부분에서

②번 항목인 금융기관 예금액 칸에 6억원을 기입하고

④번 항목인 증여 · 상속 칸에 2억원을 기입하고,

• 자금조달계획 부분의 차입금 부분에서

⑪번 항목인 그 밖의 차입금 칸에 2억원을 기입합니다.

• 조달자금지급방식에서는

⑮번 항목인 계좌이체 금액 칸에 10억원을 기입합니다.

Ⓐ "실질에 따라, 증여는 증여 · 상속 칸에, 차입금은 그 밖의 차입금 칸에 기입"

주택취득자금 조달 및 입주계획서

① 자금 조달 계획	자기 자금	② 금융기관 예금액 600,000,000원		③ 주식 · 채권 매각대금 원	
		④ 증여 · 상속 200,000,000원		⑤ 현금 등 그 밖의 자금 원	
		[ ] 부부 [∨] 직계존비속(관계: 부) [ ] 그 밖의 관계( )		[ ] 보유 현금 [ ] 그 밖의 자산(종류:)	
		⑥ 부동산 처분대금 등 원		⑦ 소계 800,000,000원	
	차입금 등	⑧ 금융기관 대출액 합계 원	주택담보대출		원
			신용대출		원
			그 밖의 대출	(대출 종류:)	원
		기존 주택 보유 여부 (주택담보대출이 있는 경우만 기재) [ ] 미보유 [ ] 보유 (건)			
		⑨ 임대보증금 원		⑩ 회사지원금 · 사채 원	
		⑪ 그 밖의 차입금 200,000,000원		⑫ 소계	
		[ ] 부부 [∨] 직계존비속(관계: 부) [ ] 그 밖의 관계( )		200,000,000원	
	⑬ 합계			1,000,000,000원	
⑭ 조달자금 지급방식		총 거래금액		1,000,000,000원	
		⑮ 계좌이체 금액		1,000,000,000원	
		⑯ 보증금 · 대출 승계 금액		원	
		⑰ 현금 및 그 밖의 지급방식 금액		원	
		지급 사유 ( )			

5) 증빙 제출여부

지역	거래 금액	구분		자금조달 증빙
서울	10억원	조정대상지역	O	제출
		투기과열지구	O	
		비규제지역	−	

Ⓐ "서울은 투기과열지구에 해당하므로 자금조달증빙 제출대상입니다"

6) 어떤 증빙을 제출하나요?

A씨는 강동에 10억원 아파트를 구입하며 자금조달계획서를 아래와 같이 작성하였습니다.

- 자기자금: 예금 6억원
- 자기자금: 증여 2억원
- 차입금: 그 밖의 차입금 2억원

이 경우 다음 증빙서류를 준비하면 됩니다.

- 6억원을 확인할 수 있는 예금잔액증명서.
- 2억원을 확인할 수 있는 증여세 신고서.
- 2억원을 확인할 수 있는 차입계약서.

구분	자금조달계획서		필요 증빙
자기자금	금융기관 예금액 6억원 증여 2억원	⇨	예금잔액증명서 증여세신고서
차입금	그 밖의 차입금: 2억원		차입계약서

Ⓐ "실질에 따라, 증여는 증여세신고서, 차입금은 차입계약서 준비"

전세입자가 있는 아파트를 산 경우 (서울 아파트)

1) 거래 상황

A씨는 서울에서 전문직으로 근무하고 있으며, 이번에 강동구 쪽의 아파트를 알아봤고, 거래금액은 10억원으로 결정했습니다. 현재 보증금 6억원에 전세입자가 거주 중입니다.

구분	금액
계약금	5000만원
전세보증금 승계	6억원
잔금	3억5000만원
합계	10억원

Q "서울 아파트(보증금 6억원이 끼어 있는)를 10억원에 구입하려 해요"

2) 자금 상황

A씨는 10여 년간 전문직으로 근무하고 있으며, 통장에 4억원의 예금이 있습니다.

현재 전세보증금을 승계하면 잔금 지급에는 문제가 없습니다.

Q "전세보증금 6억원을 끼고, 나머지 4억원의 잔금 지급"

구분	금액	자금출처
예금	4억원	근로소득
채무	6억원	전세보증금
자금 합계	10억원	

3) 자금조달계획서 작성여부

지역	거래 금액	구분		자금조달 계획서
서울	10억원	조정대상지역	O	제출
		투기과열지구	O	
		비규제지역	−	

A "서울은 조정대상지역과 투기과열지구에 해당하므로 자금조달
계획서 제출대상입니다"

4) 어떻게 작성할까요?

A씨는 전세가 끼어 있는 상태로 매매해, 나머지 4억원만 지급하
면 됩니다.

- 자금조달계획 부분의 자기자금 부분에서

②번 항목인 금융기관 예금액 칸에 4억원을 기입하고,

- 자금조달계획 부분의 차입금 부분에서

⑨번 항목인 임대보증금 칸에 6억원을 기입합니다.

- 조달자금지급방식에서는

⑮번 항목인 계좌이체 금액 칸에 4억원을 기입합니다.

⑯번 항목인 보증금·대출금 승계 금액 칸에 6억원을 기입합니다.

A "전세보증금 승계 금액은 차입금 부분에 기재"

주택취득자금 조달 및 입주계획서

① 자금 조달 계획	자기 자금	② 금융기관 예금액 400,000,000원		③ 주식 · 채권 매각대금 원	
		④ 증여 · 상속 원		⑤ 현금 등 그 밖의 자금 원	
		[ ] 부부 [ ] 직계존비속(관계:) [ ] 그 밖의 관계( )		[ ] 보유 현금 [ ] 그 밖의 자산(종류:)	
		⑥ 부동산 처분대금 등 원		⑦ 소계 400,000,000원	
	차입금 등	⑧ 금융기관 대출액 합계 원	주택담보대출		원
			신용대출		원
			그 밖의 대출 (대출 종류:)		원
		기존 주택 보유 여부 (주택담보대출이 있는 경우만 기재) [ ] 미보유 [ ] 보유 (건)			
		⑨ 임대보증금 600,000,000원		⑩ 회사지원금 · 사채 원	
		⑪ 그 밖의 차입금 원		⑫ 소계	
		[ ] 부부 [ ] 직계존비속(관계:) [ ] 그 밖의 관계( )		600,000,000원	
	⑬ 합계			1,000,000,000원	
⑭ 조달자금 지급방식		총 거래금액		1,000,000,000원	
		⑮ 계좌이체 금액		400,000,000원	
		⑯ 보증금 · 대출 승계 금액		600,000,000원	
		⑰ 현금 및 그 밖의 지급방식 금액		원	
		지급 사유 ( )			

5) 증빙 제출여부

지역	거래 금액	구분		자금조달 증빙
서울	10억원	조정대상지역	O	제출
		투기과열지구	O	
		비규제지역	–	

Ⓐ "서울은 투기과열지구에 해당하므로 자금조달증빙 제출대상입니다"

6) 어떤 증빙을 제출하나요?"

A씨는 10억원의 서울 아파트를 구입하면서 아래와 같이 자금조달계획서를 작성하였습니다.

- 자기자금: 예금액 4억원
- 차입금: 임대보증금 6억원

이 경우 다음 증빙서류를 준비하시면 됩니다.

- 4억원을 확인할 수 있는 예금잔액증명서.
- 6억원을 확인할 수 있는 부동산임대차계약서.

구분	자금조달계획서		필요 증빙
자기자금	금융기관 예금액 4억원	⇨	예금잔액증명서
차입금	임대보증금 6억원		부동산임대차계약서

Ⓐ "보증금을 승계하는 매매계약인 경우 부동산임대차계약서 제출"

거주하는 곳의 전세자금을 활용해서
아파트를 구입하는 경우
(서울 아파트)

1) 거래 상황

　A씨는 서울에서 전문직으로 근무하고 있으며, 이번에 강동구 쪽의 아파트를 알아봤고, 거래금액은 10억원으로 결정했습니다.

구분	금액
계약금	5000만원
중도금	1억5000만원
잔금	8억원
합계	10억원

Q "서울에서 10억원 아파트를 구입하려 해요"

2) 자금 상황

A씨는 10여 년간 전문직으로 근무하고 있으며, 통장에는 2억원의 예금이 있고, 현재 보증금 6억원에 전세로 살고 있습니다.

부족한 자금은 아버지에게 빌리려고 합니다.

Q "기존 전세보증금과 아버지에게 2억원을 빌려 아파트 구입"

구분	금액	자금출처
전세보증금	6억원	전세보증금
예금	2억원	근로소득
차입금	2억원	아버지 차입
자금 합계	10억원	

3) 자금조달계획서 작성여부

지역	거래 금액	구분		자금조달 계획서
서울	10억원	조정대상지역	O	제출
		투기과열지구	O	
		비규제지역	–	

Ⓐ "서울은 조정대상지역과 투기과열지구에 해당하므로 자금조달
   계획서 제출대상입니다"

4) 어떻게 작성할까요?

A씨는 현재 살고 있는 전셋집을 빼면서 보증금을 받고 부족한
자금은 아버지에게 잠시 빌리기로 한 상황입니다.

• 자금조달계획 부분의 자기자금 부분에서

②번 항목인 금융기관 예금액 칸에 2억원을 기입하고

⑥번 항목인 부동산 처분대금 등 칸에 6억원을 기입합니다.

• 자금조달계획 부분의 차입금 부분에서

⑪번 항목인 그 밖의 차입금 칸에 2억원을 기입합니다.

• 조달자금지급방식에서는

⑮번 항목인 계좌이체 금액 칸에 10억원을 기입합니다.

Ⓐ "전세보증금을 반환받는 경우, 자기자금 부분의 부동산 처분대
   금 등 칸에 기입"

주택취득자금 조달 및 입주계획서

<table>
<tr>
<td rowspan="13">① 자금 조달 계획</td>
<td rowspan="6">자기 자금</td>
<td colspan="2">② 금융기관 예금액
200,000,000원</td>
<td colspan="2">③ 주식 · 채권 매각대금
원</td>
</tr>
<tr>
<td colspan="2">④ 증여 · 상속
원</td>
<td colspan="2">⑤ 현금 등 그 밖의 자금
원</td>
</tr>
<tr>
<td colspan="2">[ ] 부부 [ ] 직계존비속(관계:　)
[ ] 그 밖의 관계(　　　)</td>
<td colspan="2">[ ] 보유 현금
[ ] 그 밖의 자산(종류:　　)</td>
</tr>
<tr>
<td colspan="2">⑥ 부동산 처분대금 등
600,000,000원</td>
<td colspan="2">⑦ 소계
800,000,000원</td>
</tr>
</table>

① 자금조달계획	자기 자금	② 금융기관 예금액　　　200,000,000원		③ 주식 · 채권 매각대금　　　　원	
		④ 증여 · 상속　　　　원		⑤ 현금 등 그 밖의 자금　　　원	
		[ ] 부부 [ ] 직계존비속(관계:　) [ ] 그 밖의 관계(　　)		[ ] 보유 현금 [ ] 그 밖의 자산(종류:　)	
		⑥ 부동산 처분대금 등　　600,000,000원		⑦ 소계　　　800,000,000원	
	차입금 등	⑧ 금융기관 대출액 합계	주택담보대출		원
			신용대출		원
		원	그 밖의 대출	(대출 종류:　)	원
		기존 주택 보유 여부 (주택담보대출이 있는 경우만 기재) [ ] 미보유　[ ] 보유 (　건)			
		⑨ 임대보증금　　　원		⑩ 회사지원금 · 사채　　　원	
		⑪ 그 밖의 차입금　200,000,000원		⑫ 소계	
		[ ] 부부 [∨] 직계존비속(관계: 부) [ ] 그 밖의 관계(　　)		200,000,000원	
	⑬ 합계			1,000,000,000원	
⑭ 조달자금 지급방식		총 거래금액		1,000,000,000원	
		⑮ 계좌이체 금액		1,000,000,000원	
		⑯ 보증금 · 대출 승계 금액		원	
		⑰ 현금 및 그 밖의 지급방식 금액		원	
		지급 사유 (		)	

5) 증빙 제출여부

지역	거래 금액	구분		자금조달 증빙
서울	10억원	조정대상지역	O	제출
		투기과열지구	O	
		비규제지역	–	

🅰 "서울은 투기과열지구에 해당하므로 자금조달증빙 제출대상입니다"

6) 어떤 증빙을 제출하나요?"

A씨는 10억원의 서울 아파트를 구입하면서 아래와 같이 자금조달계획서를 작성하였습니다.

- 자기자금: 예금 2억원
- 자기자금: 부동산 처분대금 6억원
- 차입금: 그 밖의 차입금 2억원

이 경우 다음 증빙서류를 준비하시면 됩니다.

- 2억원을 확인할 수 있는 예금잔액증명서.
- 6억원을 확인할 수 있는 부동산임대차계약서.
- 2억원을 확인할 수 있는 차입계약서.

구분	조달계획서 작성		필요 증빙
자기자금	금융기관 예금액 2억원 부동산 처분대금 6억원	⇨	예금잔액증명서 부동산임대차계약서
차입금	그 밖의 차입금 2억원		차입계약서

Ⓐ "보증금을 빼서 잔금을 치르는 경우, 부동산임대차계약서 제출"

19
아파트를 처분하고 신규 아파트를
구입하는 경우(서울 아파트)

1) 거래 상황

A씨는 서울에서 전문직으로 근무하고 있으며, 이번에 강동구 쪽의 아파트를 알아봤고, 거래금액은 10억원으로 결정했습니다.

구분	금액
계약금	5000만원
중도금	1억5000만원
잔금	8억원
합계	10억원

Q "서울에서 10억원 아파트를 구입하려 해요"

2) 자금 상황

A씨는 20여 년간 전문직으로 근무하고 있으며, 통장에는 1억원의 예금이 있고 기존 아파트는 5억원에 매각할 수 있습니다.

회사에서 저리로 1억원을 지원해주고, 배우자가 처가로부터 받은 자금 3억원이 있어 이 자금도 활용하려 합니다.

Q "기존 아파트를 팔며, 회사지원금도 활용"

구분	금액	자금출처
부동산처분대금	5억원	기존주택매각
예금	1억원	근로소득
증여	3억원	배우자 증여
차입금	1억원	회사지원금
자금 합계	10억원	

3) 자금조달계획서 작성여부

지역	거래 금액	구분		자금조달 계획서
서울	10억원	조정대상지역	O	제출
		투기과열지구	O	
		비규제지역	–	

Ⓐ "서울은 조정대상지역과 투기과열지구에 해당하므로 자금조달
계획서 제출대상입니다"

4) 어떻게 작성할까요?

기존 아파트를 팔며, 배우자로부터 증여도 받고, 회사지원금도
활용하는 상황입니다.

• 자금조달계획 부분의 자기자금 부분에서

②번 항목인 금융기관 예금액 칸에 1억원을 기입하고

④번 항목인 증여·상속 칸에 3억원을 기입하고

⑥번 항목인 부동산 처분대금 등 칸에 5억원을 기입합니다.

• 자금조달계획 부분의 차입금 부분에서

⑩번 항목인 회사지원금 칸에 1억원을 기입합니다.

• 조달자금지급방식에서는

⑮번 항목인 계좌이체 금액 칸에 10억원을 기입합니다.

Ⓐ "기존 아파트 매각금액은 자기자금 부분의 부동산 처분대금 칸에 기입"

Ⓐ "회사에서 저리로 지원받은 금액은 차입금부분의 회사지원금 칸에 기입"

주택취득자금 조달 및 입주계획서

① 자금 조달 계획	자기 자금	② 금융기관 예금액 100,000,000원	③ 주식 · 채권 매각대금 원
		④ 증여 · 상속 300,000,000원	⑤ 현금 등 그 밖의 자금 원
		[∨] 부부 [ ] 직계존비속(관계:) [ ] 그 밖의 관계( )	[ ] 보유 현금 [ ] 그 밖의 자산(종류:)
		⑥ 부동산 처분대금 등 500,000,000원	⑦ 소계 900,000,000원

① 자금 조달 계획	차입금 등	⑧ 금융기관 대출액 합계	주택담보대출		원
			신용대출		원
		원	그 밖의 대출	(대출 종류:)	원
		기존 주택 보유 여부 (주택담보대출이 있는 경우만 기재) [ ] 미보유 [ ] 보유 (건)			
		⑨ 임대보증금 원	⑩ 회사지원금 · 사채 100,000,000원		
		⑪ 그 밖의 차입금 원	⑫ 소계		
		[ ] 부부 [ ] 직계존비속(관계:) [ ] 그 밖의 관계( )	100,000,000원		
	⑬ 합계		1,000,000,000원		

⑭ 조달자금 지급방식	총 거래금액	1,000,000,000원
	⑮ 계좌이체 금액	1,000,000,000원
	⑯ 보증금 · 대출 승계 금액	원
	⑰ 현금 및 그 밖의 지급방식 금액	원
	지급 사유 (	)

5) 증빙 제출여부

지역	거래 금액	구분		자금조달 증빙
서울	10억원	조정대상지역	O	제출
		투기과열지구	O	
		비규제지역	–	

A "서울은 투기과열지구에 해당하므로 자금조달증빙 제출대상입니다"

6) 어떤 증빙을 제출하나요?"

A씨는 10억원의 서울 아파트를 구입하면서 아래와 같이 자금조달계획서를 작성하였습니다.

• 자기자금: 예금 1억원

• 자기자금: 증여 · 상속 3억원

• 자기자금: 부동산 처분대금 등 5억원

• 차입금: 회사지원금 1억원

이 경우 다음 증빙서류를 준비하시면 됩니다.

• 1억원을 확인할 수 있는 예금잔액증명서.

• 3억원을 확인할 수 있는 증여세신고서.

• 5억원을 확인할 수 있는 부동산매매계약서.

• 1억원을 확인할 수 있는 회사지원금지급확인서.

구분	자금조달계획서		필요증빙
자기자금	금융기관 예금액 1억원 증여 · 상속 3억원 부동산처분대금 등 5억원		예금잔액증명서 증여세신고서 부동산매매계약서
차입금	회사지원금 1억원		지원금지급확인서

🅐 "회사에서 지원받는 경우, 지원금지급확인서 제출"

부부 공동명의로 구입하려는 경우 (서울 아파트)

1) 거래 상황

A씨와 B씨는 서울에서 전문직으로 근무하고 있으며, 이번에 강동구 쪽의 아파트를 알아봤고, 거래금액은 10억원으로 결정했습니다.

구분	금액
계약금	5000만원
중도금	1억5000만원
잔금	8억원
합계	10억원

Ⓠ "서울에서 10억원 아파트를 부부 공동명의로 구입하려 해요"

2) 자금 상황

A씨와 B씨는 현재 전세로 살고 있고, 보증금 5억원을 반환받을 예정입니다.

통장에는 각각 1억원의 예금이 있고, 부족한 자금은 각자의 부모님에게 1.5억원씩 증여받기로 하였습니다.

Ⓠ "전세보증금, 예금, 증여금액 모두 50:50 비율로 부담"

구분	A씨	B씨	자금출처
전세보증금	2.5억원	2.5억원	현재 전세거주중
예금	1억원	1억원	근로소득
증여	1.5억원	1.5억원	부모님 증여
자금 합계	5억원	5억원	

3) 자금조달계획서 작성여부

지역	거래 금액	구분		자금조달 계획서
서울	10억원	조정대상지역	O	제출
		투기과열지구	O	
		비규제지역	–	

Ⓐ "서울은 조정대상지역과 투기과열지구에 해당하므로 자금조달
계획서 제출대상입니다"

4) 어떻게 작성할까요?

아파트를 구입하는 사람이 두 명 이상인 경우에는, 아파트를 구입하는 사람별로 자금조달계획서를 제출해야 합니다.

하나의 아파트를 두 명이 공동으로 구입하는 경우에는 자금조달계획서가 2장이고, 세 명이 공동으로 구입하는 경우에는 자금조달계획서가 3장이 되는 것입니다.

A씨의 자금조달계획서에는

• 자금조달계획 부분의 자기자금 부분에서

②번 항목인 금융기관 예금액 칸에 1억원을 기입하고

④번 항목인 증여 · 상속 칸에 1.5억원을 기입하고

⑥번 항목인 부동산 처분대금 등 칸에 2.5억원을 기입합니다.

• 조달자금지급방식에서는

⑮번 항목인 계좌이체 금액 칸에 5억원을 기입합니다.

B씨도 A씨와 동일합니다.

Ⓐ "부부 공동명의는 자금조달계획서를 2장 작성"

주택취득자금 조달 및 입주계획서 (A씨)

<table>
<tr><td rowspan="13">① 자금 조달 계획</td><td rowspan="5">자기 자금</td><td colspan="2">② 금융기관 예금액
100,000,000원</td><td colspan="2">③ 주식 · 채권 매각대금
원</td></tr>
<tr><td colspan="2">④ 증여 · 상속
150,000,000원</td><td colspan="2">⑤ 현금 등 그 밖의 자금
원</td></tr>
<tr><td colspan="2">[ ] 부부 [∨] 직계존비속(관계: 부)
[ ] 그 밖의 관계( )</td><td colspan="2">[ ] 보유 현금
[ ] 그 밖의 자산(종류:)</td></tr>
<tr><td colspan="2">⑥ 부동산 처분대금 등
250,000,000원</td><td colspan="2">⑦ 소계
500,000,000원</td></tr>
<tr><td colspan="8"></td></tr>
<tr><td rowspan="7">차입금 등</td><td rowspan="3">⑧ 금융기관 대출액 합계

원</td><td>주택담보대출</td><td colspan="2">원</td></tr>
<tr><td>신용대출</td><td colspan="2">원</td></tr>
<tr><td>그 밖의 대출</td><td colspan="2">원
(대출 종류:)</td></tr>
<tr><td colspan="4">기존 주택 보유 여부 (주택담보대출이 있는 경우만 기재)
[ ] 미보유 [ ] 보유 (건)</td></tr>
<tr><td colspan="2">⑨ 임대보증금
원</td><td colspan="2">⑩ 회사지원금 · 사채
원</td></tr>
<tr><td colspan="2">⑪ 그 밖의 차입금
원</td><td colspan="2">⑫ 소계

</td></tr>
<tr><td colspan="2">[ ] 부부 [ ] 직계존비속(관계:)
[ ] 그 밖의 관계( )</td><td colspan="2">원</td></tr>
<tr><td>⑬ 합계</td><td colspan="4">500,000,000원</td></tr>
<tr><td rowspan="5">⑭ 조달자금 지급방식</td><td colspan="4">총 거래금액</td><td>500,000,000원</td></tr>
<tr><td colspan="4">⑮ 계좌이체 금액</td><td>500,000,000원</td></tr>
<tr><td colspan="4">⑯ 보증금 · 대출 승계 금액</td><td>원</td></tr>
<tr><td colspan="4">⑰ 현금 및 그 밖의 지급방식 금액</td><td>원</td></tr>
<tr><td colspan="5">지급 사유 ( )</td></tr>
</table>

주택취득자금 조달 및 입주계획서 (B씨)

① 자금 조달 계획	자기 자금	② 금융기관 예금액 100,000,000원		③ 주식·채권 매각대금 원	
		④ 증여·상속 150,000,000원		⑤ 현금 등 그 밖의 자금 원	
		[ ] 부부 [∨] 직계존비속(관계: 부) [ ] 그 밖의 관계( )		[ ] 보유 현금 [ ] 그 밖의 자산(종류:)	
		⑥ 부동산 처분대금 등 250,000,000원		⑦ 소계 500,000,000원	
	차입금 등	⑧ 금융기관 대출액 합계	주택담보대출		원
			신용대출		원
		원	그 밖의 대출	(대출 종류:)	원
		기존 주택 보유 여부 (주택담보대출이 있는 경우만 기재) [ ] 미보유 [ ] 보유 (건)			
		⑨ 임대보증금 원		⑩ 회사지원금·사채 인	
		⑪ 그 밖의 차입금 원		⑫ 소계	
		[ ] 부부 [ ] 직계존비속(관계:) [ ] 그 밖의 관계( )		원	
	⑬ 합계			500,000,000원	
⑭ 조달자금 지급방식		총 거래금액		500,000,000원	
		⑮ 계좌이체 금액		500,000,000원	
		⑯ 보증금·대출 승계 금액		원	
		⑰ 현금 및 그 밖의 지급방식 금액		원	
		지급 사유 (		)	

5) 증빙 제출여부

지역	거래 금액	구분		자금조달 증빙
서울	10억원	조정대상지역	O	제출
		투기과열지구	O	
		비규제지역	–	

A "서울은 투기과열지구에 해당하므로 자금조달증빙 제출대상입니다"

6) 어떤 증빙을 제출하나요?"

A씨는 10억원의 아파트를 공동으로 구입하며 자금조달계획서를 아래와 같이 작성하였습니다.

자금조달계획부분의 자기자금 부분에서

- 자기자금: 예금 1억원
- 자기자금: 증여 · 상속 1.5억원
- 자기자금: 부동산 처분대금 등 2.5억원

이 경우 다음 증빙서류를 준비하시면 됩니다.

- 1억원을 확인할 수 있는 예금잔액증명서.
- 1.5억원을 확인할 수 있는 증여세신고서.
- 2.5억원을 확인할 수 있는 부동산임대차계약서.

구분	자금조달계획서		필요 증빙
자기자금	금융기관 예금액 1억원 증여·상속 1.5억원 부동산처분대금 등 2.5억원	⇨	예금잔액증명서 증여세신고서 부동산임대차계약서

B씨도 A씨와 동일한 증빙서류를 준비하면 됩니다.

Ⓐ "부부 공동명의로 구입하는 경우 증빙도 각각 준비, 제출"

21

7:3으로 부부 공동명의로 구입하는 경우(서울 아파트)

1) 거래 상황

A씨는 서울에서 전문직으로 근무하고 있으며, 이번에 강동구 쪽의 아파트를 알아봤고, 거래금액은 10억원으로 결정했습니다.

구분	금액
계약금	5000만원
중도금	1억5000만원
잔금	8억원
합계	10억원

Q "서울에서 10억원 아파트를 7:3 비율의 부부 공동명의로 구입하려 해요"

2) 자금 상황

B씨는 결혼 후 5년간 직장생활을 하다 그만두고 육아를 하고 있으며, A씨는 계속 직장생활을 하고 있습니다.

A씨와 B씨는 현재 전세로 살고 있고, 보증금 5억원을 반환받을 예정입니다.

A씨의 통장에는 2억원의 예금이 있고 양가에서 약간의 증여를 받고 나서도 부족한 자금은 A씨가 부모님께 차입할 예정입니다.

Q "5:5 비율로 자금을 확보하기는 어렵고, 부부 중 한쪽이 자금을 확보하기가 더 쉬운 상황"

구분	A씨	B씨	자금출처
전세보증금	2.5억원	2.5억원	현재 전세거주중
예금	2억원	–	근로소득
증여	0.5억원	0.5억원	부모님 증여
차입	2억원	–	부모님 차입
자금 합계	7억원	3억원	

3) 자금조달계획서 작성여부

지역	거래 금액	구분		자금조달 계획서
서울	10억원	조정대상지역	O	제출
		투기과열지구	O	
		비규제지역	–	

Ⓐ "서울은 조정대상지역과 투기과열지구에 해당하므로 자금조달
계획서 제출대상입니다"

4) 어떻게 작성할까요?

부부 중 한명은 경제적 활동을 계속하고 있고, 다른 한 명은 지
금 약간의 경제활동을 하면서 육아를 하는 상황입니다.

A씨의 자금조달계획서에는

• 자금조달계획 부분의 자기자금 부분에서

②번 항목인 금융기관 예금액 칸에 2억원을 기입하고

④번 항목인 증여 · 상속 칸에 0.5억원을 기입하고

⑥번 항목인 부동산 처분대금 등 칸에 2.5억원을 기입합니다.

• 자금조달계획부분의 차입금 부분에서

⑪번 항목인 그 밖의 차입금 칸에 2억원을 기입합니다.

• 조달자금지급방식에서는

⑮번 항목인 계좌이체 금액 칸에 7억원을 기입합니다.

Ⓐ "경제적 활동을 하는 A씨는 이자지급 능력도 있어 부모님에게
차입할 수 있습니다"

B씨의 자금조달계획서에는

• 자금조달계획 부분의 자기자금 부분에서

④번 항목인 증여 · 상속 칸에 0.5억원을 기입하고

⑥번 항목인 부동산 처분대금 등 칸에 2.5억원을 기입합니다.

• 조달자금지급방식에서는

⑮번 항목인 계좌이체 금액 칸에 3억원을 기입합니다.

Ⓐ "경제적 활동을 하지 않는 B씨는 이자지급 능력이 있다고 보
기 힘들어 부모님에게 차입하면 세무서에서 증여로 볼 수 있
습니다"

주택취득자금 조달 및 입주계획서 (A씨)

① 자금 조달 계획	자기 자금	② 금융기관 예금액 200,000,000원		③ 주식·채권 매각대금 원	
		④ 증여·상속 50,000,000원		⑤ 현금 등 그 밖의 자금 원	
		[ ] 부부 [∨] 직계존비속(관계: 부) [ ] 그 밖의 관계( )		[ ] 보유 현금 [ ] 그 밖의 자산(종류:)	
		⑥ 부동산 처분대금 등 250,000,000원		⑦ 소계 500,000,000원	
	차입금 등	⑧ 금융기관 대출액 합계 원	주택담보대출		원
			신용대출		원
			그 밖의 대출 (대출 종류:)		원
		기존 주택 보유 여부 (주택담보대출이 있는 경우만 기재) [ ] 미보유 [ ] 보유 (건)			
		⑨ 임대보증금 원		⑩ 회사지원금·사채 원	
		⑪ 그 밖의 차입금 200,000,000원		⑫ 소계	
		[ ] 부부 [∨] 직계존비속(관계: 부) [ ] 그 밖의 관계( )		200,000,000원	
	⑬ 합계			700,000,000원	
⑭ 조달자금 지급방식		총 거래금액		700,000,000원	
		⑮ 계좌이체 금액		700,000,000원	
		⑯ 보증금·대출 승계 금액		원	
		⑰ 현금 및 그 밖의 지급방식 금액		원	
		지급 사유 ( )			

주택취득자금 조달 및 입주계획서 (B씨)

<table>
<tr><td rowspan="12">①
자금
조달
계획</td><td rowspan="4">자기
자금</td><td>② 금융기관 예금액
원</td><td colspan="2">③ 주식 · 채권 매각대금
원</td></tr>
<tr><td>④ 증여 · 상속
50,000,000원</td><td colspan="2">⑤ 현금 등 그 밖의 자금
원</td></tr>
<tr><td>[ ] 부부 [∨] 직계존비속(관계: 부)
[ ] 그 밖의 관계(　　　)</td><td colspan="2">[ ] 보유 현금
[ ] 그 밖의 자산(종류:　　　)</td></tr>
<tr><td>⑥ 부동산 처분대금 등
250,000,000원</td><td colspan="2">⑦ 소계
300,000,000원</td></tr>
<tr><td rowspan="7">차입금
등</td><td rowspan="3">⑧ 금융기관 대출액 합계
원</td><td>주택담보대출</td><td>원</td></tr>
<tr><td>신용대출</td><td>원</td></tr>
<tr><td>그 밖의 대출</td><td>원
(대출 종류:　　　)</td></tr>
<tr><td colspan="3">기존 주택 보유 여부 (주택담보대출이 있는 경우만 기재)
[ ] 미보유　[ ] 보유 (　건)</td></tr>
<tr><td>⑨ 임대보증금
원</td><td colspan="2">⑩ 회사지원금 · 사채
원</td></tr>
<tr><td>⑪ 그 밖의 차입금
원</td><td colspan="2" rowspan="2">⑫ 소계
원</td></tr>
<tr><td>[ ] 부부 [ ] 직계존비속(관계:　　　)
[ ] 그 밖의 관계(　　　)</td></tr>
<tr><td>⑬ 합계</td><td colspan="3">300,000,000원</td></tr>
<tr><td colspan="2" rowspan="5">⑭ 조달자금
지급방식</td><td>총 거래금액</td><td colspan="2">300,000,000원</td></tr>
<tr><td>⑮ 계좌이체 금액</td><td colspan="2">300,000,000원</td></tr>
<tr><td>⑯ 보증금 · 대출 승계 금액</td><td colspan="2">원</td></tr>
<tr><td>⑰ 현금 및 그 밖의 지급방식 금액</td><td colspan="2">원</td></tr>
<tr><td colspan="3">지급 사유 (　　　)</td></tr>
</table>

5) 증빙 제출여부

지역	거래 금액	구분		자금조달 증빙
서울	10억원	조정대상지역	O	제출
		투기과열지구	O	
		비규제지역	–	

 "서울은 투기과열지구에 해당하므로 자금조달증빙 제출대상입니다"

6) 어떤 증빙을 제출하나요?"

A씨는 10억원의 아파트를 공동으로 구입하며, 그중 7억원에 대해 자금조달계획서를 아래와 같이 작성하였습니다.

- 자기자금: 예금 2억원
- 자기자금: 증여·상속 0.5억원
- 자기자금: 부동산 처분대금 등 2.5억원
- 차입금: 그 밖의 차입금 2억원

이 경우 다음 증빙서류를 준비하시면 됩니다.

- 2억원을 확인할 수 있는 예금잔액증명서.
- 0.5억원을 확인할 수 있는 증여세신고서.
- 2.5억원을 확인할 수 있는 부동산임대차계약서.

• 2억원을 확인할 수 있는 차입계약서.

구분	자금조달계획서		필요 증빙
자기자금	금융기관 예금액 2억원 증여 · 상속 0.5억원 부동산처분대금 등 2.5억원	⇨	예금잔액증명서 증여세신고서 부동산임대차계약서
차입금	그 밖의 차입금 2억원		차입계약서

B씨는 10억원의 아파트를 공동으로 구입하며, 그중 3억원에 대한 자금조달계획서를 아래와 같이 작성하였습니다.

자금조달계획 부분의 자기자금 부분에서

• 자기자금: 증여 · 상속 0.5억원

• 자기자금: 부동산 처분대금 등 2.5억원.

구분	자금조달계획서		필요 증빙
자기자금	증여 · 상속 0.5억원 부동산 처분대금 등 2.5억원	⇨	증여세신고서 부동산임대차계약서

22

부자 공동명의로 취득하는 경우
(서울 아파트)

1) 거래 상황

A씨는 10억원의 아파트를 혼자 살 수 있는 능력이 있지만 당장의 종부세, 나중의 상속세 절세까지 생각해 아들 B씨와 공동명의로 아파트를 구입하기로 하였습니다.

거래금액은 10억원으로 결정했습니다.

구분	금액
계약금	5000만원
중도금	1억5000만원
잔금	8억원
합계	10억원

Q "서울에서 10억원 아파트를 아들과 공동으로 구입하려 해요"

2) 자금 상황

10억원 아파트를 공동명의로 구입하려 해서, 각각 5억원의 자금이 필요합니다.

아버지인 A씨는 통장에 5억원 이상의 예금이 있습니다.

하지만 아들 B씨는 현재 2억원의 예금이 있고, 은행에 대출을 알아보니 신용대출로 1억원이 가능하다고 합니다.

나머지 2억원에 대해서는 A씨가 아들 B씨에게 빌려주기로 하였습니다.

Q "자금이 부족한 아들 B씨는 은행대출 및 부모님 차입금 활용"

구분	A씨	B씨	자금출처
예금	5억원	2억원	근로소득 등
차입	–	1억원	신용대출
차입	–	2억원	부모님 차입
자금 합계	5억원	5억원	

3) 자금조달계획서 작성여부

지역	거래 금액	구분		자금조달 계획서
서울	10억원	조정대상지역	O	제출
		투기과열지구	O	
		비규제지역	–	

🅐 "서울은 조정대상지역과 투기과열지구에 해당하여 자금조달계
획서 제출대상입니다"

4) 어떻게 작성할까요?

아파트를 구입하는 사람이 두 명 이상인 경우에는, 아파트를 구
입하는 사람별로 자금조달계획서를 제출해야 합니다. 아버지와 아
들 역시 2명이기에 자금조달계획서 역시 2장 제출해야 합니다.

🅐 "부자 공동명의도 자금조달계획서를 2장 작성"

A씨의 자금조달계획서에는

• 자금조달계획 부분의 자기자금 부분에서

②번 항목인 금융기관 예금액 칸에 5억원을 기입합니다.

• 조달자금지급방식에서는

⑮번 항목인 계좌이체 금액 칸에 5억원을 기입합니다.

주택취득자금 조달 및 입주계획서 (A씨)

① 자금조달계획	자기자금	② 금융기관 예금액 500,000,000원	③ 주식 · 채권 매각대금 원
		④ 증여 · 상속 원	⑤ 현금 등 그 밖의 자금 원
		[ ] 부부 [ ] 직계존비속(관계:) [ ] 그 밖의 관계( )	[ ] 보유 현금 [ ] 그 밖의 자산(종류:)
		⑥ 부동산 처분대금 등 원	⑦ 소계 500,000,000원

① 자금조달계획	차입금 등	⑧ 금융기관 대출액 합계	주택담보대출	원
			신용대출	원
		원	그 밖의 대출 (대출 종류:)	원

기존 주택 보유 여부 (주택담보대출이 있는 경우만 기재)
[ ] 미보유   [ ] 보유 (건)

	⑨ 임대보증금 원	⑩ 회사지원금 · 사채 원
	⑪ 그 밖의 차입금 원	⑫ 소계
	[ ] 부부 [ ] 직계존비속(관계:) [ ] 그 밖의 관계( )	원

| ⑬ 합계 | 500,000,000원 |

⑭ 조달자금 지급방식	총 거래금액	500,000,000원
	⑮ 계좌이체 금액	500,000,000원
	⑯ 보증금 · 대출 승계 금액	원
	⑰ 현금 및 그 밖의 지급방식 금액	원
	지급 사유 (	)

B씨의 자금조달계획서에는

• 자금조달계획 부분의 자기자금 부분에서

②번 항목인 금융기관 예금액 칸에 2억원을 기입합니다.

• 자금조달계획 부분의 차입금 부분에서

⑧번 항목인 금융기관 대출액 중 신용대출 칸에 1억원을 기입하고,

⑪번 항목인 그 밖의 차입금 칸에 2억원을 기입합니다.

• 조달자금지급방식에서는

⑮번 항목인 계좌이체 금액 칸에 5억원을 기입합니다.

주택취득자금 조달 및 입주계획서 (B씨)

<table>
<tr>
<td rowspan="13">① 자금 조달 계획</td>
<td rowspan="6">자기 자금</td>
<td colspan="2">② 금융기관 예금액
200,000,000원</td>
<td colspan="2">③ 주식 · 채권 매각대금
원</td>
</tr>
<tr>
<td colspan="2">④ 증여 · 상속
원</td>
<td colspan="2">⑤ 현금 등 그 밖의 자금
원</td>
</tr>
<tr>
<td colspan="2">[ ] 부부 [ ] 직계존비속(관계: 부)
[ ] 그 밖의 관계(　　　　)</td>
<td colspan="2">[ ] 보유 현금
[ ] 그 밖의 자산(종류:　　)</td>
</tr>
<tr>
<td colspan="2">⑥ 부동산 처분대금 등
원</td>
<td colspan="2">⑦ 소계
200,000,000원</td>
</tr>
<tr>
<td rowspan="9">차입금 등</td>
<td rowspan="3">⑧ 금융기관 대출액 합계

100,000,000원</td>
<td>주택담보대출</td>
<td colspan="2">원</td>
</tr>
<tr>
<td>신용대출</td>
<td colspan="2">100,000,000원</td>
</tr>
<tr>
<td>그 밖의 대출</td>
<td colspan="2">원
(대출 종류:　　)</td>
</tr>
<tr>
<td colspan="4">기존 주택 보유 여부 (주택담보대출이 있는 경우만 기재)
[ ] 미보유　　[ ] 보유 (　건)</td>
</tr>
<tr>
<td colspan="2">⑨ 임대보증금
원</td>
<td colspan="2">⑩ 회사지원금 · 사채
원</td>
</tr>
<tr>
<td colspan="2">⑪ 그 밖의 차입금
200,000,000원</td>
<td colspan="2" rowspan="2">⑫ 소계

300,000,000원</td>
</tr>
<tr>
<td colspan="2">[ ] 부부 [∨] 직계존비속(관계: 부)
[ ] 그 밖의 관계(　　　　)</td>
</tr>
<tr>
<td colspan="4">⑬ 합계 　　　　　　　　　　　　　　　　500,000,000원</td>
</tr>
<tr>
<td rowspan="5">⑭ 조달자금 지급방식</td>
<td colspan="4">총 거래금액　　　　　　　　　　　　　　500,000,000원</td>
</tr>
<tr>
<td colspan="4">⑮ 계좌이체 금액　　　　　　　　　　　　500,000,000원</td>
</tr>
<tr>
<td colspan="4">⑯ 보증금 · 대출 승계 금액　　　　　　　　　　　원</td>
</tr>
<tr>
<td colspan="4">⑰ 현금 및 그 밖의 지급방식 금액　　　　　　　　원</td>
</tr>
<tr>
<td colspan="4">지급 사유 (　　　　　　　　　　　　　　　　　)</td>
</tr>
</table>

216

5) 증빙 제출여부

지역	거래 금액	구분		자금조달 증빙
서울	10억원	조정대상지역	O	제출
		투기과열지구	O	
		비규제지역	–	

Ⓐ "서울은 투기과열지구에 해당하므로 자금조달증빙 제출대상입니다"

6) 어떤 증빙을 제출하나요?"

A씨는 10억원의 아파트를 공동으로 구입하며, 그중 5억원에 대한 자금조달계획서를 아래와 같이 작성하였습니다.

자금조달계획부분의 자기자금 부분에서

• 자기자금: 예금액 5억원

이 경우 다음 증빙서류를 준비하시면 됩니다.

• 5억원을 확인할 수 있는 예금잔액증명서.

구분	작성		증빙
자기자금	금융기관예금 5억원	⇨	예금잔액증명서

B씨는 10억원의 아파트를 공동으로 구입하며, 그중 5억원에 대해 자금조달계획서를 아래와 같이 작성하였습니다.

- 자기자금: 예금 2억원
- 차입금: 신용대출 1억원
- 차입금: 그 밖의 차입금 2억원

구분	자금조달계획서		필요 증빙
자기자금	금융기관 예금 2억원	⇨	예금잔액증명서
차입금	신용대출 1억원 그 밖의 차입금 2억원		금융기관대출신청서 차입계약서

여기서 주의해야 할 부분은 자금조달계획서 작성뿐 아니라 부모님께 빌린 자금을 증여가 아닌 차입으로 볼 수 있는지 여부입니다.

참고로, 과세당국은 원칙적으로 부모와 자녀간의 금전소비대차(차입)을 인정하지 않습니다. 이때 예외적으로 과세당국이 차입인지 혹은 증여인지를 판단하는 중요한 기준 중 하나는 자녀의 직업과 나이, 재산상태 및 앞으로의 소득으로 보아 자력으로 채무를 상환할 능력이 있는지 여부입니다. 따라서 차용증을 공증받는 것보다 자녀가 자력으로 채무상환이 가능함을 입증할 수 있는 자료를 준비할 필요가 있습니다.

Part 4

자금출처 궁금증

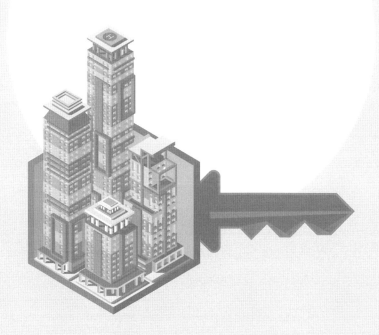

01
3억원까지는
괜찮죠?

A: 아들이 서울에 있는 아파트를 사는데, 은행대출까지 해도 자금이 3억원 부족했어.

B: 여유 있으면 증여를 해주지 그래?

A: 그 생각도 해봤는데, 안 되겠어. 3억원 증여해주면, 세금만 4000만원 정도 나오더라고. 너무 아까워.

B: 그런데 지인에게 들은 이야기인데, 3억원까지는 줘도 문제 없을거래. 무슨 규정이 있대.

A: 진짜? 그런 방법이 있었어? 나도 소개 좀 해줘

Q "3억원까지는 자녀에게 그냥 줘도 될까요?"

40세 이상인 자녀가 아파트를 10억원에 구입하면서 3억원이 부족한 상태입니다.

〈현재〉

구분	금액	자금출처
예금	3억원	근로소득
주식	2억원	근로소득
대출	2억원	주택담보대출
자금 합계	7억원	

Q "현재 3억원 부족"

이 상태에서 추가적인 증여 혹은 금융기관 대출을 받지 않고, 부모님이 자녀에게 증여 신고 없이 3억원을 이전하면 자금은 충분해집니다.

〈희망〉

구분	금액	자금출처
예금	3억원	근로소득
예금	3억원	부모님(증여 신고x)
주식	2억원	근로소득
대출	2억원	주택담보대출
자금 합계	10억원	

Ⓐ "아파트 구입자금은 충분, 하지만 3억원에 대한 출처는?"

그럼 이 3억원은 괜찮다는 말은 어디에서 나온 이야기일까요? 아마도 그 출처는 국세청의 상속세및증여세 사무처리규정 중 증여추정배제기준으로 보입니다.

이 상속세및증여세 사무처리규정은 세무공무원의 업무처리규정이라고 볼 수 있습니다. 이 규정을 언뜻 보면 40세 이상인 자가 주택을 취득할 때 3억원까지는 증여로 보지 않는다는 기준에 해당되는 것 같아 보입니다.

과연 3억원까지는 괜찮을까요?

조금 더 자세히 규정을 살펴보겠습니다.

〈증여추정배제기준〉

구분	주택	기타자산
40세 이상	3억원	1억원

규정을 자세히 보면, 40세 이상인 자가 주택을 구입할 때 취득가액이 3억원 미만일 때, 자금출처가 명확하지 않아도 그 금액을 증여받은 것으로 추정하지 않는다는 의미입니다.

이 사례에서는 일단 아파트의 취득가액이 10억원이라서 적용될 여지가 없습니다. 또한 동 사무처리규정 제38조 제1항이 아닌 제2항에 의하면 다른 사람에게서 증여받은 사실이 확인되는 경우에는 증여추정배제 대상이 아닙니다. 즉, 증여세 과세대상이 됩니다.

더구나 이처럼 자금조달계획서를 작성하는 경우 부모와 자식 간 금전거래를 차입으로 소명하기 어렵기에, 과세당국은 3억원을 부모님이 증여한 것으로 추정할 가능성이 높습니다. 따라서 증여 사실(계좌이체내역 등)이 확인된다면 증여 추정을 배제한다는 규정은 적용될 여지가 없습니다.

⚠️ 상속세 및 증여세 사무처리규정

제38조【재산취득자금 등의 증여추정 배제기준】.

① 재산취득일 전 또는 채무상환일 전 10년 이내에 주택과 기타재산의 취득가액 및 채무상환금액이 각각 아래 기준에 미달하고, 주택취득자금, 기타재산 취득자금 및 채무상환자금의 합계액이 총액한도 기준에 미달하는 경우에는 법 제45조 제1항과 제2항을 적용하지 않는다. (2020. 7. 20. 개정)

【증여추정배제기준】

구분	취득재산		채무상환	총액한도
	주택	기타재산		
30세 미만	5천만원	5천만원	5천만원	1억원
30세 이상	1.5억원	5천만원	5천만원	2억원
40세 이상	3억원	1억원	5천만원	4억원

② 제1항과 관계없이 취득가액 또는 채무상환금액이 타인으로부터 증여받은 사실이 확인될 경우에는 증여세 과세대상이 된다.

증여추정배제기준 표에서 보면,

• 30세 이상인 경우 주택은 1.5억원,

• 40에 이상인 경우 주택은 3억원이라고 되어 있습니다.

이때 1.5억원 혹은 3억원이라는 것은 주택의 취득가액이라는 점을 주의해야 합니다.

아파트를 5억원 혹은 10억원에 구입하는 경우에는 이미 주택의 취득가액이 3억원을 초과하는 상황이라 증여추정배제기준이 적용될 수 없습니다.

상속세및증여세 사무처리규정에서 재산취득자금 등의 증여추정 배제기준이 20년 7월 20일자로 개정되었습니다.

〈20.7.20 이전 재산취득자금 증여추정 배제기준〉

구분	취득재산		채무상환	총액한도
	주택	기타재산		
1. 세대주인 경우 가. 30세 이상 나. 40세 이상	1.5억원 3억원	5천만원 1억원	5천만원	2억원 4억원
2. 세대주가 아닌 경우 가. 30세 이상 나. 40세 이상	7천만원 1.5억원	5천만원 1억원	5천만원	1억2천만원 2억5천만원
3. 30세 미만	5천만원	5천만원	5천만원	1억원

Ⓐ "주택 취득가액이 3억원을 초과하면 증여추정배제기준이 적용될 수 없다"

〈20.7.20 이후 재산취득자금 증여추정 배제기준〉

구분	취득재산		채무상환	총액한도
	주택	기타재산		
30세 미만	5천만원	5천만원	5천만원	1억원
30세 이상	1.5억원	5천만원	5천만원	2억원
40세 이상	3억원	1억원	5천만원	4억원

변경된 사무처리규정을 보면 세대주 여부에 대한 구분이 없어지면서 증여추정 배제기준 표가 단순해졌습니다.

□ 45세인 사람이 2억7천만원 주택을 취득하는 경우 (증여추정배제)

45세인 사람이 2억7천만원에 주택을 취득하였습니다

⇩

소득 등으로 입증하지 못한 금액은 1억원입니다.
(재산취득금액 2억5천만원–입증금액 1억5천만원)

⇩

미입증금액 1억원을 증여받은 것으로 보나요?

⇩

〈증여추정 배제기준표〉

구분	취득재산		채무상환	총액한도
	주택	기타재산		
30세 미만	5천만원	5천만원	5천만원	1억원
30세 이상	1.5억원	5천만원	5천만원	2억원
40세 이상	3억원	1억원	5천만원	4억원

⇩

40세 이상인 자가 3억원 미만의 주택을 취득할 때는

⇩

미입증금액은 증여로 추정하지 않습니다.
(단, 타인에게 증여받은 사실이 확인되면 증여세 과세)

02
3억원은 증여지만
5억원은 증여세가 없다고?

A: 아파트 가격이 3억원보다 적으면 증여로 추정하지 않는다는
규정이 있나봐.

B: 3억원? 서울에 있는 아파트 평균가격이 10억원을 넘는 거
아니야?

A: 응. 증여세 내기 아까워서 알아봤는데, 힘들 거 같아.
그래서 그냥 아들에게 빌려주려고.
은행에 이자내는 것도 아까우니, 대출도 받지 말라고 했어.

B: 그래. 은행에 이자주는 것보단, 부모님한테 드리는 게 낫지.

Q "자녀에게 5억원을 빌려줘도 될까요?"

40세 이상인 자녀가 아파트를 10억원에 구입하면서 3억원이 부족한 상태입니다.

〈현재〉

구분	금액	자금출처
예금	3억원	근로소득
주식	2억원	근로소득
대출	2억원	주택담보대출
자금 합계	7억원	

Q "현재 3억원 부족"

부모님은 부족한 3억원뿐만 아니라, 은행에 대출받으려고 생각한 2억원까지도 빌려주신다고 합니다.

〈변경〉

구분	금액	자금출처
예금	3억원	근로소득
주식	2억원	근로소득
~~대출~~	~~2억원~~	~~주택담보대출~~
차입	5억원	부모님 차입금
자금 합계	10억원	

Q "금융기관 대출을 이용하지 않고 부족한 금액을 모두 부모님이 빌려줬어요"

이렇게 부족한 금액을 부모님에게 빌릴 수도 있을까요?

상속세 및 증여세법에서는 원칙적으로 부모와 자녀 간 금전소비대차(차입) 거래는 인정하지 않습니다. 하지만 이는 원칙일 뿐 예외적으로는 가능하다는 의미이기도 합니다. 다만, 이와 같이 예외적으로 빌려준(차용) 것이라는 사실을 본인이 입증해야 합니다.

그럼 어떻게 입증할 수 있을까요?

그 답변은 국세청이 발간한 「2020 세금절약가이드 Ⅱ」 205페이지의 제목 '고액의 재산을 취득하는 경우에는 자금출처 조사에 대비하자' 중 한 문장으로 대신하겠습니다

"특히 개인 간의 금전거래의 경우에는 사적인 차용증, 계약서, 영수증 등만 가지고는 거래사실을 인정받기 어려우므로 이를 뒷받침할 수 있는 예금 통장사본, 무통장입금증 등 금융거래 자료를 준비하는 것이 좋다"

특히, 이자를 지급하지 않고, 원금을 상환하지 않는다면, 세무서가 보기에 이 거래는 차입거래가 아니라 증여로 볼 가능성이 높습니다. 차입을 가장한 증여라고 판정받으면, 당연히 그 금액에 대한 증여세를 납부해야 합니다. 5억원을 증여로 볼 경우 증여세만 8000만원이 나옵니다. 여기에 가산세를 적어도 20% 이상 더 내야 합니다.

구분	금액(원)
①증여재산(A)	500,000,000
②증여재산공제(B)	50,000,000
③과세표준(C=A−B)	450,000,000
④세율(D)	20%
⑤산출세액(E=C*D)	80,000,000

Ⓐ "빌렸지만, 안 빌린 것처럼 행동하면 증여로 볼 가능성 ⬆"

03

5억원을 빌려주고 공증까지 했는데 증여세를 내라고?

A: 3년 전에 아들이 아파트 살 때 내가 5억원 빌려줬었어.

B: 그때 증여세 내기 아깝다고, 빌려준다고 했잖아?

A: 응. 그런데 세무서에서 증여세를 내라고 연락이 왔어.

B: 그때 자금조달계획서에 증여가 아니라 차입금이라고 표시
를 했는데도?

Q "차입공증까지 했는데 세무서에서 증여세 납부고지서 받은 이유"

아버지는 3년 전에 아들이 10억원의 아파트를 살 때 5억원을 빌려주었습니다. 그리고 아들이 자금조달계획서를 작성할 때 부모님에게 받은 자금을 그 밖의 차입금 칸에 표시해 제출했습니다.

서울에 있는 아파트를 구입한 것이라 증빙도 제출해야 했습니다. 그래서 부모님과의 차용증도 만들고 그 차용증을 공증까지 받아서 제출했습니다.

〈제출〉

구분	금액	자금출처
예금	3억원	근로소득
주식	2억원	근로소득
차입	5억원	부모님 차입금
자금 합계	10억원	

Q "차입금으로 표시하고, 차용증(공증 포함)도 제출 완료"

주택취득자금 조달 및 입주계획서

<table>
<tr><td rowspan="13">① 자금 조달 계획</td><td rowspan="4">자기 자금</td><td colspan="2">② 금융기관 예금액
300,000,000원</td><td colspan="2">③ 주식 · 채권 매각대금
200,000,000원</td></tr>
<tr><td colspan="2">④ 증여 · 상속
원</td><td colspan="2">⑤ 현금 등 그 밖의 자금
원</td></tr>
<tr><td colspan="2">[ ] 부부 [ ] 직계존비속(관계:)
[ ] 그 밖의 관계(   )</td><td colspan="2">[ ] 보유 현금
[ ] 그 밖의 자산(종류:)</td></tr>
<tr><td colspan="2">⑥ 부동산 처분대금 등
원</td><td colspan="2">⑦ 소계
500,000,000원</td></tr>
<tr><td rowspan="8">차입금 등</td><td rowspan="3">⑧ 금융기관 대출액 합계

원</td><td>주택담보대출</td><td colspan="2">원</td></tr>
<tr><td>신용대출</td><td colspan="2">원</td></tr>
<tr><td>그 밖의 대출</td><td>(대출 종류:)</td><td>원</td></tr>
<tr><td colspan="4">기존 주택 보유 여부 (주택담보대출이 있는 경우만 기재)
[ ] 미보유   [ ] 보유 (건)</td></tr>
<tr><td colspan="2">⑨ 임대보증금
워</td><td colspan="2">⑩ 회사지원금 · 사채
원</td></tr>
<tr><td colspan="2">⑪ 그 밖의 차입금
500,000,000원</td><td colspan="2">⑫ 소계
</td></tr>
<tr><td colspan="2">[ ] 부부 [∨] 직계존비속(관계: 부)
[ ] 그 밖의 관계(   )</td><td colspan="2">500,000,000원</td></tr>
<tr><td>⑬ 합계</td><td colspan="4">1,000,000,000원</td></tr>
<tr><td rowspan="5">⑭ 조달자금 지급방식</td><td colspan="4">총 거래금액   1,000,000,000원</td></tr>
</table>

<table>
<tr><td rowspan="5">⑭ 조달자금 지급방식</td><td>총 거래금액</td><td>1,000,000,000원</td></tr>
<tr><td>⑮ 계좌이체 금액</td><td>1,000,000,000원</td></tr>
<tr><td>⑯ 보증금 · 대출 승계 금액</td><td>원</td></tr>
<tr><td>⑰ 현금 및 그 밖의 지급방식 금액</td><td>원</td></tr>
<tr><td colspan="2">지급 사유 (   )</td></tr>
</table>

자금조달계획서 제출 당시 자녀에게 아파트 잔금으로 5억원을 빌려준 것이고, 차용증 양식을 인터넷에서 다운받아 작성하였으며, 차용증에 공증사무소에서 공증까지 받고 복사본을 구청에 제출했습니다. 구청에서도 국토교통부 실거래조사팀에서도 별다른 이야기 없이 잘 넘어간 것으로 생각하고 있었습니다.

Q **"자금조달계획서를 제출하면서 공증받은 서류까지 제출해서 그런지 별 탈 없이 잘 넘어갔습니다"**

자금조달계획서를 제출하는 과정에서 공증까지 받았기 때문에 부모님도, 자녀도 차입금에 대해 크게 신경을 쓰지 않았습니다. 하지만 이자를 자금이 여유가 있을 때만 지급하고, 원금 또한 상환하지 않았습니다.

과세당국은 어떻게 관리할까요? 세무서는 아파트 등의 재산취득자금 출처확인 과정에서 인정된 부채를 국세통합시스템에 입력하고 차입금 중 상환기간이 경과한 차입금 사후관리 대상자에게 해명자료 제출 안내문을 발송하고 있습니다. 따라서 자금조달계획서에 차입금으로 기재했다면 이자 및 원금 상환을 지속적으로 관리할 필요가 있습니다.

만약, 차용증과 공증서류 외에 입증할 만한 증빙이 없다면 차입

을 가장한 증여라고 판단해 추후 증여세가 과세될 수 있음에 유의
해야 합니다.

구분	금액(원)
①증여재산(A)	500,000,000
②증여재산공제(B)	50,000,000
③과세표준(C=A-B)	450,000,000
④세율(D)	20%
⑤산출세액(E=C*D)	80,000,000

Ⓐ "차입금에 대한 관리를 하지 않는다면 증여세 추징 가능"

❗ 구체적인 사실 판단
서면-2016-상속증여-4496, 2016.07.26.
특수관계자간 자금거래가 금전소비대차 또는 증여에 해당되는지 여
부는 당사자간 계약, 이자지급사실, 차입 및 상환 내역, 자금출처 및
사용처 등 당해 자금거래의 구체적인 사실을 종합하여 판단할 사항임

부모님과 자녀는 세법상 특수관계자에 해당합니다. 이러한 특수
관계자 간 자금을 빌리는 금전소대대차(차용)는 원칙적으로 인정되
지 않아 그 자금거래를 증여로 볼 확률이 높습니다.

따라서, 예외적인 거래인 부모 자식 간의 자금거래가 증여가 아니라 차입임을 주장하려면 단순한 차용증 작성 외에 추가로 종합적으로 사실관계를 입증할 수 있는 증빙이 필요합니다. 상담을 진행하다 보면, 공증만으로 차입 사실을 입증할 수 있다고 생각하는 분들이 많습니다. 그러나 공증은 특정 시점을 기준으로 그 사실관계를 증명하는 자료일 뿐이라는 사실을 명심해야 합니다.

04
차용증이 꼭 필요한가요?
(투기과열지구)

A: 아들이 서울에 있는 아파트를 사면서, 은행대출까지 해도 자금이 3억원 부족했어.

B: 여유 있으면 증여를 해주지 그래?

A: 그 생각도 해봤는데, 안 되겠어. 3억원을 증여해주면, 세금만 4000만원 정도 나오더라고. 너무 아까워.

B: 세금이 그렇게나 많이 나와? 그러면 부족한 자금은 어떻게 해결하려고?

A: 내가 주는 게 아니라, 빌려주는 것으로 하려고.

B: 그럼 차용증도 잘 써야겠네.

Q "부모 자식 간인데, 굳이 차용증을 써야 하나요?"

아들이 서울에 있는 아파트를 10억원에 구입하면서 부모님에게 3억원의 자금을 빌린 상황입니다.

그래서 아들은 그 내역을 자금조달계획서에 기재하고 제출 완료했습니다.

〈제출〉

구분	금액	자금출처
예금	3억원	근로소득
주식	2억원	근로소득
대출	2억원	주택담보대출
차입	3억원	부모님 차입금
자금 합계	10억원	

주택취득자금 조달 및 입주계획서

① 자금 조달 계획	자기 자금	② 금융기관 예금액 300,000,000원		③ 주식·채권 매각대금 200,000,000원	
		④ 증여·상속 원		⑤ 현금 등 그 밖의 자금 원	
		[ ] 부부 [ ] 직계존비속(관계:) [ ] 그 밖의 관계( )		[ ] 보유 현금 [ ] 그 밖의 자산(종류:)	
		⑥ 부동산 처분대금 등 원		⑦ 소계 500,000,000원	
	차입금 등	⑧ 금융기관 대출액 합계 200,000,000원	주택담보대출	200,000,000원	
			신용대출	원	
			그 밖의 대출	(대출 종류:)	원
		기존 주택 보유 여부 (주택담보대출이 있는 경우만 기재) [∨] 미보유 [ ] 보유 (건)			
		⑨ 임대보증금 원		⑩ 회사지원금·사채 원	
		⑪ 그 밖의 차입금 300,000,000원		⑫ 소계	
		[ ] 부부 [∨] 직계존비속(관계: 부) [ ] 그 밖의 관계( )		500,000,000원	
	⑬ 합계			1,000,000,000원	

서울은 투기과열지구에 해당해서 자금조달증빙도 제출해야 하는 지역입니다.

그래서 자금조달계획서에 부모님으로부터의 차입금을 기재하였다면, 최소한 차입계약서는 작성해야 합니다.

Ⓐ "투기과열지구는 증빙제출 대상지역이라 차용증 작성 필요"

05
차용증이 꼭 필요한가요?
(투기과열지구 외)

A: 아들이 의정부에 있는 아파트를 사는데, 추가로 자금이 3억 원 필요해.

B: 여유 있으면 증여를 해주지 그래?

A: 그 생각도 해봤는데, 안 되겠어. 3억원을 증여해주면, 세금 만 4000만원 정도 나오더라고. 너무 아까워.

B: 세금이 그렇게나 많이 나와? 그러면 부족한 자금은 어떻게 해결하려고?

A: 내가 주는 게 아니라, 빌려주는 것으로 하려고.

B: 그럼 차용증도 잘 써야겠네.

Q "투기과열지구가 아닌 곳도 차용증을 작성하나요?"

아들이 의정부에 있는 아파트를 10억원에 구입하면서 부모님에게 3억원의 자금을 빌린 상황입니다.

그래서 아들은 그 내역을 자금조달계획서에 기재하고 제출 완료했습니다.

〈제출〉

구분	금액	자금출처
예금	3억원	근로소득
주식	2억원	근로소득
대출	2억원	주택담보대출
차입	3억원	부모님 차입금
자금 합계	10억원	

주택취득자금 조달 및 입주계획서

① 자금 조달 계획	자기 자금	② 금융기관 예금액 300,000,000원		③ 주식 · 채권 매각대금 200,000,000원	
		④ 증여 · 상속 원		⑤ 현금 등 그 밖의 자금 원	
		[ ] 부부 [ ] 직계존비속(관계:) [ ] 그 밖의 관계( )		[ ] 보유 현금 [ ] 그 밖의 자산(종류:)	
		⑥ 부동산 처분대금 등 원		⑦ 소계 500,000,000원	
	차입금 등	⑧ 금융기관 대출액 합계 200,000,000원	주택담보대출	200,000,000원	
			신용대출	원	
			그 밖의 대출	(대출 종류:)	원
		기존 주택 보유 여부 (주택담보대출이 있는 경우만 기재) [∨] 미보유 [ ] 보유 (건)			
		⑨ 임대보증금 원		⑩ 회사지원금 · 사채 원	
		⑪ 그 밖의 차입금 300,000,000원		⑫ 소계 500,000,000원	
		[ ] 부부 [∨] 직계존비속(관계: 부) [ ] 그 밖의 관계( )			
	⑬ 합계			1,000,000,000원	

의정부는 조정대상지역이라 자금조달계획서를 제출해야 합니다. 하지만 투기과열지구는 아니라서 자금조달증빙은 제출하지 않습니다. 부동산 실거래 시점에 차용증을 제출할 필요는 없습니다.

Ⓐ "투기과열지구 외의 지역은 차용증 제출 불필요"

하지만, 자금조달증빙 없이 자금조달계획서만 제출하는 아파트라고 안심하면 안 됩니다. 이렇게 자금조달계획서상 차입금으로 기재돼 있다면 이 또한 사후관리 대상이 될 수 있다는 점을 명심해야 합니다. 따라서 사후관리 차원으로 세무서에서 해명자료를 요청할 것에 대비해 부모님께 받은 금액이 실질적으로 빌린 자금이라는 금융증빙을 갖춰놓아야 합니다.

Ⓐ "세무서 조사에 대비하여 차용증 및 기타 증빙 준비 필요"

06
지금은
차용증이 없어요

A: 이번에 직장 근처에 집을 사면서 3억원이 부족해서 부모님 께 빌릴 생각이야.

B: 부모님께 빌리면 차입계약서도 써야겠네.

A: 그런데 아파트 잔금 치를 때에 맞춰 빌리려고. 마침 부모님 도 지금은 돈이 없고 2개월 뒤에 여유가 있다고 하셨어.

B: 그럼 차용증은 나중에 잔금시기에 맞춰 작성하겠네?

A: 맞아. 그러면 자금조달증빙으로 차용증은 어떻게 제출하지?

Q "잔금시기에 맞춰 부모님께 자금을 빌릴 예정이라, 부동산실거래신고시점에는 차용증이 없어요"

서울에 있는 아파트를 사면서, 은행 대출을 받아도 3억원이 부족했습니다. 그래서 부모님께 사정을 말씀드리고 3억원을 빌리기로 한 상황입니다.

하지만, 당장은 부모님도 자금이 없고 2개월 뒤에나 자금에 여유가 있습니다. 차용증도 2개월 뒤에 작성할 예정입니다.

〈제출〉

구분	금액	자금출처
예금	4억원	근로소득
대출	3억원	은행 대출
차입	3억원	부모님 차입금
자금 합계	10억원	

주택취득자금 조달 및 입주계획서

① 자금조달계획	자기자금	② 금융기관 예금액 400,000,000원		③ 주식·채권 매각대금 원	
		④ 증여·상속 원		⑤ 현금 등 그 밖의 자금 원	
		[ ] 부부 [ ] 직계존비속(관계:) [ ] 그 밖의 관계( )		[ ] 보유 현금 [ ] 그 밖의 자산(종류:)	
		⑥ 부동산 처분대금 등 원		⑦ 소계 400,000,000원	
	차입금 등	⑧ 금융기관 대출액 합계 300,000,000원	주택담보대출	300,000,000원	
			신용대출	원	
			그 밖의 대출	(대출 종류:)	원
		기존 주택 보유 여부 (주택담보대출이 있는 경우만 기재) [∨] 미보유 [ ] 보유 (건)			
		⑨ 임대보증금 원		⑩ 회사지원금·사채 원	
		⑪ 그 밖의 차입금 300,000,000원		⑫ 소계	
		[ ] 부부 [∨] 직계존비속(관계: 부) [ ] 그 밖의 관계( )		600,000,000원	
	⑬ 합계			1,000,000,000원	
⑭ 조달자금 지급방식		총 거래금액		1,000,000,000원	
		⑮ 계좌이체 금액		1,000,000,000원	
		⑯ 보증금·대출 승계 금액		원	
		⑰ 현금 및 그 밖의 지급방식 금액		원	
		지급 사유 (		)	

만약, 자금조달계획서를 다 작성하고 나서 증빙을 챙기다가 지금은 차입계약서가 없다는 사실이 생각났다면 어떻게 해야 할까요?

서울은 투기과열지구라서 자금조달증빙을 제출해야 하는데, 차입계약서가 없어 걱정을 하고 있습니다. 차라리 미리 차입을 받을까도 생각했지만, 부모님이 지금은 빌려줄 자금이 없습니다.

Q "자금조달증빙을 제출하지 않으면 과태료가 있어 걱정입니다"

이 경우에는 증빙이 없다고 걱정하지 않아도 됩니다.

자금조달계획서는 말 그대로 '계획'서입니다.

잔금일까지 차입을 받을 계획이라고 했으면, 지금 증빙이 없는 것이 당연합니다.

다만,

- 지금 증빙을 제출하지 못하는 사유에 대한 미제출사유서를 제출하고
- 나중에 시청이나 세무서에서 차용증을 제출하라고 연락이 오면 그때 제출하면 됩니다.

Ⓐ "자금조달계획서 제출시점에 증빙이 없으면 ①준비되는 증빙과
②미제출증빙에 대한 사유서 제출"

〈국토부 보도자료 中〉[20]

ㅇ 자금조달계획서 제출 시점에서 본인 소유 부동산의 매도계약이
  아직 체결되지 않았거나, 금융기관 대출 신청이 이루어지지 않는
  등 증빙자료가 존재하지 않는 경우에는 계획 중인 내용을 자금조
  달계획서 항목에는 기재하고 증빙자료는 제출하지 않을 수 있다.
 − 다만 잔금지급 등 거래가 완료된 이후 국토부 또는 신고관청이 증
  빙자료 제출을 요청하면 이에 응하여야 한다.

---

20   20.03.10 국토부 보도자료, 자금조달계획서 제출 대상지역 확대 등 투기대응 강화, p3

증빙서류 미제출 사유서

자조서 기재항목		증빙자료	제출 여부	미제출사유
자기 자금	금융기관 예금액	예금잔액증명서	O	제출완료
		기타		
	주식·채권 매각대금	주식거래내역서		–
		예금잔액증명서		
		기타		
	증여·상속	증여·상속세 신고서		–
		납세증명서		
		기타		
	현금 등 그 밖의 자금	소득금액증명원		–
		근로소득원천징수영수증		
		기타		
	부동산 처분대금 등	부동산 매매계약서		–
		부동산 임대차계약서		
		기타		
차입금	금융기관 대출액	금융거래확인서		제출완료
		부채증명서		
		금융기관 대출신청서	O	
		기타		
	임대보증금	부동산임대차계약서		–
	회사지원금 사채	금전을 빌린 사실과 그 금 액을 확인할 수 있는 서류		–
	그 밖의 차입금	금전을 빌린 사실과 그 금 액을 확인할 수 있는 서류	×	2개월 후 차입 예정

07
차용증을 꼭
공증받아야 하나요?

A: 옆집에 아들 집 사는 데 3억원 빌려줬다가 증여세 폭탄 맞
았대.

B: 신고할 때 문제 안 된다고 끝난 게 아니구나.

A: 응. 그런데 나도 이번에 아들 집 사는 데 좀 보태주려고 하
는데, 어쩌지?

B: 그거 차용증 쓰고 공증받으면 문제 없대.

Q "차용증을 작성하고 공증까지 받으면 문제 없나요?"

아들이 서울에 있는 아파트를 살 때 5억원을 지원해주고 싶었습니다.

증여세가 너무 많이 나와서, 차입 형태로 자금을 지원하려 합니다.

그런데 부모님이랑 자녀가 직접 작성한 차용증을 세무서에서 믿지 않을까 봐 걱정입니다. 그래서 공증사무소로 가서 차용증을 공증받기로 하였습니다.

〈제출〉

구분	금액	자금출처
예금	3억원	근로소득
주식	2억원	근로소득
차입	5억원	부모님 차입금
자금 합계	10억원	

Q "차입금으로 표시하고, 차용증도 작성하고 공증도 받았어요"

주택취득자금 조달 및 입주계획서

① 자금 조달 계획	자기 자금	② 금융기관 예금액 300,000,000원		③ 주식 · 채권 매각대금 200,000,000원	
		④ 증여 · 상속 원		⑤ 현금 등 그 밖의 자금 원	
		[ ] 부부 [ ] 직계존비속(관계:) [ ] 그 밖의 관계( )		[ ] 보유 현금 [ ] 그 밖의 자산(종류:)	
		⑥ 부동산 처분대금 등 원		⑦ 소계 500,000,000원	
	차입금 등	⑧ 금융기관 대출액 합계 원	주택담보대출		원
			신용대출		원
			그 밖의 대출	(대출 종류:)	원
		기존 주택 보유 여부 (주택담보대출이 있는 경우만 기재) [ ] 미보유 [ ] 보유 (건)			
		⑨ 임대보증금 원		⑩ 회사지원금 · 사채 원	
		⑪ 그 밖의 차입금 500,000,000원		⑫ 소계 500,000,000원	
		[ ] 부부 [∨] 직계존비속(관계: 부) [ ] 그 밖의 관계( )			
	⑬ 합계			1,000,000,000원	
⑭ 조달자금 지급방식		총 거래금액		1,000,000,000원	
		⑮ 계좌이체 금액		1,000,000,000원	
		⑯ 보증금 · 대출 승계 금액		원	
		⑰ 현금 및 그 밖의 지급방식 금액		원	
		지급 사유 ( )			

특정 사실을 공적으로 증명하는 행위를 공증이라고 합니다.

개인끼리 차용증을 작성하기보다 그 차용증을 공증받으면 공적으로 인정을 받을 수 있어 든든해 보입니다.

그러나 공증은 공증받는 그 시점의 사실을 증명받는 것입니다. 즉, 그 시점에 5억원의 차입금이 있다는 것에 대한 형식적인 증명입니다.

당연할 이야기일 수 있지만, 형식적인 공증보다 차입기간 동안의 사실관계를 입증할 수 있는 증빙이 더 중요합니다.

세법에서는 형식보다 실질에 따라 과세를 하고 있습니다.

공증이라는 형식만 갖추고, 이자지급 등의 행위를 하지 않으면 차입 사실이 부인당할 수도 있는 것입니다.

반대로 공증이라는 형식은 갖추지 않았지만, 실질적인 이자지급, 원금상환 등 차입 사실을 입증 가능한 증빙이 있다면, 세무서도 실질적인 차입이 아니라고 부인하기는 어려울 것입니다.

Ⓐ "공증받고 이자를 안주는 것보다

공증을 안 받더라도 이자 또는 원금을 잘 지급하는 것이 더 중요합니다."

08
자녀한테 빌려주면 이자율은
몇 퍼센트로 받을까요?

A: 이번에 아들이 집 살 때, 5억원을 빌려줬어. 차용증도 썼고.

B: 아들한테 빌려주면, 차용증 작성이나 공증받는 것보다 이자
를 잘 지급하는 게 더 중요하대.

A: 응. 그래서 매달 이자를 이체하기로 했어.

B: 그런데 이자는 얼마나 받을 거야?

Q "자녀한테 빌려주면 이자는 얼마나 받아야 해요?"

부모님이 자녀에게 자금을 빌려줄 경우 세법상 적정이자율은 4.6%입니다.

(단위:원, %)

구분	금액
대출금액(A)	500,000,000
적정이자율(B)	4.6
적정이자(1년)_(C=A*B)	23,000,000
적정이자(1달)_(D=C/12)	1,916,666

5억원을 빌려준 경우

- 5억원×4.6% = 23,000,000원이 연간 이자금액입니다.

- 연간이자 23,000,000원을 12개월로 나누면 1,916,666원입니다.

- 매달 1,916,666원의 이자를 이체하면 됩니다.

A "부모 자식 간 적정이자율은 4.6%"

❗ 적정이자율은 얼마?

적정이자율

상증령 제31조의 4【금전 무상대출 등에 따른 이익의 계산방법 등】
① 법 제41조의 4 제1항 각 호 외의 부분 본문에서 "적정 이자율"이란 당좌대출이자율을 고려하여 기획재정부령으로 정하는 이자율을 말한다. 다만, 법인으로부터 대출받은 경우에는 「법인세법 시행령」 제89조 제3항에 따른 이자율을 적정 이자율로 본다.

상증규칙 제10조의 5【금전 무상대출 등에 따른 이익의 계산시 적정이자율】
영 제31조의 4 제1항 본문에서 "기획재정부령으로 정하는 이자율"이란 「법인세법 시행규칙」 제43조 제2항에 따른 이자율을 말한다.

법인세법 시행규칙 제43조【가중평균차입이자율의 계산방법 등】
② 영 제89조 제3항 각 호 외의 부분 단서에서 "기획재정부령으로 정하는 당좌대출이자율"이란 연간 1,000분의 46을 말한다.

09

이자를 조금만 받으면
안 되나요?

A: 이번에 아들이 집 사는 데 5억원을 빌려줬어. 차용증도 썼고.

B: 그래. 아들한테 빌려주면 4.6%만큼 이자를 받아야 한다면서?

A: 맞아. 그런데 5억원에 4.6%이자율이면, 매달 이자가 200만
원 가까이 되는 거 같아. 그것도 아들한테는 부담이 될 거
같아 걱정이야.

B: 이자금액이 생각보다 크네. 그리고 요즘 은행이자율도 그것
보단 훨씬 낮던데. 이자를 더 적게 받으면 안 될까?

Q "4.6%로 이자를 받으면 자녀가 내야 할 이자금액이 너무 많아요."

부모님이 자녀에게 자금을 빌려줄 경우 적정이자율은 4.6%입니다. 하지만 부모와 자녀라는 관계에서 이자율을 정해 거래하는 것이 우리 정서와 맞지 않습니다. 그런 이유로 상속세 및 증여세법에서 적정이자와 다소 차이가 있다고 해도 그 차이를 증여로 보지 않는 범위가 있습니다.

예를 들어, 5억원을 빌려준 경우에는 2.61%도 가능합니다.

(단위:원)

구분	적정이자율		약간 작게
대출금액(A)	500,000,000		500,000,000
적정이자율(B)	4.60%	⇨	2.61%
적정이자(1년)_(C=A*B)	23,000,000		13,050,000
적정이자(1개월)_(D=C/12)	1,916,666		1,087,500

왜 2.61%가 가능할까요? 이는 적정이자율인 4.6%와 실제이자율인 2.61%의 이자차액이 1000만원 미만이라서 증여 이슈가 발생하지 않기 때문입니다.

(차입금액 × 적정이자율 − 실제 이자지급액) < 1000만원

구체적으로 살펴보겠습니다.

부모님께 빌린 금액이 5억원 일 때

- 적정이자율 4.60%로 계산한 연간 이자가 23,000,000원

- 실제이자율 2.61%로 계산한 연간 이자가 13,050,000원

- 두 이자금액의 차이가 9,950,000원으로 1000만원 미만입니다

- 이렇게 두 이자금액의 차이가 천만원 미만일 때는 낮은 이자
  율로 설정해도 증여 이슈가 없습니다.

적정이자 23,000,000원

⇩

실제이자 13,050,000원

⇩

이자차액 = 적정이자 − 실제이자
= 9,950,000원

⇩

이자차액 〈 1000만원

⇩

금전 무상대출 등에 따른 이익의 증여 아님

Ⓐ "차입금이 5억원일 때는 2.61%의 이자율도 가능"

❗ 적정이자율은 얼마나 더 낮게 가능한가?

상증법 제41조의 4【금전 무상대출 등에 따른 이익의 증여】

① 타인으로부터 금전을 무상으로 또는 적정 이자율보다 낮은 이자율로 대출받은 경우에는 그 금전을 대출받은 날에 다음 각 호의 구분에 따른 금액을 그 금전을 대출받은 자의 증여재산가액으로 한다. 다만, 다음 각 호의 구분에 따른 금액이 대통령령으로 정하는 기준금액 미만인 경우는 제외한다.

1. 무상으로 대출받은 경우: 대출금액에 적정 이자율을 곱하여 계산한 금액
2. 적정 이자율보다 낮은 이자율로 대출받은 경우: 대출금액에 적정 이자율을 곱하여 계산한 금액에서 실제 지급한 이자 상당액을 뺀 금액

상증령 제31조의 4【금전 무상대출 등에 따른 이익의 계산방법 등】

② 법 제41조의 4 제1항 각 호 외의 부분 단서에서 "대통령령으로 정하는 기준금액"이란 1천만원을 말한다.

이는 적정이자율인 4.6%보다 실제이자율을 낮게 설정할 때, 적정이자율에 의한 이자금액과 실제 지급한 이자금액과의 차이가 1000만원 미만인 경우에는 위 규정을 적용하지 않는다는 상속세 및 증여세법 관련 법규입니다.

이어서 다른 사례를 하나 더 보겠습니다.

❗ 3억원을 빌리면 이자율 얼마까지 가능한가?

만약, 부모님으로부터 빌린 금액이 3억원일 경우에는 어떨까요?

3억원을 빌려준 경우에는 1.27%도 가능합니다.

(단위:원)

구분	적정이자율		약간 작게
대출금액(A)	300,000,000		300,000,000
적정이자율(B)	4.60%	⇨	1.27%
적정이자(1년)_(C=A*B)	13,800,000		3,810,000
적정이자(1달)_(D=C/12)	1,150,000		317,500

적정이자율과의 이자차액이 1000만원 미만이 되는 이자율이 1.27%입니다.

구체적으로 살펴보면, 부모님께 빌린 금액이 3억원 일 때

• 적정이자율 4.60%로 계산한 연간 이자가 13,800,000원

• 실제이자율 1.27%로 계산한 연간 이자가 3,810,000원

• 이자금액의 차이가 9,990,000원으로 1000만원 미만입니다

• 이자금액의 차이가 1000만원 미만이 되므로 금전무상대출에 따른 이익의 증여 이슈가 없습니다.

🅐 "차입금이 3억원일 때는 1.27%의 이자율도 가능"

⑩
2억원이면 이자를 안 받아도 되나요?

A: 이번에 아들이 집 사는 데 2억원을 빌려줬어. 차용증도 썼고.

B: 아들한테 빌려줄 때는 4.6%보다 이자율을 낮게 설정해도 된다면서?

A: 응. 이자금액을 연간 1000만원 차이가 안 나게 하면 문제가 없나봐.

B: 계산해보니, 빌려주는 금액이 2억원이면 이자를 안 받아도 이자차액은 1000만원이 안되더라고.

A: 그러면 2억원을 빌려줄 때는 이자를 안 받아도 되겠네?

Q "자녀에게 2억원을 빌려주면 이자는 안 받아도 되나요?"

부모님이 자녀에게 자금을 빌려줄 경우 적정이자율은 4.6%입니다. 하지만 적정이자와 실제이자금액의 차이가 연간 1000만원 미만이되는 범위에서는 이자율을 낮게 설정할 수 있습니다.

(단위:원)

구분	적정이자율		무이자
대출금액(A)	200,000,000		200,000,000
적정이자율(B)	4.60%	⇨	0.00%
적정이자(1년)_(C=A*B)	9,200,000		0
적정이자(1달)_(D=C/12)	766,667		0

2억원의 차입금이 있는 경우에, 적정이자와 실제이자의 차이가 연간 920만원입니다.

금전무상대출에 따른 이익의 증여로 보지 않는 1000만원 기준을 충족합니다.

이론상으로는 이자를 지급하지 않아도 될 것으로 보입니다.

하지만, 부모와 자녀 간 금전거래를 원칙적으로 차입했다고 인정하지 않는다는 사실을 명심해야 합니다. 즉 2억원의 자금을 차입했으면서, 이자도 지급하지 않고, 원금도 상환하지 않았다면, 과연 어떤 방법으로 차입했다는 사실을 입증할 수 있을까요? 이를 차입한 당사자가 효과적으로 입증하지 못한다면 세무서는 이를 증여로 보고 과세할 가능성이 높습니다.

따라서, 2억원을 차입한다고 해도 증여로 과세되지 않도록 이자율을 설정하는 것이 소명자료를 만드는 데 도움이 될 것입니다.

Ⓐ "2억원이라도 약간의 이자율 설정"

한편, 자금조달이 어려워 부모님께 돈을 빌린 상황이라 차입 이후 몇 년간 이자가 부담스럽다면, 부동산에 저당권을 설정하거나 차용증 뒤에 차입금 상환스케줄표를 첨부하는 것도 차입거래를 입증하는 방법이 될 수 있습니다.

〈차입금 상환스케줄표〉

(단위:원)

구분	차입	상환	잔액
차입당시	200,000,000	–	200,000,000
1년 뒤	–	10,000,000	190,000,000
2년 뒤	–	10,000,000	180,000,000
3년 뒤	–	10,000,000	170,000,000
4년 뒤	–	10,000,000	160,000,000
5년 뒤	–	160,000,000	–

Ⓐ "이자지급을 할 수 없다면, 차입금 상환스케줄표를 차용증에 첨부"

⑪
이자를 받긴 받았어요
(불규칙하게)

A: 이번에 아들이 집을 살 때 5억원을 빌려줬어. 차용증도 썼고.

B: 그래. 아들이 이자도 꼬박꼬박 잘 주지. 계좌이체도 해놓고?

A: 아들 월급이 매달 똑같이 들어오는 게 아니라서, 많이 버는 달은 이자도 더 주고, 적게 들어오는 날은 이자를 안 줄 때도 있어.

B: 그래도 뭐 아예 안 주는 건 아니네.

Q "이자를 받긴 받았는데, 들쭉날쭉해요."

부모님이 자녀에게 5억원을 빌려주고 적정이자율과의 차액이 문제되지 않는 수준에서 이자율을 설정했습니다.

그래서 2.61%의 이자율로 해서 차입계약서를 작성하고 자금조달계획서도 제출하였습니다.

(단위:원)

구분	적정이자율
대출금액(A)	500,000,000
적정이자율(B)	2.61%
적정이자(1년)_(C=A*B)	13,050,000
적정이자(1달)_(D=C/12)	1,087,500

하지만 아들 수입이 일정치 않습니다. 수입이 많은 날에는 이자 지급이 가능했지만, 그렇지 않은 달에는 생활비로 쓰기에도 빠듯했습니다.

고르지 못한 수입 때문에 이자도 일정하지 않게 지급했습니다. 아예 이자를 이체하지 못한 달도 있었습니다.

위 사례와 같이 이자에 대한 계좌이체 내역이 일정하지 않다면,

차입계약서(차용증)의 이자지급 방법과 금액에 차이가 발생하게 되므로 세무서의 사후관리 시점에 차입이라는 사실을 입증하기 어려워집니다.

그러면 이자차액이 문제가 아니라, 차입금이라는 사실 자체가 부인돼 빌려준 금액이 증여해준 금액으로 바뀌어 생각지 못한 큰 증여세가 나올 수 있습니다.

일정치 않은 이자지급

⇩

이자의 성격이 아니라고 볼 수 있음

⇩

차입금 자체가 부인될 수 있음

⇩

빌려준 금액을
증여한 금액으로 볼 수 있음

⇩

증여세 부과(가산세 최소 20% 추가)

Ⓐ "이자를 이자라고 인정받지 못하면, 차입금이 차입 시점에 증여한 금액이 될 수 있습니다"

만약, 부득이하게 이자지급이 지연돼 최초 차입계약서상의 이자 지급 약정과 차이가 발생한다면 사실관계를 입증할 보완적인 조치가 필요할 수 있습니다. 이 경우에는 일반적으로 금융기관에 이자지급이 지연된 상황을 참고하면 좋을 듯합니다.

> ❗ **차용증과 계좌의 이자금액 불일치**
> 조심2015서3486, 2016.10.28
> **처분청 의견**
> (나) 청구인과 권OO간 쟁점대금의 이동일자는 2013.2.4.임에도 차용금증서는 2013.2.15.자로 작성되었고, 차용금증서상 이자는 월OOO원으로 적혀 있음에도 이자가 권OO 명의 OOO은행 계좌에 월 OOO원씩만 입금되어 차용금증서상의 이자금액과 불일치하여 2013.2.15.자 차용금증서도 신뢰하기 어렵다.
>
> **판단**
> 청구인이 제시한 차용금증서상 이자가 월 OOO원임에도 권OO 명의의 OOO은행계좌에는 월 OOO원이 입금된 것으로 나타나는 등 이자가 불일치하므로 동 증서도 신빙성이 부족한 것으로 보이는 점 등에 비추어 쟁점금액이 청구인에게 증여된 것으로 보아 증여세를 부과한 처분도 달리 잘못이 없는 것으로 판단된다.

과세당국은 단순 이자지급 외에도 종합적인 사실을 보고 차입 여부를 판단합니다.

즉, 다른 증빙이 확실하다면, 이자지급을 몇 번 실수로 잘못 이체했더라도 차입금 자체를 부인하지는 못할 것입니다. 하지만 이 자금액 이체하는 것을 실수하면, 안 해도 될 세무서 소명자료를 신경 써야 하겠죠?

이자지급은 자금 차입거래에서 가장 기본적이면서도 중요한 사항입니다.

🅰 "정확한 이자금액 이체는 차입금 관리의 기본"

⑫
이자를 받긴 받았어요
(조사 시작 전에)

A: 이번에 아들이 집 살 때 5억원을 빌려줬어. 차용증도 썼고.

B: 그래. 아들이 이자도 꼬박꼬박 잘 주지? 계좌이체도 해놓고?

A: 아들이 월급으로 생활하기도 빠듯해서, 이자율만 차입계약서에 적어놓고 따로 이자는 안 받았어.

B: 그래. 이자가 만만치 않지. 그래도 이자는 받아야 하지 않아?

A: 안 그래도 어제 세무서에서 차입금에 대해 조사한다는 통지서가 왔더라고. 그래서 조사 오기 전에 그동안 밀린 이자를 다 받으려고 해.

Q "이자를 받긴 받았어요. 조사 시작하기 전에요"

부모님이 자녀에게 5억원을 빌려주고 증여에 걸리지 않는 범위에서 이자율을 잘 설정했습니다. 그래서 계획대로 이자를 잘 지급하면 문제가 발생할 확률이 적었을 것입니다.

하지만 이자에 대한 부담으로 아들이 생활하기 어려워지지 않을까 하는 걱정에 이자를 받지 않았습니다. 그러다가 세무서에서 조사가 나온다고 하니깐 부랴부랴 그동안 밀린 이자를 받으려 합니다. 이런 경우는 어떻게 될까요?

일단 결과가 안 좋게 나올 확률이 높습니다.
- 차입계약서대로 이자를 주고 받는 것이 좋고,
- 개인사정상 이자지급이 늦어졌다면, 늦기 전에 그동안의 이자 정산액을 지급하는 것도 생각해볼 수 있습니다.

하지만, 이미 세무조사가 통지된 시점에 그동안 밀린 이자를 받는다면 세무서가 이것을 차입금에 대한 이자금액이라고 인정할 가능성이 상당히 낮습니다.

A "이자지급이 없다가 세무조사 통지 후 이자를 정산지급하면 이자로 인정받기 힘들게 됩니다"

❗ 세무조사 개시 후 이자지급

조심2018서3687, 2019.01.29

나. 처분청 의견

(2) 또한, 청구인은 OOO에게 쟁점금액에 대한 이자를 지급하였다며 계좌사본을 제출하였으나, 은행으로부터 회신받은 금융거래내역은 아래와 같다.

이에 따르면 청구인이 OOO에게 지급했다는 매월 이자는 OOO의 계좌에서 OOO의 계좌로 이체되었다. 청구인은 결혼축의금 OOO을 보관하고 있다가 OOO에게 지급하였고, 이를 OOO가 OOO에게 전달하면 OOO가 OOO 계좌로 입금하였다며 축의금 목록과 OOO 계좌사본을 제출하였으나, 급여생활자인 청구인이 OOO원 이상의 현금을 집에 보관하고 있었다는 점과 이자를 매번 현금으로 지급했다는 점은 쉽게 수긍할 수 없다.

다. 사실관계 및 판단

자금출처 조사결과에 의하면 청구인이 임차한 아파트의 보증금 중 쟁점금액의 원천은 부 XXX의 자금으로 확인되는 반면, 임대차계약 종료 후 임대인으로부터 보증금을 전부 반환받았음에도 차입금 상당액을 변제한 사실이 없고 이자 명목의 금전도 세무조사가 개시된 이후부터 모 OOO 계좌로 지급되고 있어 쟁점금액은 모 OOO로부터 차입한 것이라는 청구주장을 받아들이기 어려움

앞서 말씀드렸듯이, 부모자식 간의 금전거래가 차입금이냐 증여금액이냐에 대한 판단은 당시 사실관계, 자금거래상황 및 차입 후 거래내역 등을 종합적으로 고려해 이루어집니다.

자금거래는 어느 한 증빙만 보고 절대적인 판단을 하기가 쉽지

않습니다.

하지만 적어도 차입거래에서 가장 기본인 이자지급의 증빙을 잘 갖추어 놓아야 혹시 모를 조사에 원활히 대응할 수 있을 것입니다.

⑬
현금을 주면
누가 알까?

A: 이번에 아들이 집을 샀어. 열심히 모았는데도 5억원이 부
　　족해.

B: 여유 있으면 빌려주면 되지 않아?

A: 그런데 주위에서 자식에게 빌려줬다가 증여세 폭탄 맞았다
　　고들 말하더라고. 그래서 은행에서 대출을 최대한으로 받으
　　라고 했어.

B: 은행대출 받기 어렵지 않아? 받아도 그거 언제 다 갚아?

A: 그래서 가끔 내가 현금으로 1000만원 주면서 그걸로 대출
　　갚으라고 하려고.

Q "현금으로 1000만원을 찾아서 아들에게 줘도 될까요?"

서울에 있는 아파트를 10억원에 사면서 5억원이 부족한 상태입니다. 부모님이 자금에 여유가 있어 부모님께 빌릴 수도 있지만, 증여세 문제와 사후관리를 피하려고 은행 대출을 최대한 활용하기로 했습니다.

구분	금액	자금출처
예금	3억원	근로소득
주식	2억원	근로소득
대출	5억원	주택담보대출&신용대출
자금 합계	10억원	

막상 은행 대출을 받아보니, 대출원금 부담도 작지 않고, 매월 나가는 이자도 부담되는 상황입니다. 그래서 부모님이 가끔 은행에서 현금을 1000만원씩 뽑아 자녀에게 주고, 자녀는 그 자금으로 은행 대출을 상환하려 합니다.

이렇게 현금을 1000만원이나 인출하는 경우 고액현금거래보고 제도에 따라 거래내용이 금융정보분석원으로 자동 보고됩니다. 출처를 숨기려는 비정상적인 금융거래가 고액현금거래를 수반한다고 보아 이런 제도가 생긴 것입니다.

　금융정보분석원으로 간 현금인출정보는 '특정 금융거래정보의 보고 및 이용 등에 관한 법률' 시행령에서 정한 기준에 해당될 때 국세청장에게 전달됩니다.

　그 자료를 전달받은 국세청은 관련 자금의 흐름에 대해 소명을 요구하며 세무조사로 확대될 수도 있습니다.

특정 금융거래정보의 보고 및 이용 등에 관한 법률 시행령
제8조의2(고액현금거래 보고의 기준금액) ①법 제4조의2 제1항 각 호 외의 부분 본문에서 "대통령령으로 정하는 금액"이란 1천만원을 말한다. 〈개정 2013. 8. 6., 2019. 4. 30.〉

〈고액현금 기준의 단계적 인하〉

2006년: 5000만원

⇩

2008년: 3000만원

⇩

2010년: 2000만원

⇩

2019년 : 1000만원

A "현재 1000만원은 고액현금에 해당하여 금융정보분석원에 자동 보고"

이미지 출처: 금융정보분석원 홈페이지 https://www.kofiu.go.kr/index.jsp

100만원씩 열 번 출금하면
괜찮겠죠?

A: 아들이 은행 대출을 많이 받아서, 내가 가끔 도와주려고.

B: 그거 조심해야 해. 1000만원 인출하면, 자동으로 금융정보
분석원에 보고된다고 하더라고.

A: 응. 그래서 한 번에 1000만원을 인출하지 않고, 100만원씩
열 번 출금하려고.

B: 그러면 1000만원 기준에 안 걸리겠구나?

Q "한 번에 1000만원 뽑으면 자동보고되니깐, 100만원씩 열 번 출금하면 되나요?"

1000만원 이상의 고액현금거래를 하면 그 거래내역을 금융기관에서 금융정보분석원으로 보고합니다.

그렇다면 한 번에 100만원을 출금하면 1000만원이 기준인 고액현금거래에 해당하지 않기에, 금융정보분석원에 고액현금거래로 보고가 되지 않는다고 생각할 수도 있습니다.

하지만 적은 금액으로 나누어 거래를 한다 하더라도, 1거래일 동안의 거래를 모두 더한 금액을 기준으로 고액현금거래 여부를 판단합니다.

즉, 하루에 100만원씩 나누어 열 번을 출금한다고 해도 모두 더하면 1000만원이 되기에 고액현금거래에 해당되므로 금융정보분석원에 자동으로 보고되는 것입니다.

A "동일 금융기관에서의 거래는 모두 합산하여 고액현금여부 판단"

FAQ[21]

20. 거래금액을 분할하여 거래하는 경우, 이에 대한 대비책은 있는지?

■ 거래자가 금융거래를 소액으로 분할하여 거래하더라도, 동일금융 기관에서 1거래일 동안의 거래를 모두 합산하도록 함으로써, 고액 현금거래보고를 회피하지 못하도록 하고 있음

 – (동일금융기관 내의) 여러 지점에서 분할거래

 – (동일인 명의의) 여러 계좌를 이용 분할거래

 – 계좌거래와 비계좌거래(송금등)를 통한 분할거래 등 모두 합산 하여 보고대상여부 판단

○ 또한, 거래자가 고액현금거래보고를 회피할 목적으로 기준금액 보 다 낮게 금액을 분할하여 거래하고 있다고 의심되는 합당한 근거 가 있는 경우에도 금융정보분석원에 보고됨

금융정보분석원 홈페이지에 있는 FAQ에서 보듯이, 동일 금융기 관에서의 거래는 모두 합산하도록 되어 있습니다. 동일 금융기관 의 여러 지점에서 현금거래를 해도 모두 합산한 금액을 기준으로 고액현금거래 여부를 판단합니다.

---

21 금융정보분석원 홈페이지 FAQ, https://www.kofiu.go.kr/index.jsp

⑮
900만원씩 출금하면
괜찮죠?

A: 아들이 은행 대출을 많이 받아서, 내가 가끔 도와주려고.

B: 그거 조심해야해. 1000만원을 인출하면, 자동으로 어디 보고된다고 하더라고.

A: 진짜? 그러면 결국 국세청도 그 정보를 받아볼 수 있겠네.

B: 국세청이 들여다보면 증여세 조사도 나올 수 있을 거야.

A: 안 되겠다. 그럼 900만원씩만 찾아야겠어.

Q "900만원은 고액현금이 아니니까, 900만원씩 찾으면 금융정보
분석원에 자동보고되지 않겠죠?"

1000만원 이상의 고액현금거래를 하면 그 거래내역을 금융기관
에서 금융정보분석원에 보고합니다. 900만원이면 1000만원이 안되
니까 고액현금거래에 해당하지 않습니다. 그래서 고액현금거래로
금융정보분석원에 보고되지 않습니다.

A "900만원은 고액현금거래로 보고되지 않습니다"

하지만 금융기관은 고액현금거래뿐 아니라 혐의거래에 대해서도
금융정보분석원에 보고합니다. 그러므로 혐의거래에 해당한다고
금융기관 창구직원이 판단하면, 금액에 상관없이 보고를 합니다.

A "고액현금거래는 아니더라도, 혐의거래에 해당하는 경우 금액에
상관없이 보고합니다"

혐의거래보고를 할 때도 기준금액이 있습니다. 도입초기 그 기준
금액은 2000만원이었으나, 2010년 6월 30일부터 1000만원으로 줄어
들었고, 2013년 8월 13일부터는 기준금액 자체가 삭제됐습니다.

즉, 2013년 8월 13일부터는 창구직원이 의심스러운 거래라고 판단하면 금액과 상관없이 금융정보분석원에 보고되는 것입니다.

〈의심거래 기준금액의 단계적 소멸〉

2010년 이전: 2000만원

⇩

2010년: 1000만원

⇩

2013년: −

Ⓐ "2013년 8월 13일 이후로 혐의거래는 금액 기준이 없어짐"

금액기준으로 자동 보고되는 고액현금거래와 다르게, 혐의거래는 창구직원의 주관적인 판단에 의해 보고 여부가 결정됩니다.

16

국세청은 내 계좌를 마음대로 볼 수 있을까?

A: 아들이 서울에 있는 아파트를 사면서 자금조달계획서를 제출했어.

B: 통장내역도 제출하지 않았어?

A: 어. 서울은 투기과열지구라고 자금조달증빙도 제출하라고 하네.

B: 어차피 국세청은 내 계좌 다 볼 수 있는데, 왜?

A: 그러게. 알아서 보면 되지 무슨 증빙을 또 내라고 하는지 모르겠네.

Q "국세청은 내 계좌를 다 알고 있지 않나요?"

국세청이 모든 계좌를 알고 있지는 않습니다. 하지만, 우리는 인식하지 못하는 사이 나의 계좌번호를 국세청에 많이 제공하고 있습니다. 예를 들어,

- 은행에서 이자가 발생하면 이자소득지급명세서를 은행에서 제출하고,
- 개인사업자는 사업용계좌를 국세청에 등록하고,
- 종합소득세를 신고하면서 국세환급금 수령계좌를 기재하고,
- 외화거래내역 관련 연결계좌가 있으면 그 계좌정보 또한 국세청에 제공되며,
- 그뿐 아니라 자금조달계획서를 신고하면서 증빙까지 제출하면, 예금잔액증명서 및 계좌이체내역에서 계좌번호를 확인할 수 있습니다.

많은 계좌를 알고 있는 국세청이지만, '금융실명거래 및 비밀보장에 관한 법률'에 따라 함부로 계좌 거래정보의 제공을 요구할 수 없습니다.

금융조사(국세청은 이를 세무조사 목적의 금융거래 현장확인이라고

합니다)는 크게 특정점포 조회 금융조사와 본점 일괄조회 금융조사로 구분할 수 있습니다.

본점 일괄조회 금융조사는 국세청에 확인되지 아니한 전체 금융계좌와 그 거래내역을 확인할 수 있는 강력한 방법입니다. 하지만 그만큼 신청 절차와 요건이 까다롭기 때문에 특정점포 금융조회가 일반적인 형태입니다.

일반적인 형태인 특정점포 금융조회는 조세탈루혐의를 인정할 만한 명백한 자료를 확인하려는 목적인 경우 조사공무원이 금융위원회가 정하는 표준 양식에 따라 신청하며, 여기에는 지방국세청장의 승인이 필요합니다.

참고로, 특정점포 금융조회는 특정 은행지점의 계좌에 대해 조회를 하는 것으로 금융조회가 이루어진다고 해도 조회대상자가 보유한 해당 은행의 전체 계좌를 확인할 수 있는 것은 아닙니다. 따라서 계좌번호를 모르거나 은행의 특정지점을 조사공무원이 확인할 수 없는 경우에는 금융조회를 할 수 없습니다.

Ⓐ "명백한 탈루혐의를 인정할 만한 자료 확인 시 국세청이 확인 가능한 계좌번호를 활용하여 특정점포의 계좌는 조회가능"

금융실명거래 및 비밀보장에 관한 법률에서 위임한 서식관련 규정 [별지 제3호 서식]

금융거래정보의 제공 요구서 (법 제4조제2항 · 제6항 및 제4조의2)					
수신처 :					
문서번호[※]			요구일자		
요구기관명					
요구자	근무부서		직책		성명
담당자					
책임자					
요구 내용	명의인의 인적사항^{주1}				
	요구대상 거래기간				
	요구의 법적근거				
	사용목적				
	요구하는 거래 정보등의 내용				
통보 유예[※]	유예기간				
	유예사유				
특이 사항[※]					
요구기관 기관장 [인]					

주1 명의인의 인적사항은 금융실명거래및비밀보장에관한법률시행령 제10조각
호의1을 의미
※ 문서번호, 통보유예 및 특이사항은 필요한 경우에만 기재(통보대상이 아닌
경우 그 법적근거 등의 사유는 특이사항에 기재)

⑰
나는 자금출처조사
대상이 될까?

A: 아들이 서울에 있는 아파트를 사면서 자금조달계획서를 제출했어.

B: 응. 자금이 모자라서 5억원 빌려줬다면서?

A: 맞아. 차용증도 잘 쓰긴 했는데, 괜히 걱정돼서…….

B: 뭐가 걱정되는데?

A: 괜히 아파트 산 거 자금출처조사 나올까 봐. 내 사업체까지 조사나오는 건 아닌가 해서.

Q "아파트를 사면 자금출처조사 대상이 되는 것인가요?"

국세청은 자금출처의 검증 대상자를 어떻게 선정할까요?

국세청이 활용할 수 있는 정보는 점점 많아지고 있으며, 이에 따라 관련 거래의 입체적인 분석이 가능해지고 있습니다.

- 먼저 국세청 내부의 행정시스템에 있는 자산취득, 소비지출, 소득금액 자료 등 다양한 과세정보를 활용할 수 있습니다.
- 그리고 금융정보분석원(FIU)의 고액현금거래, 의심거래 관련 정보가 있으며,
- 대법원에 있는 부동산 등기자료를 확인할 수도 있습니다.
- 또한 보다 정교해진 자금조달계획서도 검증대상 선정 시 중요한 참고자료입니다.

〈자금출처조사 대상자 선정과정〉[22]

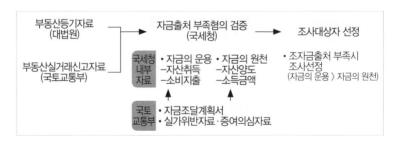

22   2019.11.12., 국세청 보도자료, 고가 아파트 취득자 · 고액 전세입자 등 224명 자금출처조사 착수, p5

국세청 내부 시스템을 통한 PCI 분석 + 금융정보분석원의 의삼자료 등
+ 부동산등기자료 + 부동산실거래신고자료 + 자금조달계획서

⇩

"거래의 입체적 분석으로 검증대상 선정"

(사례)1. 고가아파트 취득자 세무조사 대상 사례(자녀)[23]

선정 유형

취업 3년차 사회초년생인 20대 직장인이 고가의 아파트를 취득하면서 부동산임대업을 하는 부모로부터 자금을 증여받은 혐의

주요 조사내용

○ B는 5개년 총소득이 O천만 원에 불과함에도 소득의 OO배에 달하는 부동산 등을 취득하여 자금출처 조사대상 선정함

− 동일기간 여러 건의 고가 부동산 취득, 고급 승용차량 구입, 신용카드 사용 등 자금운용액이 OO억 원에 달함

---

23 2019.11.12., 국세청 보도자료, 고가 아파트 취득자 고액 전세입자 등 224명 자금출처조사 착수, p11

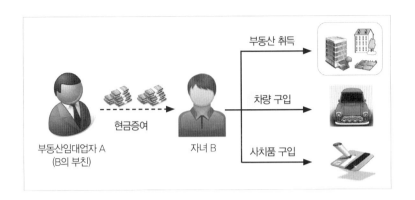

부동산임대업자 A (B의 부친) — 현금증여 → 자녀 B — 부동산 취득 / 차량 구입 / 사치품 구입

○ 자금출처 확인 결과, 부동산임대업자인 부친 A로부터 O억 원을 현금 증여받아 부동산 매입한 것으로 확인

조치사항

부동산 취득자금에 대한 증여세 O억 원 추징

뭐가 문제일까?

고가아파트를 구입하면서 제출한 자금조달계획서에는 예금을 기재하고, 증빙으로 예금잔액증명서를 제출했습니다. 자금조달계획서에 기재한 대로 증빙상 금액도 충분하기에 취득 당시에는 별 문제 없이 지나갈 수 있습니다.

하지만 고가아파트를 취득하는 경우 국세청의 PCI(재산소득지출) 분석 시스템상 누적된 신고소득 대비 보유재산의 너무 높아지는 불균형이 발생하게 됩니다. 특히 본인 자체의 소득, 재산 수준이 미미한 20대가 별도의 증여 없이 부동산을 취득하는 경우 편법증여 등에 대한 조사 대상자가 될 수 있습니다.

국세청 PCI 분석
• 소득은 별로 없는데, 고액의 자산도 취득하고, 고가 승용차를 타며, 소비도 많네?

재산증가 (아파트구입) 10억원	+	소비지출 (승용차구입) 2억원	−	신고소득 (5년간) 2억원	=	탈루혐의 금액 10억원

⇩

자금조달계획서
• 예금은 충분한데 예금이 소득대비 적정한 것일까?
• 증여 및 차입금 항목이 안 보이네?

⇩

국세청 내부자료 및 요청자료
• 증여신고 한 내역이 없네?
• 차입금 이자자료 요청해보니, 이자지급 내역이 없네?

⇩

부동산구입대금 증여에 대한 증여세 추징

(사례)2. 고가아파트 취득자 세무조사 대상 사례(배우자)[24]

선정 유형

소득이 전혀 없는 30대 주부가 고가 아파트 등 수 채의 주택을 취득하면서 남편으로부터 편법 증여받고 증여세를 탈루한 혐의

주요 조사내용

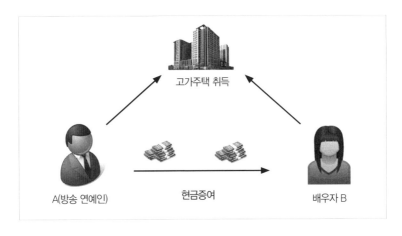

고가주택 취득

A(방송 연예인) 현금증여 배우자 B

○ 특별한 소득이 없는 B는 배우자인 방송연예인 A와 공동명의로 고가 아파트를 취득하여 자금출처조사 대상으로 선정함

○ 자금출처 확인 결과, 배우자인 방송연예인 A로부터 O억 원을

---

24 2019.11.12., 국세청 보도자료, 고가 아파트 취득자·고액 전세입자 등 224명 자금출처조사 착수, p12

편법증여 받아 아파트를 취득한 것으로 확인

조치사항

○ 부동산 취득자금에 대한 증여세 O억 원 추징

뭐가 문제일까?

배우자에게는 10년 동안 6억원까지 증여세 없이 줄 수 있습니다. 따라서 시세 12억원의 아파트를 공동명의로 취득해도 일반적으로 증여세 문제는 발생하지 않습니다.

하지만, 최근 사례로 볼 때 배우자가 재산증가에 기여했다고 해도 고가아파트를 공동명의로 취득하고자 한다면, 배우자증여도 주의해야 합니다.

20억원 아파트 공동명의	
남편 10억원	배우자 10억원
자금 출처 확실	⇩
	배우자 소득이 없는 상황
	⇩
	배우자 10억원 아파트 취득자금은 증여금액
	⇩
	10억원 배우자 증여 시 증여세

10억원 배우자 증여 시 증여세

구분	금액(원)
①증여재산(A)	1,000,000,000
②증여재산공제(B)	600,000,000
③과세표준(C=A-B)	400,000,000
④세율(D)	20%
⑤산출세액(E=C*D)	70,000,000

⇩

취득세, 증여세도 배우자가 부담해야 함

Part 5

증여 궁금증

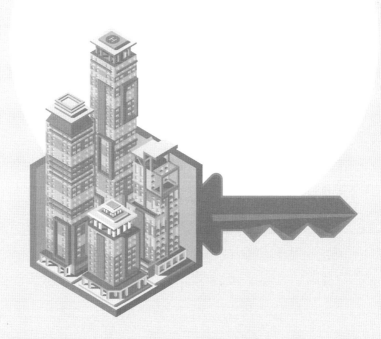

01
증여세는 어떻게 계산하나요?
(계산구조)

A: 이번에 직장 근처에 있는 아파트를 하나 사려고.

B: 요즘 아파트 가격이 많이 올랐던데, 자금은 충분해?

A: 열심히 모은다고 모았는데, 많이 모자라네. 그래서 부모님이
   도움을 주신대.

B: 다행이네. 그런데 증여를 받을 때도 세금을 많이 내지? 증여
   세는 어떻게 계산하는 거야?

Q "증여세는 어떻게 계산하나요?"

증여세란 타인으로부터 재산을 무상으로 받는 경우, 당해 증여 재산에 대해 그 재산을 증여받은 자가 부담하는 세금입니다.

이처럼 증여세는 증여받은 재산을 기준으로 하며, 상속세 및 증여세법에서 정하는 특정한 사람으로부터 증여를 받은 경우에는 증여재산에서 일정한 공제금액(증여재산공제)을 차감한 후의 금액을 기준으로 증여세를 계산합니다.

부모님에게 1억원을 받는 경우를 보겠습니다.

구 분	금액(원)
①증여재산(A)	100,000,000
②증여재산공제(B)	50,000,000
③과세표준(C=A−B)	50,000,000
④세율(D)	10%
⑤산출세액(E=C*D)	5,000,000

• 부모님에게 받은 증여재산은 1억원입니다.
• 부모님에게 증여를 받을 때의 공제금액은 5000만원입니다.
• 그러면 세금을 계산하는 기준인 과세표준은 5000만원이 됩니

다(증여재산 1억원−증여재산공제 5000만원).

- 이 과세표준 5000만원에 10%의 세율을 곱해주면 증여세 500만원이 나옵니다.

Ⓐ "받은 금액에서 일정 공제를 차감한 금액을 기준으로 증여세 계산"

② 증여세는 어떻게 계산하나요?
(세율)

A: 증여세를 어떤 식으로 계산하는지 대충 알겠어.

B: 증여재산공제만 빼주고 세율을 곱하면 세금이 나오는 거 같아.

A: 응. 계산구조는 대충 알겠는데, 실제로 계산해보려니 잘 모르겠네.

B: 나도 세율표를 보고 직접 계산해 보려고 했는데, 헷갈리네.

"증여세 세율표를 어떻게 적용하나요?"

증여받은 재산에서 증여재산공제를 차감하면 과세표준이 나옵니다.

이 과세표준에 아래 세율표를 적용하면 산출세액이 나옵니다.

과세표준	세율	누진공제액
1억원 이하	10%	−
5억원 이하	20%	1000만원
10억원 이하	30%	6000만원
30억원 이하	40%	1억6000만원
30억원 초과	50%	4억6000만원

부모님이 1억원 증여해주시는 경우에는

• 과세표준은 5000만원입니다(증여받은 재산 1억원−증여재산공제 5000만원).

• 과세표준이 5000만원이므로 10% 세율구간이 적용되며,

• 산출세액은 50,000,000×10% = 5,000,000원입니다.

부모님이 2억원을 증여해주시는 경우에

- 과세표준은 1억5000만원입니다(증여받은 재산 2억원−증여재산 공제 5000만원).

- 과세표준이 1억5000만원이므로 5억원 이하 구간입니다.

- 따라서 20% 세율구간이 적용되며,

- 산출세액은 150,000,000×20% − 10,000,000 = 20,000,000원입니다

이번에는 7억원을 증여한 경우를 보겠습니다.

- 과세표준은 6억5000만원입니다(증여받은 재산 7억원−증여재산 공제 5000만원).

- 과세표준이 6억5000만원이므로 10억원 이하 구간입니다.

- 따라서 30% 세율구간이 적용되며,

- 산출세액은 650,000,000×30% − 60,000,000 = 135,000,000원입니다.

이렇게 증여세는 과세표준에서 해당되는 세율을 곱하고, 세율표상의 누진공제액을 빼주는 방식으로 산출됩니다.

Ⓐ "과세표준×세율 − 누진공제액 = 산출세액"

상속세 및 증여세법에 나온 원래의 세율표는 아래와 같습니다.

과세표준	세율
1억원 이하	10%
1억원 초과 5억원 이하	1천만원 + 1억원 초과금액의 20%
5억원 초과 10억원 이하	9천만원 + 5억원 초과금액의 30%
10억원 초과 30억원 이하	2억4천만원 + 10억원 초과금액의 40%
30억원 초과	10억4천만원 + 30억원 초과금액의 50%

이 표에 따라 과세표준이 6억5000만원인 경우의 세금을 계산해보겠습니다.

$$90,000,000+(650,000,000-500,000,000)\times30\%=135,000,000원$$

이 계산식을 약간 간편하게 바꾼 것이 앞서 말씀드린 세율표입니다.

과세표준 단계별 초과금액을 계산하지 않고, 누진공제액을 차감해주는 방식이라 세금 계산이 원래 표보다는 간편해졌습니다.

과세표준	세율	누진공제액
1억원 이하	10%	–
5억원 이하	20%	1000만원
10억원 이하	30%	6000만원
30억원 이하	40%	1억6000만원
30억원 초과	50%	4억6000만원

이 표에 따라 과세표준이 6억5000만원인 경우의 세금을 계산해 보겠습니다.

650,000,000×30%−60,000,000=135,000,000원

A "증여세를 보다 간단히 계산하기 위해 나온 것이 누진공제액입니다"

증여세 없이
얼마까지 줄 수 있나요?

A: 부모님에게 도움을 받을 때, 받은 금액 전부에 세금을 매기
는 것이 아니라, 어느 정도 빼주는 항목이 있대.

B: 부모님에게 1억원 받으면 1억원을 기준으로 세금 계산하는
게 아니야?

A: 응. 부모님께 받으면 5000만원을 빼준대. 1억원 받으면,
5000만원을 빼주고 나머지 5000만원에 대해서 세금을 계산
하는 거래.

B: 그러면 5000만원만 받으면 세금을 안 내도 되겠네?

Q "증여세 없이 얼마까지 줄 수 있나요?"

사회 생활을 시작한 지 얼마 안 된 자녀들이 아파트를 사려고 할 때, 자금이 충분한 경우는 거의 없을 것입니다. 이렇게 자녀가 경제적으로 어려우면 부모님이 자녀를 도와주기도 합니다. 반대로 부모님이 어려울 때, 자녀가 도와드리는 경우도 가끔 있습니다. 또한, 배우자와의 사이에서는 더 많은 이유로 증여 등의 금전거래가 발생합니다.

세법에서는 누구에게 증여를 받는지에 따라, 공제해주는 금액이 다르게 정해져 있습니다.

- 배우자에게 증여를 받을 경우: 6억원
- 부모님에게 증여를 받을 경우: 5000만원
- 자녀에게 증여를 받을 경우: 5000만원
- 기타 친척에게 증여를 받을 경우: 1000만원

A "서로의 관계에 따라 증여로 도와줄 수 있는 금액이 다릅니다"

〈관계별 증여재산공제금액〉

구분(그룹)	공제액
배우자	6억원
직계존속	5000만원(미성년자인 경우 2000만원)
직계비속	5000만원
기타 친족	1000만원

위의 표에 나타난 금액만큼 공제를 해준다는 말은,

그만큼만 받으면 세금이 없다는 말이기도 합니다.

증여받은 금액		과세표준		증여세
배우자에게 6억원 받으면		6억원 − 6억원 = 0		0
부모님에게 5천만원 받으면	⇨	5천만원 − 5천만원 = 0	⇨	0
자녀에게 5천만원 받으면		5천만원 − 5천만원 = 0		0
친척에서 1천만원 받으면		1천만원 − 1천만원 = 0		0

Ⓐ "부모님이 자녀에게 5000만원 증여하면 세금은 없습니다"

04

5년 전에 5000만원 증여받았는데
또 받을 수 있나요?

A: 부모님에게는 5000만원까지는 받아도 증여세가 없대.

B: 응. 증여받아도 5000만원까지 공제를 해주니깐 세금이 안
   나온대.

A: 이번에 그래서 부모님한테 여유자금이 생겨서 5000만원을
   받으려고 하거든.

   그런데 5년 전에도 5000만원을 받았는데, 괜찮겠지?

B: 5년이나 지났는데 그건 이제 옛날일이지 않을까?

Q "5년 전에도 5000만원을 지원받았어요. 지금 5000만원을 증여받아도 세금 없는 거 맞죠?"

부모님으로부터 증여받은 경우 5000만원을 증여재산에서 공제합니다. 과연 이 증여재산공제는 얼마나 자주 가능할까요? 올해 5000만원을 받고, 내년에도 5000만원 받으면 계속해서 세금이 없다고 생각할 수도 있습니다.

A "증여를 받을 때마다 5000만원씩 공제를 해주는 것은 아닙니다"

위 증여재산공제는 증여를 받는 수증자를 기준으로 그 증여를 받기 전 10년 이내에 공제받은 금액과 해당 증여가액에서 공제받을 금액을 합친 금액이 증여재산공제 한도를 초과하는 경우에는 그 초과 부분은 공제하지 않습니다.

(단위:원)

구분	5년전	지금	합산
①증여재산(A)	50,000,000	50,000,000	100,000,000
②증여재산공제(B)	50,000,000		50,000,000
③과세표준(C=A-B)	-		50,000,000
④세율(D)	10%		10%
⑤산출세액(E=C*D)	-		5,000,000

Ⓐ "즉, 증여재산공제는 10년 동안 한 번만 가능합니다"

결국 부모님에게 증여를 받는 경우에는 10년 동안 5000만원 공제를 한 번만 적용한다는 내용입니다.

예를 들어,

• 그동안 증여받은 적이 없다면 지금 증여받는 경우, 5000만원의 공제를 적용할 수 있고,

• 5년 전에 증여받으면서 2000만원을 공제받았다면, 지금은 3000만원 추가공제가 가능하고,

• 5년 전에 증여받으면서 5000만원을 공제받았다면, 지금 추가로 공제가능한 금액은 없습니다.

위 5000만원은 성인인 자녀가 증여를 받을 때 적용되는 금액입니다. 참고로 미성년자는 증여를 받을 때는 2000만원의 공제를 적용합니다.

Ⓐ "미성년자는 2000만원의 증여재산공제를,
성인은 5000만원의 증여재산공제를 적용"

그렇다면 5년 전에는 미성년자였고, 지금은 성인이 된 경우에는

증여재산공제를 어떻게 적용할까요?

- 5년 전에 18세로 미성년자였을 때 2000만원 공제를 받았다면, 성인이 된 지금은 3000만원 추가 공제가 가능합니다.

언제적
5000만원이야?

A: 그거 알아? 부모님께 받을 때 5000만원까지는 세금없이 받을 수 있다는 거?

B: 응. 알고 있었어.

A: 그렇구나. 난 이번에 처음 알았어.

B: 응. 그런데 예전에는 3000만원만 공제됐었어. 그러다가 5000만원으로 공제금액을 올려줬어.

A: 5000만원으로 올렸구나. 그만큼 세금을 깍아주는 거네?

B: 과연 그럴까?

현재 부모님으로부터 5000만원까지는 증여받아도 세금이 없습니다.

하지만 2013년 이전에는 3000만원까지만 증여재산공제가 가능했습니다. 그 이후 현재까지 5000만원 증여재산공제는 동일합니다.

〈부모님으로부터 자녀가 증여받는 경우〉

(단위:원)

구분	2013년	2014년	2020년
증여재산	50,000,000	50,000,000	50,000,000
증여재산공제	30,000,000	50,000,000	50,000,000
과세표준	20,000,000	–	–

2014년부터 물가상승률 등을 반영해 공제금액 수준을 현실화하고자, 증여재산공제를 기존 3000만원에서 5000만원으로 인상하였습니다. 이후에도 꾸준히 물가가 상승한 것으로 보이는데 과연 물가상승률 등을 반영한 증여재산 공제범위 확대가 언제쯤 가능할까요?

A "5000만원 공제는 2014년부터 지금까지 적용 중"

구분		증여재산공제액			
		03.1.1.~ 07.12.31.	08.1.1.~ 13.12.31.	14.1.1. 이후	16.1.1. 이후
증여자	배우자	3억원	6억원	좌동	좌동
	직계존속	3000만원 (미성년자 1500만원)	좌동	5000만원 (미성년자 2000만원)	좌동
	직계비속			3000만원	5000만원
	기타친족	500만원	좌동	좌동	1000만원
	그외	없음	없음	없음	없음

부모님으로부터 증여를 받은 경우 공제금액은 2014년부터 지금까지 5000만원입니다. 오랫동안 유지가 되었는데, 더 오래된 것이 보이네요?

배우자공제는 2008년부터 지금까지 계속 6억원입니다.

A "배우자 6억원 공제는 2008년부터 지금까지 적용 중"

부모님께 각각 5000만원
받아도 되나요?

A: 이번에 집을 사면서 아버지가 도와준다고 하셨어.

B: 그래. 아버지가 도와주셔도, 5000만원까지는 세금이 없잖아

A: 응. 그런데 어머니한테도 따로 5000만원을 받아도 될까?

B: 부모님한테는 5000만원까지 받아도 세금이 없잖아.

어머니도 부모님이니까 5000만원까지는 세금이 없지 않을까?

Q "아버지에게도 5000만원, 어머니에게도 5000만원 받아도 세금이 없을까요?"

부모님으로부터 5000만원을 증여받으면 세금이 없습니다. 즉, 아버지에게 5000만원을 받아도, 혹은 어머니에게 5000만원을 받아도 세금이 없습니다.

그런데 아버지와 어머니 모두에게 받으면 어떨까요?

증여세에서는 아버지와 어머니를 같은 한 사람으로 보고 있습니다.

- 아버지가 준 5000만원이랑 어머니가 준 5000만원 모두 '부모님'이라는 한 사람이 준 것으로 보고 있습니다.
- 그러므로 '부모님'이라는 한 사람이 1억원을 준 것이 됩니다.
- 1억원을 받았고, 증여재산공제는 5000만원입니다.
- 그래서 나머지 5000만원에 대해 세금이 나옵니다.

구 분	어머니	아버지	합산
①증여재산(A)	50,000,000	50,000,000	100,000,000
②증여재산공제(B)			50,000,000
③과세표준(C=A-B)			50,000,000
④세율(D)			10%
⑤산출세액(E=C*D)			5,000,000

A "부부는 일심동체"

상속세 및 증여세법에서는 아버지와 어머니를 한 사람으로 생각합니다.

그래서 아버지와 어머니 각각에게 재산을 받을 때 증여세를 납부하지 않으려면, 증여받은 금액이 합산해서 5000만원을 넘지 않아야 합니다.

- 아버지가 2500만원을 주셨고, 어머니가 2500만원을 주셨습니다.
- 이 경우 '부모님'이라는 한 사람이 5000만원을 준 것입니다.
- 부모님에게 받을 때의 증여재산공제는 5000만원입니다.
- 그래서 과세표준은 없습니다.

(증여받은재산 5000만원-증여재산공제 5000만원)

구분	어머니	아버지	합산
①증여재산(A)	25,000,000	25,000,000	50,000,000
②증여재산공제(B)			50,000,000
③과세표준(C=A-B)			–
④세율(D)			10%
⑤산출세액(E=C*D)			–

A "어머님, 아버님께 각각 받았을 경우, 합산한 금액이 5000만원
이라면 세금이 없습니다"

증여자가 직계존속인 경우에는 그 직계존속의 배우자를 동일인
으로 보고 있는 것입니다. 따라서 아버지와 어머니의 증여재산가
액은 합산해서 증여세가 과세됩니다.

한편, 계모 · 계부로부터 재산을 증여받은 경우 동일인으로 보아
합산은 하지 않습니다. 이 경우 부부간 증여재산공제를 활용하는
것을 가정할 때 받을 수만 있다면 증여세 절세방법으로 활용할 수
도 있습니다.

이혼하면, 각각 5000만원을 받아도 되나요?

A: 부모님에게는 각각 증여받아도, 그 증여받은 금액은 다 더하는 거구나.

B: 그래. 부부라서 두 명이지만 한 명으로 본다는 것이 이해는 될 거 같아.

A: 응. 그런데 요즘 부모님이 성격 차이로 이혼하는 경우가 많이 늘었잖아. 이혼한 부모님 각각에게 받을 때는 어떨까?

B: 부모님 두 분이 이혼하면, 남남이 된 거잖아. 결혼했을 때나 증여재산 받을 때 한 명으로 보는 거지. 이혼하면 각각 5000만원을 받아도 되지 않을까?

Q "부모님이 이혼하면 동일인으로 보지 않게 되어 각각 5000만원씩 받으면 세금이 없나요?"

부모님이 혼인상태를 유지할 때는 각각 5000만원을 받아도 한 명에게 1억원을 받은 것처럼 세금을 계산합니다.

(단위:원)

구분	어머니	아버지	합산
①증여재산(A)	50,000,000	50,000,000	100,000,000
②증여재산공제(B)			50,000,000
③과세표준(C=A-B)			50,000,000
④세율(D)			10%
⑤산출세액(E=C*D)			5,000,000

A "결혼 상태이면 부모님 각각 받아도 동일인으로 보아 증여재산 합산"

그런데 이혼을 하게 되면, 배우자가 아니므로 동일인으로 볼 수 없습니다. 따라서 두 분에게 각각 5000만원씩 받으면 세금이 없을까요?

(이제는 동일인이 아니기에) 어머니, 아버지 각각 따로 증여세를

구합니다.

- 어머니 먼저 구해보겠습니다.

- 어머니에게 5000만원을 받았으니, 증여재산은 5000만원이 됩니다.

- 증여재산공제는 받는 사람 기준으로 총 5000만원입니다. 이 경우처럼 아버지, 어머니에게 동시에 받으면 5000만원의 공제를 각각 절반씩인 2500만원을 적용합니다.

- 그래서 과세표준은 2500만원이 됩니다(5000만원의 증여재산-2500만원의 증여재산공제).

- 증여세는 과세표준에 10%를 곱하여 250만원이 됩니다.

- 아버지도 동일한 과정으로 따로 계산합니다.

(단위:원)

구분	어머니		아버지
①증여재산(A)	50,000,000		50,000,000
②증여재산공제(B)	25,000,000		25,000,000
③과세표준(C=A-B)	25,000,000	이혼	25,000,000
④세율(D)	10%		10%
⑤산출세액(E=C*D)	2,500,000		2,500,000

A "부모님이 이혼하면, 증여재산을 합산하지 않고, 각각의 증여재산별로 증여세 계산"

! 상속세및증여세법 집행기준
서면인터넷방문상담4팀-3535, 2007.12.11
상속세 및 증여세법제47조 제2항의 규정을 적용시 생부와 이혼한 생모로부터 증여받은 재산가액은 생부의 증여재산가액에 합산하지 아니함

상속세 및 증여세법상 아버지와 어머니는 동일인, 즉 한 사람으로 보고 있습니다. 따라서 아버지로부터 증여받거나, 어머니로부터 증여받거나 어차피 증여재산은 합산이 돼 결과적으로 증여세 차이가 없습니다. 만약 부모님께서 이혼하신다면, 각각 다른 사람이 되었으므로 증여재산을 합산하지 않고 각각의 증여세를 계산하게 됩니다.

직계존속그룹에서 증여를 받을 때 적용하는 총 증여재산공제금액은 5000만원입니다. 즉, 직계존속그룹 여러 명에게 동시에 증여를 받으면, 5000만원의 공제금액을 각각의 증여재산에 따라 안분해야 합니다. 따라서 이혼한 부모님께 동일한 금액을 동시에 증여받았다고 하면, 5000만원의 증여재산공제도 각각 절반씩만 적용됩니다.

이혼 전에 받을까요,
후에 받을까요?

A: 부모님에게 받을 때 어차피 증여재산공제금액은 5000만원
이래.

B: 그래. 결혼상태여도, 이혼해도 총 5000만원은 똑같대.

A: 그런데 이혼예정인 사람들도 많을 건데, 이러면 언제 받는
게 유리할까?

B: 순서가 중요할까? 어차피 다 합해서 5000만원 공제인데?

Q "이혼 예정인 경우에는, 언제 받아야 유리할까요?"

부모님으로부터 증여를 받는 경우 총 5000만원의 증여재산공제가 가능합니다. 이 증여재산공제 금액은 부모님의 결혼상태 유지 여부에 따라 변하지 않습니다.

결혼/이혼 여부는 직계존속이라는 사실에 영향을 주지 않고, 부모님 두 분을 동일인으로 볼 것인가에만 영향을 주는 것입니다.

먼저 결혼상태에서 각각 1억원을 받는 경우를 가정해보겠습니다. 부모님께서 혼인상태를 유지할 때에는 각각 1억원을 받아도 한 명에게 2억원을 받은 것처럼 세금을 계산합니다.

- 아버지가 준 1억원이랑 어머니가 준 1억원 모두 '부모님'이라는 한 사람이 준 것으로 보고 있습니다.

  이 경우 '부모님'이라는 한 사람이 2억원을 준 것이 됩니다

- 2억원을 받았지만, 증여재산공제는 5000만원입니다.

- 과세표준은 1억5000만원입니다(증여재산 2억원−증여재산공제 5000만원).

- 과세표준이 5억원 이하에 해당하는 경우 세율표를 보면 20% 적용구간입니다.

- 산출세액은 $150,000,000 \times 20\% - 10,000,000 = 20,000,000$원입니다.

구분	어머니	아버지	합산
①증여재산(A)	100,000,000	100,000,000	200,000,000
②증여재산공제(B)			50,000,000
③과세표준(C=A-B)			150,000,000
④세율(D)			20%
⑤산출세액(E=C*D)			20,000,000

A "결혼상태이면 각각 1억원 받아도 합산하여 2억원 기준으로 계산"

이번에는 부모님께서 이혼 후에 각각 1억원을 받는 경우를 가정해 보겠습니다.

이혼을 하게 되면, 부모님은 더 이상 동일인이 아닙니다.

증여세도 어머니, 아버지 각각 따로 계산합니다.

어머니 먼저 구해보겠습니다.

• 어머니에게 1억원을 받았으니, 증여재산은 1억원이 됩니다.

• 증여재산공제는 받는 사람 기준으로 총 5000만원입니다.

이 경우처럼 아버지, 어머니에게 동시에 받으면 5000만원의 공제를 각각 절반씩인 2500만원을 적용합니다.

• 그래서 과세표준은 7500만원이 됩니다(1억원의 증여재산-2500만

원의 증여재산공제)

- 이 경우 증여세는 $75,000,000 \times 10\% = 7,500,000$원입니다.
- 아버지도 동일한 과정으로 따로 계산합니다.

(단위:원)

구분	어머니		아버지
①증여재산(A)	100,000,000		100,000,000
②증여재산공제(B)	25,000,000		25,000,000
③과세표준(C=A-B)	75,000,000	이혼	75,000,000
④세율(D)	10%		10%
⑤산출세액(E=C*D)	7,500,000		7,500,000

🅐 "부모님이 이혼하면, 각각의 1억원을 기준으로 증여세 계산"

〈이혼 전/후 증여세 비교〉

(단위:원)

구분	결혼	이혼			차이
	합산	아버지	어머니	합계	
증여세	20,000,000	7,500,000	7,500,000	15,000,000	5,000,000

　부모님으로부터 각각 1억원을 받을 경우, 이혼 전후에 따라 증여세 차이가 500만원 발생하였습니다.

증여재산공제는 5000만원으로 동일한데 왜 이런 차이가 발생했을까요?

과세표준	세율	누진공제액
1억원 이하	10%	–
5억원 이하	20%	1000만원
10억원 이하	30%	6000만원
30억원 이하	40%	1억6000만원
30억원 초과	50%	4억6000만원

세율표를 다시 보니, 과세표준이 높아질수록 적용되는 세율이 높아집니다.

부모님 각각에게 1억원을 받으면,

- 결혼상태에서는 20%의 세율이 적용되고
- 이혼상태에서는 10%의 세율이 적용됩니다.

적용되는 누진세율의 차이 때문에 증여세 금액이 달라졌습니다.

이미 이혼을 결정한 분들이라면, 증여세의 누진구조를 피하는 방향으로 의사결정을 하실 수도 있습니다.

 "증여세의 누진구조를 피하는 증여 타이밍 고려"

09
아버지와 할아버지께 받아도
합산해야 하나요?

A: 어머니와 아버지는 동일인이라서 증여재산을 더한다고 하는데, 그럼 아버지와 할아버지도 동일인처럼 봐야 해?

B: 어찌보면 어머니와 아버지의 관계보다 아버지와 할아버지의 관계가 더 길고 찐하다고 볼 수도 있잖아?

A: 그렇지. 어머니랑 아버지처럼 이혼할 수 있는 것도 아니고.

B: 그럼 아버지와 할아버지에게서 재산을 받으면 다 더해야 할까?

Q "아버지와 할아버지에게 각각 5000만원씩 받아도 합산하나요?"

결론적으로 말씀드리면 아버지와 할아버지는 동일인으로 보지 않습니다. 그래서 각각의 증여재산은 합산하지 않고 각각 증여세를 구합니다.

상속세및증여세법 집행기준
47-36-6【증여재산의 합산시 유의사항】
① 동일인에는 증여자가 직계존속인 경우에는 그 직계존속의 배우자를 포함한다. 단, 증여자가 부·모일 경우 계모·계부는 동일인에 포함되지 아니한다.
② 부와 조부는 직계존속이라 할지라도 동일인에 해당하지 아니한다.

A "아버지와 할아버지는 동일인에 해당하지 않아,각각의 증여재산을 합산하지 않습니다"

아버지와 할아버지는 각각 증여세를 계산합니다

(아버지)

• 아버지로부터 5000만원을 증여받으면 증여재산은 5000만원이 됩니다.

• 할아버지와 동시에 증여받는 경우 5000만원의 증여재산공제

는 각각 절반인 2500만원을 적용합니다.

- 과세표준은 5000만원에서 2500만원의 증여재산공제를 뺀 2500만원입니다.
- 아버지의 경우 증여세는 2500만원에 10%를 곱한 금액입니다.

(할아버지)

- 할아버지로부터 5000만원을 증여받으면 증여재산은 5000만원이 됩니다.
- 아버지와 동시에 증여받는 경우 5000만원의 증여재산공제는 각각 절반인 2500만원을 적용합니다.
- 과세표즌은 5000만원에서 2500만원의 증여재산공제를 뺀 2500만원입니다.
- 할아버지의 경우 증여세는 2500만원에 10%를 곱하고 여기에 30%를 더한 금액이 나옵니다.

구분	아버지	할아버지	~~합산~~
①증여재산(A)	50,000,000	50,000,000	
②증여재산공제(B)	25,000,000	25,000,000	
③과세표준(C=A-B)	25,000,000	25,000,000	
④세율(D)	10%	10%	
⑤산출세액(E=C*D)	2,500,000	2,500,000	
⑥할증세액(F=E*30%)	-	750,000	
⑦합계(G=E+F)	2,500,000	3,250,000	

❗ 상속세및증여세법 집행기준

53-46-1【증여재산공제 방법】

③ 2 이상의 증여가 동시에 있는 경우에는 각각의 증여세 과세가액에 대하여 안분하여 공제한다.

아버지와 할아버지로부터 동시에 5000만원을 증여받은 경우, 즉 직계존속그룹으로부터 증여받을 경우 공제해주는 5000만원은 각각의 증여재산에 안분해 2500만원씩 공제합니다. 그리고 증여재산 금액이 동일하지 않다면 그 증여재산의 비율에 따라 공제금액이 달라지게 됩니다.

그런데 아버지와 할아버지로부터 동일한 금액을 받고, 동일한 증여재산공제를 적용했는데, 왜 세금이 달라졌을까요?

할아버지가 손자에게 재산을 증여하면, 할아버지에서 아버지로 재산이 이전되었다가 다시 아버지에서 손자로 이전되는 경우에 비해 한 단계가 생략되므로 세금 부담이 훨씬 줄어들게 됩니다.

이와 같이 한 세대를 건너뛰어 재산을 이전하는 방식으로 상속세 또는 증여세를 회피하는 것을 방지하기 위해 할아버지나 할머니께서 손자녀에게 재산을 증여하는 경우에는 증여세액에서 30%에 상당하는 금액을 더해서 내야 합니다.

A "아버지를 건너뛴 할아버지의 증여는 할증과세 대상"

상속세및증여세법집행기준
57-0-1【증여세 할증과세】
수증자가 증여자의 자녀가 아닌 직계비속인 경우에는 증여세 산출세액에 30%(수증자가 증여자의 자녀가 아닌 직계비속이면서 미성년자인 경우로서 증여재산가액이 20억원을 초과하는 경우에는 40%)에 상당하는 금액을 가산한다. 단, 증여자의 최근친인 직계비속이 사망하여 그 사망자의 최근친인 직계비속이 증여받은 경우에는 증여세를 할증하여 과세하지 않는다.

이와 같이 세대를 건너뛰어 증여하면 세금을 30% 더 내야 합니다. 만약 증여를 받는 수증자가 미성년자이면서 증여재산가액이 20억원을 초과하는 경우에는 할증과세율도 40%나 됩니다.

할아버지, 아버지, 나 이러한 상황에서 증여를 하고자 한다면,

- 일반적인 단계별 증여세
- 세대를 생략한 흐름의 증여세

두 가지 경우를 비교해보는 것도 증여계획을 세울 때 도움이 됩니다.

⑩ 증여에도 위아래가 있다?

A: 할아버지와 아버지에게 재산을 증여받으면 각각 계산한대.

B: 증여재산공제도 받는 재산만큼 나눠서 공제한다고 하더라.

A: 응. 그런데 할아버지한테 받으면 세금이 더 많이 나온대.
   할증과세라고 말하는 것 같던데.

B: 그럼 할아버지쪽으로 증여재산공제를 많이 받아야 세금이
   줄어들겠네.

A: 증여재산공제는 내 마음대로 선택할 수 있을까?

Q "할아버지? 아버지? 누구에게 먼저 받을까?"

아버지, 할아버지와 같은 직계존속에게 증여를 받는 경우에도 10년간 증여재산공제가 가능한 총 금액은 5000만원입니다. 여러명에게 동시에 증여를 받게 되면 5000만원을 각각의 증여재산금액의 비율만큼 안분하여 공제합니다.

즉, 할아버지와 아버지에게 동시에 재산을 증여받으면 받는 금액에 비례해서 증여재산공제가 적용이 됩니다.

〈동시에 증여받는 경우〉

(단위:원)

구분	아버지	할아버지
①증여재산(A)	50,000,000	50,000,000
②증여재산공제(B)	25,000,000	25,000,000
③과세표준(C=A-B)	25,000,000	25,000,000
④세율(D)	10%	10%
⑤산출세액(E=C*D)	2,500,000	2,500,000
⑥할증세액(F=E*30%)	–	750,000
⑦합계(G=E+F)	2,500,000	3,250,000

A "동시에 증여받으면 5000만원 공제 절반씩 적용"

그럼 동시에 증여받지 않고 순차적으로 증여를 받는 경우에는 어떻게 될까요? 아버지로부터 증여받고, 할아버지로부터 1개월 후에 증여를 받는다면? 혹은 그 반대의 경우라면 어떻게 될까요?

〈아버지에게 먼저 증여받는 경우〉

(단위:원)

구분	아버지	할아버지
①증여재산(A)	50,000,000	50,000,000
②증여재산공제(B)	50,000,000	–
③과세표준(C=A–B)	–	50,000,000
④세율(D)	10%	10%
⑤산출세액(E=C*D)	–	5,000,000
⑥할증세액(F=E*30%)	–	1,500,000
⑦합계(G=E+F)	–	6,500,000

- 아버지에게 먼저 증여받는 경우에는 5000만원의 증여재산공제가 전부 아버지에게 적용돼 아버지에게 받는 증여재산에 대해서는 세금이 없습니다.
- 하지만 할아버지에게 적용할 증여재산공제가 없습니다.
- 할아버지로부터 증여받는 것은 세대생략증여이므로 증여세를 할증하여 과세합니다.

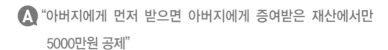

A "아버지에게 먼저 받으면 아버지에게 증여받은 재산에서만 5000만원 공제"

〈할아버지에게 먼저 증여받는 경우〉

(단위:원)

구분	할아버지	아버지
①증여재산(A)	50,000,000	50,000,000
②증여재산공제(B)	50,000,000	–
③과세표준(C=A–B)	–	50,000,000
④세율(D)	10%	10%
⑤산출세액(E=C*D)	–	5,000,000
⑥할증세액(F=E*30%)	–	–
⑦합계(G=E+F)	–	5,000,000

• 할아버지에게 먼저 증여받는 경우에는 5000만원의 증여재산 공제는 할아버지에게 모두 적용되므로 세금이 없습니다.

• 하지만 아버지에게는 적용할 증여재산공제가 없습니다.

• 따라서 아버지에게는 증여받는 재산은 증여재산공제 없이 과세됩니다.

• 다만 아버지에게 증여받은 경우에는 할증과세가 적용되지 않습니다.

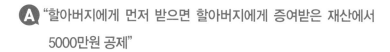"할아버지에게 먼저 받으면 할아버지에게 증여받은 재산에서 5000만원 공제"

〈비교〉

(단위:원)

구분	할아버지	아버지	합계	차이
할아버지 먼저 증여	–	5,000,000	5,000,000	
동시 증여	3,250,000	2,500,000	5,750,000	750,000
아버지 먼저 증여	6,500,000	–	6,500,000	1,500,000

이 차이는 직계존속 그룹의 증여재산공제 5000만원을 증여가 발생하는 순서에 따라 순차적으로 사용하기 때문에 발생합니다. 따라서 세대를 건너뛰어 증여하고자 할 때는 할증과세를 고려해 증여순서를 정하는 것이 좋습니다.

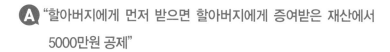"증여세 부담을 최소화하는 증여 타이밍 고려"

❗ 상속세및증여세법 집행기준

53-46-1【증여재산공제 방법】

② 2 이상의 증여가 그 증여시기를 달리하는 경우에는 2 이상의 증여 중 최초의 증여세과세가액에서부터 순차로 공제한다.

③ 2 이상의 증여가 동시에 있는 경우에는 각각의 증여세 과세가액에 대하여 안분하여 공제한다.

증여재산공제도 내가 이용할 수 있는 절세전략 중 하나가 될 수 있습니다. 막연히 직계존속에게 받았으니 5000만원만 공제하면 끝이라는 생각보다, 작은 차이지만 증여의 타이밍을 조절하겠다는 생각을 가지면 증여해주는 분의 소중한 재산을 허투루 날리지 않을 수 있습니다.

⑪
예비신부입니다.
시아버지께 증여받을 수 있을까요?

A: 이번에 자기 딸 결혼한다면서? 축하해. 키우느라 고생했어.

B: 고마워. 다행히 남편도 그렇고, 남편 집안분들도 성품이 좋으셔.

A: 그런 가정 만나기 쉽지 않은데, 정말 부럽구먼.

B: 참, 요번에 시아버지 되실 분이 딸아이가 싹싹하고 마음에 쏙 드신다고, 결혼축하금조로 얼마 주신다던데. 이럴 때도 5000만원 공제를 받을 수 있을까?

A: 엄마, 아빠 같은 직계존속일 때 5000만원 공제가 되는 거잖아? 아직 결혼도 안 했는데, 받을 수 있을까?

Q "예비신부인데 시아버지에게 받을 때 5000만원 증여재산공제를 사용할 수 있나요?"

혼인신고도 하지 않은 예비신부와 시아버지는 아직 남남입니다. 시아버지뿐 아니라 아직 남편될 사람과도 남남이죠. 따라서 5000만원 증여재산공제를 적용할 여지가 없습니다.

그래서 5000만원을 예비 시아버지에게 받으면 그 금액 그대로 세금이 매겨집니다.

A "혼인신고 전인 예비신부와 시아버지는 아직 남남"

구분	금액(원)
①증여재산(A)	50,000,000
②증여재산공제(B)	–
③과세표준(C=A–B)	50,000,000
④세율(D)	10%
⑤산출세액(E=C*D)	5,000,000

Q "이제 결혼식도 하고 혼인신고도 했어요. 그러면 시아버지에게 받을 때 5000만원 증여재산공제 해도 되죠?"

결혼식도 하고 혼인신고를 했다고 시아버지가 며느리의 직계존속인 것은 아닙니다. 시아버지는 남편의 직계존속입니다.

결혼 후 시아버지에게 5000만원을 증여받으면,

- 시아버지에게 받은 증여재산에서 공제가능한 금액은 5000만원이 아닌 기타친족에게 증여받을 경우의 기준인 1000만원입니다.
- 그러면 세금을 계산하는 기준인 과세표준은 4000만원이 됩니다(증여재산 5000만원－증여재산공제 1000만원).
- 40,000,000×10% = 4,000,000원의 세금이 나왔습니다.

구분	금액(원)
①증여재산(A)	50,000,000
②증여재산공제(B)	10,000,000
③과세표준(C=A−B)	40,000,000
④세율(D)	10%
⑤산출세액(E=C*D)	4,000,000

A "시아버지가 며느리에게 줄 때는 1000만원 증여재산공제"

〈증여재산공제〉

구분(그룹)	공제액
배우자	6억원
직계존속	5000만원(미성년자인 경우 2000만원)
직계비속	5000만원
기타 친족	1000만원

⑫
아들에게 줄까요?
며느리랑 같이 줄까요?

A: 이번에 아들이 결혼하면서 서울에 아파트 하나 알아보고
있어.

B: 그래. 그 집 아들은 직장에 일찍 들어가서 돈 많이 모았겠네.
그래도 아파트 가격이 많이 올라서 혼자서 사기는 쉽지 않
을 텐데.

A: 그렇더라고. 올해 들어 아파트 가격이 많이 오른 거 같아.
내가 5억원 정도 도와줘야 할 거 같아.

B: 월급 아무리 모아도, 대출 잘 나온다고 해도, 집 사기가 쉽
지 않지. 여유 있으면 도와줘야지.

"5억원을 증여할 예정인데 어떻게 줄까요?"

최근에 결혼한 아들이 아파트를 구입하는 데 도움을 주는 상황
입니다.

여기서는 아파트를 살 때의 명의 부분, 즉 단독명의냐, 공동명의
냐는 논외로 하고, 5억원을 증여하는 경우별로 세금이 얼마나 나
오는지를 알아보겠습니다.

〈아들에게 증여〉

구분	금액(원)
①증여재산(A)	500,000,000
②증여재산공제(B)	50,000,000
③과세표준(C=A-B)	450,000,000
④세율(D)	20%
⑤산출세액(E=C*D)	80,000,000

아들에게 단독으로 5억원 전부 증여한 경우입니다.

• 아들에게 5억원을 증여해주면

• 5000만원의 증여재산공제가 적용됩니다.

• 과세표준은 4억5000만원입니다(증여재산 5억원 − 증여재산공제

5000만원).

- 산출세액은 450,000,000×20%−10,000,000=80,000,000원 입니다.

〈아들과 며느리에게 증여〉

(단위:원)

구분	아들	며느리	합계
①증여재산(A)	300,000,000	200,000,000	
②증여재산공제(B)	50,000,000	10,000,000	
③과세표준(C=A−B)	250,000,000	190,000,000	
④세율(D)	20%	20%	
⑤산출세액(E=C*D)	40,000,000	28,000,000	68,000,000

이번에는 아들에게 3억원을 증여하고, 며느리에게는 2억원을 증여해주었습니다.

(아들)

- 아들의 증여재산은 3억원입니다.
- 아들은 직계존속에게서 받았기에 5000만원 증여재산공제를 적용합니다.
- 과세표준은 3억원 − 5000만원 = 2억5000만원입니다.
- 산출세액은 250,000,000×20% − 10,000,000 = 40,000,000원입니다.

(며느리)

- 며느리의 증여재산은 2억원입니다.
- 며느리는 기타친족에게서 받았기에 1000만원 증여재산공제를 적용합니다.
- 과세표준은 2억원 − 1000만원 = 1억9000만원입니다.
- 산출세액은 $190,000,000 \times 20\% − 10,000,000 = 28,000,000$원입니다.

A "아들은 5000만원 공제, 며느리는 1000만원 공제"

직접 돈을 벌어보면 아버지 또한 그 재산을 축적하는 과정이 쉽지만은 않았을 거라는 사실을 충분히 느낄 수 있습니다. 수십년 동안 직장 생활이든, 사업이든 해서 어렵게 모은 돈입니다. 이런 귀한 돈이니만큼 부모님으로부터 증여받고자 하는 자녀 또한 조금이라도 절세할 수 있는 방법을 충분히 고민해봐야 할 것입니다.

〈비교〉

(단위:원)

구분	단독증여	공동증여		
	아들	아들	며느리	합계
증여세	80,000,000	40,000,000	28,000,000	68,000,000
차이	△12,000,000			

아들에게 5억원을 줄 경우와 아들에게 3억원, 며느리에게 2억원을 증여해줄 경우 총 증여세에서 차이가 1200만원입니다.

며느리에게도 증여를 해줘서 재산을 분산시킴으로써,

- 며느리에 해당하는 증여재산공제도 받고,
- 각각 증여세 계산을 해서 증여세 누진세율 부담을 완화한 결과입니다.

증여를 통한 재산 이전 시, 단순히 절세 외에 추가로 고려할 요인은 상황별로 많을 수 있습니다.

만약 위와 같이 공동증여 후 부동산을 취득한다면, 각자의 조달자금에 맞춰 공동명의로 해야 합니다. 그런데 혹시 모를 이혼 가능성을 생각하면 이런 공동명의가 번거롭고 불필요할 수 있습니다.

이혼 등 만약의 상황을 대비할 경우에는 공동명의를 통한 절세보다는 차라리 단독명의로 하여 증여세를 더 납부하는 것도 나쁜 선택이 아닐 수 있습니다.

❗ 쪼개기증여

쪼개기증여라는 말도 들어보셨을 겁니다.

증여재산을 쪼갠다, 나눈다는 뜻입니다.

아버지가 증여해주는 금액은 동일하지만, 이를 받는 자녀가 많아질수록 전체적인 증여세가 줄어드는 것입니다.

(단위:원)

구분	1명	2명	4명
①증여재산(A)	200,000,000	100,000,000	50,000,000
②증여재산공제(B)	50,000,000	50,000,000	50,000,000
③과세표준(C=A−B)	150,000,000	50,000,000	−
④세율(D)	20%	10%	−
⑤산출세액(E=C*D)	20,000,000	5,000,000	−
총 세금	20,000,000	10,000,000	−
차이		△10,000,000	△20,000,000

- 2억원을 자녀 1명에게 주는 경우 2억의 증여재산에 대해 세금은 2000만원입니다.
- 2억원을 자녀 2명에게 주는 경우, 자녀 각각은 1억원의 증여재산을 받은 것입니다. 이때 자녀 2명은 각각 5000만원의 증여재산공제를 사용할 수 있습니다. 1억원의 증여재산에 대해 세금은 500만원이고, 총 증여세는 500만원×2명 = 1000만원입니다.
- 2억원을 자녀 4명에게 주는 경우 자녀 각각은 5000만원의 증여재산을 받은 것입니다. 자녀 4명은 각각 5000만원의 증여재산공제를 사용할 수 있어, 세금은 없습니다.

⑬
누나랑 형에게
받아도 될까요?

A: 이번에 아들이 아파트를 사서 내가 약간 보태주고 싶은데 지금 여유가 없어 못 보태줘.

B: 그래. 여유 있을 때 도와주는 거지. 여유 없으면 힘들어. 그런데 아들은 아파트 살 자금은 마련한 거야? 다 대출이야?

A: 아니. 그동안 자기가 모아놓은 돈도 좀 있고, 그리고 누나랑 형도 도와준대.

B: 누나랑 형이 도와준다고? 그쪽 형이랑 누나는 둘 다 전문직으로 오래 근무해서 그 정도 능력은 있겠다.

Q "누나랑 형에게 증여받아도 되나요?"

누나에게 증여받는 상황은 일반적이지는 않습니다. 보통 부모님이 자녀에게 증여를 해주지, 형제자매 간 증여해주는 경우는 흔치 않습니다.

하지만, 실제로 누나가 경제적 능력이 있어서 자기의 자금을 동생에게 증여해주는 것은 문제될 것이 없습니다.

A "누나랑 형이 증여를 해줄 만한 경제적 능력이 된다면 가능"

〈부모님이 증여〉

(단위:원)

구분	금액
①증여재산(A)	500,000,000
②증여재산공제(B)	50,000,000
③과세표준(C=A−B)	450,000,000
④세율(D)	20%
⑤산출세액(E=C*D)	80,000,000

- 부모님으로부터 5억원을 증여받는 경우 5000만원의 증여재산 공제가 적용됩니다.

- 5억원에서 5000만원을 뺀 4억5000만원의 과세표준을 기준으로

- 산출세액은 450,000,000×20%−10,000,000=80,000,000원입니다.

〈누나랑 형이 증여〉

(단위:원)

구분	부모님	누나	형	합계
①증여재산 (A)	200,000,000	150,000,000	150,000,000	
②증여재산 공제(B)	50,000,000	5,000,000	5,000,000	
③과세표준 (C=A−B)	150,000,000	145,000,000	145,000,000	
④세율(D)	20%	20%	20%	
⑤산출세액 (E=C*D)	20,000,000	19,000,000	19,000,000	58,000,000

- 누나가 동생에게 1억5000만원을 증여해주면

- 500만원의 증여재산공제가 적용됩니다(1000만원 증여재산공제
  는 형이랑 누나 반반 적용하였습니다).

- 1억5000만원에서 500만원을 뺀 1억4500만원의 과세표준
  을 기준으로 산출세액은 145,000,000×20% − 10,000,000 =
  19,000,000원입니다.

- 형의 증여세도 누나와 과정이 동일합니다.

〈비교〉

(단위:원)

구분	부모님 단독	누나/형도 같이
증여세	80,000,000	58,000,000
차이		△22,000,000

이 경우 증여세의 누진세율구조 때문에 부모님으로부터 전부 증여받는 것보다 공동으로 증여받는 쪽이 세금이 줄어드는 것을 확인할 수 있습니다.

❗ 우회증여

형이랑 누나가 능력이 돼 동생에게 증여를 해주었다면 혹시라도 세무서에서 조사가 나온다고 해도 문제될 것이 없습니다.

하지만 형이랑 누나의 경제적 능력이나 자금출처가 확보되지 않은 상태에서 동생에게 증여를 해주면 곤란한 상황이 생길 수 있습니다. 과세당국이 보기에, 동생에게 증여해준 돈이 누나의 돈이 아니라 부모님의 돈이라고 의심할 수 있습니다. 이 때문에 흔히 금융조사라고 불리는 특정인의 금융거래 현황 및 개별 금융거래 내역에 대한 사실관계를 확인하는 절차의 대상자가 될 수 있습니다. 이러한 금융조사의 조회 대상자 입장에는 현실적으로 세무조사를 받는 것이나 마찬가지이며, 혹시 부모님께서 사업체를 운영하신다면 그 사업체의 자금거래 내역까지 그 대상이 될 수도 있습니다.

14

자녀가 사회초년생이라
증여세까지 내주고 싶어요

A: 자기 딸 이번에 직장 옮기면서 근처에 있는 아파트를 산다
  고 했지?

B: 응. 직장이 지금 살고 있는 전셋집에서 멀어서. 가까운 데
  있는 아파트 하나 산대.

A: 딸이 도와달라고 안 해? 난 아들 아파트 살 때 조금 도와줬
  거든.

B: 왜 안 그래, 도와달라고 하지. 평소 하지도 않던 애교 부리
  면서, 5억원만 도와달래. 앞으로 잘한다나 뭐라나. 딸 계좌
  로 바로 5억원 보냈어.

A: 응? 증여세 납부하면 5억원이 안 되잖아? 5억원이 필요한
   거 아니었어?

B: 딸 힘든데, 증여세도 그냥 내가 내줬어.

Ⓐ "딸에게 5억원 증여해주고, 증여세까지 대신 내줬어요."

자녀가 아파트 구입대금으로 5억원이 추가로 필요한 상황입니다.
그래서 부모님이 5억원을 증여해주었습니다.

〈딸에게 증여〉

구분	금액(원)
①증여재산(A)	500,000,000
②증여재산공제(B)	50,000,000
③과세표준(C=A–B)	450,000,000
④세율(D)	20%
⑤산출세액(E=C*D)	80,000,000

5억원을 증여해줄 때, 증여세가 8000만원입니다. 이 증여세는 누
가 납부해야 할까요? 증여를 받는 사람, 즉 자녀가 5억원에 대한
증여세를 납부해야 합니다.

A "증여세는 증여를 받는 자녀가 납부"

만약, 부모님께서 딸이 납부해야 할 증여세를 대신 납부했다면? 돈이 없어서 증여했으니 당연히 증여세를 내줄 수 있는 게 아닌가?라고 생각하시는 분들이 계십니다. 하지만 자녀가 납부해야 하는 증여세를 대신 납부해주면 그 금액은 다시 증여재산에 포함됩니다.

즉, 부모님이 증여한 재산은 5억원이 아니라, 5억원 + 8000만원 = 5억8000만원입니다. 이 경우 증여세는 다음과 같이 달라지게 됩니다.

(단위:원)

구분	금액		금액
①증여재산(A)	500,000,000		580,000,000
②증여재산공제(B)	50,000,000	증여세 대납 ⇨	50,000,000
③과세표준(C=A−B)	450,000,000		530,000,000
④세율(D)	20%		30%
⑤산출세액(E=C*D)	80,000,000		99,000,000

- 증여재산은 5억8000만원입니다(처음 증여한 재산 5억원 + 증여세대납액 8000만원).

- 자녀는 5000만원의 증여재산공제가 적용됩니다.
- 5억8000만원에서 5000만원을 차감한 5억3000만원의 과세표준을 기준으로 $530,000,000 \times 30\% - 60,000,000 = 99,000,000$원의 세금이 나왔습니다(과세표준이 5억원을 초과하는 경우 30%의 한계세율을 적용).

Ⓐ "증여세를 대신 내주면 그 금액도 증여재산에 포함"

특히 부동산을 증여받으면 이를 처분하지 않는 한 세금을 납부하기 어렵습니다. 그렇다고 세금을 안 낼 수도 없으므로 결국 부모님께서 대신 납부하는 경우가 많습니다.

이와 같이 증여세를 대신 납부하면 당장 신고와 납부하는 과정에서 문제가 발생하지 않더라도 나중에 세무서로부터 증여세를 더 내야 한다는 고지서를 받기도 합니다.

이는 중요한 사후관리 대상으로 자녀가 증여세를 납부할 수 있는 정도의 입증가능한 소득이 없는 경우 증여세가 추징되지 않도록 증여세 상당액만큼의 현금을 더하여 증여하는 것이 좋습니다.

또는 증여세를 5년 동안 나누어 납부할 수 있는 증여세 연부연납제도를 이용하는 것도 현명한 방법입니다.

자녀가 증여세를 한 번에 납부할 수 있는 경제적능력은 없지만, 총 증여세를 5년에 걸쳐 나누어 납부할 능력이 있는 경우라면, 연부연납을 신청하여 추가적인 증여세 부담을 줄일 수 있습니다.

⑮
얼마를 줘야 딸 통장에
5억원이 남죠?

A: 딸이 아파트 사는데 5억원이 부족해서 증여해주려고 해.

B: 증여세도 딸이 내야 한다면서? 그럼 5억원보다 조금 더 줘
   야겠네?

A: 그러게. 한 6억원을 주면 딸한테 5억원이 들어가게 될까?

Q "딸에게 얼마를 증여해줘야 통장에 5억원이 들어갈까요?"

자녀가 아파트 구입대금으로 5억원이 추가로 필요한 상황입니다.
그래서 5억원을 자녀에게 증여해주었습니다. 나중에 증여세

8000만원을 납부하고 보니 자녀 통장에는 4억2000만원만 남게 되었습니다.

〈딸에게 5억원 증여〉

(단위:원)

구분	금액
①증여재산(A)	500,000,000
②증여재산공제(B)	50,000,000
③과세표준(C=A–B)	450,000,000
④세율(D)	20%
⑤산출세액(E=C*D)	80,000,000
통장잔액	420,000,000

🅐 "5억원이 필요한데 4억2000만원만 남았어요"

하지만 자녀는 4억2000만원이 아니라, 5억원의 자금이 필요합니다.

그러면 부모님으로부터 얼마를 증여받아야 할까요? 증여세 납부금액까지 고려해 계산하면 다음과 같이 나옵니다.

〈딸 통장에 5억원 남도록 증여〉

(단위:원)

구분	금액
①증여재산(A)	607,142,857
②증여재산공제(B)	50,000,000
③과세표준(C=A−B)	557,142,857
④세율(D)	30%
⑤산출세액(E=C*D)	107,142,857
통장잔액	500,000,000

- 딸에게 607,142,857원을 증여해주면 5000만원의 증여재산공제가 적용됩니다.
- 607,142,857원에서 5000만원을 뺀 557,142,857원의 과세표준을 기준으로 산출세액은 557,142,857×30% − 60,000,000 = 107,142,857원 입니다.
- 증여재산 607,142,857억원에서 세금 107,142,857원을 빼면 통장에 5억원이 남습니다.

🅐 "약 6억700만원을 증여해야 5억원이 통장에 남아요"

딸이 증여세 납부하는 금액까지 고려하면, 5억원이 아니라 약

6억700만원을 증여해야, 5억원을 활용할 수 있습니다.

자녀가 증여세납부 능력이 없다면 이 증여세납부금액까지 고려해 증여해주어야 합니다.

(단위:원)

구분	금액		금액
①증여재산(A)	500,000,000		607,142,857
②증여재산공제(B)	50,000,000		50,000,000
③과세표준(C=A-B)	450,000,000	증여세 대납 고려 ⇨	557,142,857
④세율(D)	20%		30%
⑤산출세액(E=C*D)	80,000,000		107,142,857
통장잔액	420,000,000		500,000,000

Ⓐ "자녀가 증여세 납부할 여유가 없다면, 증여세까지 고려한 증여금액 설정"

16
취득세도 주면
안 되나요?

A: 저번에 딸한테 5억원 증여해준다고 했잖아?

B: 응. 세금까지 대신 내준다고 했었지?

A: 증여세까지 내가 내주려고 했는데, 그러다 세무서에 걸리면 골치 아파진다고 해서, 증여세는 딸이 내기로 했어.

B: 그래. 적지 않은 돈 받는데, 그 정도는 자녀가 내야지. 참, 아 파트 살 때 취득세도 상당할 텐데, 그건 어떻게 하려고?

A: 딸이 취득세까지 내면 너무 힘들 거 같아. 그건 도와줘도 되 지 않나 싶은데.

Q "증여세는 딸이 냈는데요, 취득세까지 내면 너무 힘들 거 같아요"

자녀가 아파트 구입대금으로 5억원을 부모님에게 증여받았습니다. 그리고 그에 대한 증여세 8000만원을 납부했습니다. 증여를 받는 사람이 증여세를 납부하는 것이 원칙이기에 여기까지는 잘 진행되었습니다.

취득세도 증여세와 마찬가지입니다.

아파트를 취득하는 사람이 딸이고, 그렇기에 취득하는 딸이 취득세를 납부해야 합니다. 이를 부모님이 대신 납부해준다면, 증여세를 대신 납부하는, 앞에서의 상황과 똑같은 일이 벌어집니다.

A "취득세 대납액도 증여재산에 포함"

! 생활비를 저축한 자금
자녀가 기특하게 용돈을 꾸준히 모으고 장학금도 받아 정기예금 등으로 관리하고 있는 경우 그 자금을 활용해도 될까요?라는 질문이 있는데, 생활비나 교육비, 학자금 등은 해당 자금을 필요 시에 직접 그러한 각각의 비용으로 충당하는 경우에 비과세가 되는 것이므로 그러한 명목으로 취득한 재산을 별도의 예금으로 불입하는 것은 비과세 재산으로 보기 어렵습니다.

🆗 대출을 대신
갚아주고 싶어요

A: 이번에 아들이 혼자 힘으로 아파트를 샀다면서?

B: 응. 글쎄 그동안 모아놓은 돈이랑 은행에서 대출받은 금액
   이랑 합해서 아파트를 샀더라고. 도와달란 소리도 안 했어.

A: 아들이 성실하게 직장생활 하니, 대출받은 것도 차근차근히
   갚아나가면 되겠네.

B: 그렇긴 한데, 아들이 너무 힘든 거 같아서, 내가 일부라도
   대출을 갚아주고 싶어.

Q "자녀의 대출을 부모님이 대신 갚아주면?"

부모님이 자녀에게 반대급부 없이 자금을 주는 것은 그 형태와 무관하게 증여라고 볼 수 있습니다.

자녀에게 직접 자금을 주는 것이 아니라, 자녀의 빚을 대신 갚아주는 것 또한 증여입니다. 자녀의 빚이 줄어들면, 그만큼 자녀의 재산이 늘어나기 때문입니다. 자녀에게 5억원을 주는 것이나 자녀의 빚 5억원을 갚아주는 것이나 경제적 실질이 동일합니다.

한편, 과세당국 입장에서 보면 자녀가 금융기관의 채무를 상환한 내역은 10년이 지난 후에도 그 시점과 금액을 파악하는 게 어렵지 않습니다. 그리고 자녀의 대출금을 부모님이 대신 상환하는 경우가 많아 금융조사의 가능성도 높습니다. 따라서 아무리 현금을 잘 활용한다고 해도 추후에 증여 사실이 확인돼 과세되는 경우가 많으니 특히 주의해야 합니다.

A "자녀의 대출을 부모님이 대신 갚아주면,
대신 갚아준 날 증여한 것으로 봅니다"

Q: 채무를 타인이 대신 변제하거나 인수한 경우 증여세가 과세되나요?

◆ 타인에게 금전을 빌려주고 받지 않거나 또는 타인의 채무를 대신 변제하는 것은 금전을 증여한 것과 동일한 경제적 효과가 있으므로 증여세 과세대상으로 규정하고 있습니다.

◆ 증여재산가액(상증법 §36)

채권자로부터 채무의 면제를 받거나 제3자로부터 채무의 인수 또는 변제를 받은 경우에는 그 면제ㆍ인수 또는 변제로 인한 이익에 상당하는 금액을 그 이익을 얻은 자의 증여재산가액으로 하여 증여세가 부과됩니다.

– 이 경우에 채무의 면제ㆍ인수 또는 변제에 따른 보상액의 지불이 있는 경우에는 그 보상액을 차감한 금액으로 합니다

◆ 증여시기(상증법 집행기준 36-0-1)

– 채무면제의 경우 : 채권자의 면제의 의사표시가 있는 때

– 채무 인수의 경우 : 채무인수의 계약으로 채무인수가 이루어지는 경우 계약체결일

– 제3자가 채무변제한 경우 : 변제일

아파트를 살 때 자녀는 대출이 5억원 있다고 자금조달계획서를 제출했습니다. 이 자료는 시청 등 관계기관에 남아 있는 상태입니다. 자녀에게 별다른 이벤트가 없는데, 갑자기 대출 5억원이 상환된다면, 상환하는 시점은 아니겠지만 사후 검증 과정에서 국세청이 자녀의 소득 수준을 고려할 때 스스로의 힘으로 부채를 상환하

였다고 보기 어려울 수 있습니다. 이 경우 또한 자금출처조사가 진행될 수 있음에 유의해야 합니다.

❗ 국세청 보도자료, 19.12.23[25]

부모와의 차입금, 금융기관 채무, 보증금은 국세청은 주요 관심사입니다.
관련 보도자료가 나올 때마다 차입금에 대해 철저한 사후관리를 하겠다는 내용을 확인할 수 있습니다.

고가주택 취득자 등 257명 자금출처 세무조사 착수
– 부모 · 금융기관 채무와 보증금 등은 상환 과정을 매년 철저히 검증 –

자녀의 차입금은 이자지급 및 원금상환을 자녀가 부담해야 합니다. 부모님이 대신 부담할 경우 증여의 문제가 발생합니다. 또한, 설사 자녀의 월급으로 직접 이자를 지급하고, 원금을 상환해 나가도, 부모님에게 생활비를 지원받는다면 증여 문제가 발생할 수 있음에 유의해야 합니다.

■ 또한, 부모 등 특수관계자로부터의 차입, 금융기관 대출, 전세보증금 등 부채를 이용하여 주택을 취득하는 경우,
○ 원리금 상환이 자력으로 이루어지는지 여부에 대해 부채를 전액 상환할 때까지 전 과정을 세무조사에 준하는 수준으로 철저히 '부채사후관리'하고 검증할 계획입니다.
○ 현재, 연간 1회 실시하고 있는 부채사후관리 점검* 횟수를 2회로 확대하고,

---

25 19.12.23 국세청 보도자료, 고가주택 취득자 등 257명 자금출처 세무조사 착수, p8~9

A "차입금이 있는 경우 자금조달계획서 작성 시부터 상환 시까지 국세청의 관심대상입니다."

18
축의금을
사용해도 되나요?

A: 이번에 아들이 결혼하면서 바로 집을 장만했어.

B: 그래. 월급 모아서 언제 집을 사?

　무리해서라도 미리 집을 장만하는 게 좋은 거 같아

A: 축의금도 꽤 많이 들어왔어. 그것도 보태니깐 대출도 많이

　받지 않아도 됐어.

B: 다행이네. 그런데 축의금이 얼마나 들어왔어?

Q "축의금을 아파트 살 때 사용해도 되나요?"

아들이 결혼하면서 하객들의 축하가 이어졌습니다.

부모님의 지인뿐 아니라 아들의 지인들도 많이 와서 축하해주면서 축의금을 전달해주었습니다. 이 축의금은 결혼식 주인공인 아들의 자금일까요? 아니면 아들을 잘 키운 부모님의 자금일까요?

자녀의 결혼식을 준비할 때 부모님의 비용이 많이 소요되므로 부모님의 경제적 부담을 덜어주는 것이 축의금의 기본 개념이라고 판례에서 말하고 있습니다.

- 기본적으로 축의금은 혼주인 부모님의 것으로 보며,
- 다만, 신랑·신부에게 직접 건네진 금액은 신랑·신부의 자금으로 볼 수 있습니다.

서울행정법원 1999. 10 선고 99구928 판결

판결요지

[2] 결혼축의금이란 우리 사회의 전통적인 미풍양속으로 확립되어 온 사회적 관행으로서 혼사가 있을 때 일시에 많은 비용이 소요되는 혼주인 부모의 경제적 부담을 덜어주려는 목적에서 대부분 그들과 친분 관계에 있는 손님들이 혼주인 부모에게 성의의 표시로 조건없이 무상으로 건네는 금품을 가리킨다고 할 것인바, 그 교부의 주체나 교부의 취지에 비추어 이 중 신랑, 신부인 결혼 당사자와의 친분 관계에 기초하여 결혼 당사자에게 직접 건네진 것이라고 볼 부분을 제외한 나머지는 전액 혼주인 부모에게 귀속된다고 봄이 상당하다.

🅐 "축의금은 기본적으로 부모님에게 귀속, 다만, 신랑신부에게 직접 건네진 것을 증명하면 그 부분은 신랑신부에게 귀속"

따라서, 기본적으로 신랑·신부에게 직접 귀속되는 축의금이라고 증명할 수 없다면, 축의금은 모두 부모님의 자금이라고 보는 것이 합리적입니다.

이와 같이 부모님의 부담을 덜기 위한 성격의 축의금으로 자녀가 아파트를 구입한다면, 부모님이 아파트 구입자금을 증여해준 것과 동일한 상황이 됩니다.

조심2013서3275, 2013.11.28.

[제목]

청구인은 근로소득과 축의금을 받은 사실이 있다고 주장할 뿐 구체적인 증빙을 제시하지 못하고 있으므로 이를 자금출저로 인정하기 어려움

[처분청주장]

(2) 청구인이 추가로 소명한 자금출처 OOO원 중 결혼 축의금에 대해 검토한 결과, 청구인의 쟁점부동산 취득일(2007.11.20.)과 결혼일(2004년 5월)과는 상당한 시간차이가 있어 그 축의금으로 쟁점부동산을 취득하였는지가 불분명하고, 더구나 결혼 축의금으로 쟁점부동산 취득자금을 지급하였다고 인정할 만한 구체적인 축의금의 액수 및 관련 증빙을 제시하지 못하고 있다.

설령, 청구인이 축의금의 액수 및 관련 증빙을 제시한다 하더라도 결혼 축의금은 일반적으로 당사자보다는 혼주에게 귀속되는 관행에 비추어 볼 때, 결혼 축의금 중 청구인에게 직접 귀속되는 금액이 있음을 명백히 밝히지 않는 한 청구인에게 귀속되는 결혼 축의금이 있다고 볼 수는 없다 할 것인바(서울행정법원 1999.10.1. 선고 99구928 판결, 같은 뜻), 결혼 당시 하객들로부터 받은 결혼 축의금 중 청구인에게 귀속되는 금액이 확인되지 아니하는 이상 동 결혼 축의금이 쟁점부동산의 취득대금이라는 청구인의 주장은 받아들일 수 없다(조심2008서806, 2009.4.30. 외 다수).

A "부모님에게 귀속되는 축의금으로 아파트를 사면, 증여와 동일한 효과"

〈결혼식에 들어온 축의금 전부를 자녀의 신혼집 마련에 사용한 경우〉

구분	축의금	귀속	증여
부모님	3억원	부모님	증여세 과세
불분명	5000만원	부모님	증여세 과세
신랑신부	5000만원	신랑신부	–
합계	4억원		

Ⓐ "부모님에게 귀속되는 축의금 및 귀속주체가 불분명한 축의금은
   증여재산에 포함"

Ⓐ "신랑신부에게 귀속되는 축의금은 사회통념상 축하금으로 보아
   증여세비과세 대상"

참고로, 어떻게 하면 축의금을 자녀에게 귀속시킬 수 있을까요?
사실관계를 종합적으로 판단할 부분이기 때문에 정답이 있지는 않
겠지만 적어도 축의금을 기록한 명단에 부모님 또는 자녀와의 관
계에 대한 기록이 필요할 것입니다. 그럼 그 기록이 있다면 얼마까
지 가능할까요? 이 또한 결혼 당사자의 직업·나이·주위환경 등
을 고려해서 합리적인 수준이여야 할 것입니다.

- 주택취득자금 조달 및 입주계획서
- 부동산 거래신고 등에 관한 법률
- 부동산 거래신고 등에 관한 법률 시행령
- 부동산 거래신고 등에 관한 법률 시행령 일부개정령안
- 증빙서류 제출 등에 관한 안내

Part 6

관련 규정 및 양식

■ 부동산 거래신고 등에 관한 법률 시행규칙 [별지 제1호의2서식] 〈개정 2020. 3. 13.〉

주택취득자금 조달 및 입주계획서

※ 색상이 어두운 난은 신청인이 적지 않으며, [ ]에는 해당되는 곳에 ∨표시를 합니다. (앞쪽)

접수번호		접수일시	처리기간	
제출인 (매수인)	성명(법인명)		주민등록번호 (법인 · 외국인등록번호)	
	주소(법인소재지)		(휴대)전화번호	
① 자금 조달계획	자기 자금	② 금융기관 예금액 　　　　　　원	③ 주식 · 채권 매각대금 　　　　　　원	
		④ 증여 · 상속 　　　　　　원	⑤ 현금 등 그 밖의 자금 　　　　　　원	
		[ ] 부부 [ ] 직계존비속(관계:) [ ] 그 밖의 관계( )	[ ] 보유 현금 [ ] 그 밖의 자산(종류:)	
		⑥ 부동산 처분대금 등 　　　　　　원	⑦ 소계 　　　　　　원	
	차입금 등	⑧ 금융기관 대출액 합계　　　　　　원	주택담보대출	원
			신용대출	원
			그 밖의 대출 (대출 종류:)	원
		기존 주택 보유 여부 (주택담보대출이 있는 경우만 기재) [ ] 미보유　　[ ] 보유(건)		
		⑨ 임대보증금 　　　　　　원	⑩ 회사지원금 · 사채 　　　　　　원	
		⑪ 그 밖의 차입금 　　　　　　원	⑫ 소계	
		[ ] 부부 [ ] 직계존비속(관계:) [ ] 그 밖의 관계( )	원	
	⑬ 합계		원	

	총 거래금액	원
⑭ 조달자금 지급방식	⑮ 계좌이체 금액	원
	⑯ 보증금 · 대출 승계 금액	원
	⑰ 현금 및 그 밖의 지급방식 금액	원
	지급 사유 ( )	
입주 계획	[ ] 본인입주 [ ] 본인 외 가족입주 (입주 예정 시기: 년 월)	[ ] 임대 (전 · 월세)	[ ] 그 밖의 경우 (재건축 등)

「부동산 거래신고 등에 관한 법률 시행령」 제3조제1항, 같은 법 시행규칙 제2조제5항부터 제8항까지의 규정에 따라 위와 같이 주택취득자금 조달 및 입주계획서를 제출합니다.

년   월   일

제출인   (서명 또는 인)

시장 · 군수 · 구청장 귀하

유의사항

1. 제출하신 주택취득자금 조달 및 입주계획서는 국세청 등 관계기관에 통보되어, 신고내역 조사 및 관련 세법에 따른 조사 시 참고자료로 활용됩니다.
2. 주택취득자금 조달 및 입주계획서(첨부서류 제출대상인 경우 첨부서류를 포함합니다)를 계약체결일부터 30일 이내에 제출하지 않거나 거짓으로 작성하는 경우 「부동산 거래신고 등에 관한 법률」 제28조제2항 또는 제3항에 따라 과태료가 부과되오니 유의하시기 바랍니다.
3. 이 서식은 부동산거래계약 신고서 접수 전에는 제출이 불가하오니 별도 제출하는 경우에는 미리 부동산거래계약 신고서의 제출여부를 신고서 제출자 또는 신고관청에 확인하시기 바랍니다.

210mm×297mm[백상지(80g/㎡) 또는 중질지(80g/㎡)]

첨부 서류	투기과열지구에 소재하는 주택으로서 실제 거래가격이 9억원을 초과하는 주택의 거래계약을 체결한 경우에는 다음 각 호의 구분에 따른 서류를 첨부해야 합니다. 이 경우 주택취급자금 조달 및 입주계획서의 제출일을 기준으로 주택취득에 필요한 자금의 대출이 실행되지 않았거나 본인 소유 부동산의 매매계약이 체결되지 않은 경우 등 항목별 금액 증명이 어려운 경우에는 그 사유서를 첨부해야 합니다. 1. 금융기관 예금액 항목을 적은 경우: 예금잔액증명서 등 예금 금액을 증명할 수 있는 서류 2. 주식 · 채권 매각대금 항목을 적은 경우: 주식거래내역서 또는 예금잔액증명서 등 주식 · 채권 매각 금액을 증명할 수 있는 서류 3. 증여 · 상속 항목을 적은 경우: 증여세 · 상속세 신고서 또는 납세증명서 등 증여 또는 상속받은 금액을 증명할 수 있는 서류 4. 현금 등 그 밖의 자금 항목을 적은 경우: 소득금액증명원 또는 근로소득 원천징수영수증 등 소득을 증명할 수 있는 서류 5. 부동산 처분대금 등 항목을 적은 경우: 부동산 매매계약서 또는 부동산 임대차계약서 등 부동산 처분 등에 따른 금액을 증명할 수 있는 서류 6. 금융기관 대출액 합계 항목을 적은 경우: 금융거래확인서, 부채증명서 또는 금융기관 대출신청서 등 금융기관으로부터 대출받은 금액을 증명할 수 있는 서류 7. 임대보증금 항목을 적은 경우: 부동산 임대차계약서 8. 회사지원금 · 사채 또는 그 밖의 차입금 항목을 적은 경우: 금전을 빌린 사실과 그 금액을 확인할 수 있는 서류

작성방법

1. ① "자금조달계획"에는 해당 주택의 취득에 필요한 자금의 조달계획을 적고, 매수인이 다수인 경우 각 매수인별로 작성해야 하며, 각 매수인별 금액을 합산한 총 금액과 거래신고된 주택거래금액이 일치해야 합니다.
2. ② ~ ⑥에는 자기자금을 종류별로 구분하여 중복되지 않게 적습니다.
3. ② "금융기관 예금액"에는 금융기관에 예치되어 있는 본인명의의 예금(적금 등)을 통해 조달하려는 자금을 적습니다.
4. ③ "주식 · 채권 매각대금"에는 본인 명의 주식 · 채권 및 각종 유가증권 매각 등을 통해 조달하려는 자금을 적습니다.
5. ④ "증여 · 상속"에는 가족 등으로부터 증여 받거나 상속받아 조달하는 자금을 적고, 자금을 제공한 자와의 관계를 해당 난에 √표시를 하며, 부부 외의 경우 해당 관계를 적습니다.
6. ⑤ "현금 등 그 밖의 자금"에는 현금으로 보유하고 있는 자금 및 자기자금 중 다른 항목에 포함되지 않는 그 밖의 본인 자산을 통해 조달하려는 자금(금융기관 예금액 외의 각종 금융상품 및 간접투자상품을 통해 조달하려는 자금 포함)을 적고, 해당 자금이 보유하고 있는 현금일 경우 "보유 현금"에 √표시를 하고, 현금이 아닌 경우 "그 밖의 자산"에 √표시를 하고 자산의 종류를 적습니다.
7. ⑥ "부동산 처분대금 등"에는 본인 소유 부동산의 매도, 기존 임대보증금 회수 등을 통해 조달하려는 자금 또는 재건축, 재개발시 발생한 종전 부동산 권리가액 등을 적습니다.
8. ⑦ "소계"에는 ② ~ ⑥의 합계액을 적습니다.
9. ⑧ ~ ⑪에는 자기자금을 제외한 차입금 등을 종류별로 구분하여 중복되지 않게 적습니다.

10. ⑧ "금융기관 대출액 합계"에는 금융기관으로부터 대출을 통해 조달하려는 자금 또는 매도인의 대출금 승계 자금을 적고, 주택담보대출ㆍ신용대출인 경우 각 해당 난에 대출액을 적으며, 그 밖의 대출인 경우 대출액 및 대출 종류를 적습니다. 또한 주택담보대출액이 있는 경우 "기존 주택 보유 여부"의 해당 난에 √표시를 합니다. 이 경우 기존 주택은 신고하려는 거래계약 대상인 주택은 제외하고, 주택을 취득할 수 있는 권리와 주택을 지분으로 보유하고 있는 경우는 포함하며, "기존 주택 보유 여부" 중 "보유"에 √표시를 한 경우에는 기존 주택 보유 수(지분으로 보유하고 있는 경우에는 각 건별로 계산합니다)를 적습니다.

11. ⑨ "임대보증금"에는 취득 주택의 신규 임대차 계약 또는 매도인으로부터 승계한 임대차 계약의 임대보증금 등 임대를 통해 조달하는 자금을 적습니다.

12. ⑩ "회사지원금ㆍ사채"에는 금융기관 외의 법인, 개인사업자로부터 차입을 통해 조달하려는 자금을 적습니다.

13. ⑪ "그 밖의 차입금"에는 ⑧ ∼ ⑩에 포함되지 않는 차입금 등을 적고, 자금을 제공한 자와의 관계를 해당 난에 √표시를 하고 부부 외의 경우 해당 관계를 적습니다.

14. ⑫에는 ⑧ ∼ ⑪의 합계액을, ⑬에는 ⑦과 ⑫의 합계액을 적습니다.

15. ⑭ "조달자금 지급방식"에는 조달한 자금을 매도인에게 지급하는 방식 등을 각 항목별로 적습니다.

16. ⑮ "계좌이체 금액"에는 금융기관 계좌이체로 지급했거나 지급 예정인 금액 등 금융기관을 통해서 자금지급 확인이 가능한 금액을 적습니다.

17. ⑯ "보증금ㆍ대출 승계 금액"에는 종전 임대차계약 보증금 또는 대출금 승계 등 매도인으로부터 승계했거나 승계 예정인 자금의 금액을 적습니다.

18. ⑰ "현금 및 그 밖의 지급방식 금액"에는 ⑮, ⑯ 외의 방식으로 지급했거나 지급 예정인 금액을 적고 계좌이체가 아닌 현금(수표) 등의 방식으로 지급하는 구체적인 사유를 적습니다.

19. ⑱ "입주 계획"에는 해당 주택의 거래계약을 체결한 이후 첫 번째 입주자 기준(다세대, 다가구 등 2세대 이상인 경우에는 해당 항목별 중복하여 적습니다)으로 적으며, "본인 입주"란 매수자 및 주민등록상 동일 세대원이 함께 입주하는 경우를, "본인 외 가족입주"란 매수자와 주민등록상 세대가 분리된 가족이 입주하는 경우를 말하며, 이 경우에는 입주 예정 시기 연월을 적습니다. 또한 재건축 추진 또는 멸실 후 신축 등 해당 주택에 입주 또는 임대하지 않는 경우 등에는 "그 밖의 경우"에 √표시를 합니다.

부동산 거래신고 등에 관한 법률

[시행 2020. 7. 8] [법률 제17219호, 2020. 4. 7, 타법개정]

국토교통부(토지정책과) 044-201-3402

제1장 총칙

제1조(목적) 이 법은 부동산 거래 등의 신고 및 허가에 관한 사항을 정하여 건전하고 투명한 부동산 거래질서를 확립하고 국민경제에 이바지함을 목적으로 한다.

제2조(정의) 이 법에서 사용하는 용어의 뜻은 다음과 같다.

1. "부동산"이란 토지 또는 건축물을 말한다.
2. "부동산등"이란 부동산 또는 부동산을 취득할 수 있는 권리를 말한다.
3. "거래당사자"란 부동산등의 매수인과 매도인을 말하며, 제4호에 따른 외국인등을 포함한다.
4. "외국인등"이란 다음 각 목의 어느 하나에 해당하는 개인·법인 또는 단체를 말한다.

   가. 대한민국의 국적을 보유하고 있지 아니한 개인

   나. 외국의 법령에 따라 설립된 법인 또는 단체

   다. 사원 또는 구성원의 2분의 1 이상이 가목에 해당하는 자인 법인 또는 단체

   라. 업무를 집행하는 사원이나 이사 등 임원의 2분의 1 이상이 가목에 해당하는 자인 법인 또는 단체

   마. 가목에 해당하는 사람이나 나목에 해당하는 법인 또는 단체가 자본금의 2분의 1 이상이나 의결권의 2분의 1 이상을 가지고 있는 법인 또는 단체

   바. 외국 정부

   사. 대통령령으로 정하는 국제기구

제2조(정의) 이 법에서 사용하는 용어의 뜻은 다음과 같다. 〈개정 2020. 8. 18.〉

1. "부동산"이란 토지 또는 건축물을 말한다.
2. "부동산등"이란 부동산 또는 부동산을 취득할 수 있는 권리를 말한다.
3. "거래당사자"란 부동산등의 매수인과 매도인을 말하며, 제4호에 따른 외국인등을 포함한다.

3의2. "임대차계약당사자"란 부동산등의 임대인과 임차인을 말하며, 제4호에 따른 외국인등을 포함한다.

4. "외국인등"이란 다음 각 목의 어느 하나에 해당하는 개인·법인 또는 단체를 말한다.

   가. 대한민국의 국적을 보유하고 있지 아니한 개인

   나. 외국의 법령에 따라 설립된 법인 또는 단체

다. 사원 또는 구성원의 2분의 1 이상이 가목에 해당하는 자인 법인 또는 단체

라. 업무를 집행하는 사원이나 이사 등 임원의 2분의 1 이상이 가목에 해당하는 자인 법인 또는 단체

마. 가목에 해당하는 사람이나 나목에 해당하는 법인 또는 단체가 자본금의 2분의 1 이상이나 의결권의 2분의 1 이상을 가지고 있는 법인 또는 단체

바. 외국 정부

사. 대통령령으로 정하는 국제기구

[시행일 : 2021. 6. 1.] 제2조

제2장 부동산 거래의 신고

제3조(부동산 거래의 신고) ① 거래당사자는 다음 각 호의 어느 하나에 해당하는 계약을 체결한 경우 그 실제 거래가격 등 대통령령으로 정하는 사항을 거래계약의 체결일부터 30일 이내에 그 권리의 대상인 부동산등(권리에 관한 계약의 경우에는 그 권리의 대상인 부동산을 말한다)의 소재지를 관할하는 시장(구가 설치되지 아니한 시의 시장 및 특별자치시장과 특별자치도 행정시의 시장을 말한다)·군수 또는 구청장(이하 "신고관청"이라 한다)에게 공동으로 신고하여야 한다. 다만, 거래당사자 중 일방이 국가, 지방자치단체, 대통령령으로 정하는 자의 경우(이하 "국가등"이라 한다)에는 국가등이 신고를 하여야 한다. 〈개정 2017. 2. 8., 2019. 8. 20.〉

1. 부동산의 매매계약

2. 「택지개발촉진법」, 「주택법」 등 대통령령으로 정하는 법률에 따른 부동산에 대한 공급계약

3. 다음 각 목의 어느 하나에 해당하는 지위의 매매계약

   가. 제2호에 따른 계약을 통하여 부동산을 공급받는 자로 선정된 지위

   나. 「도시 및 주거환경정비법」 제74조에 따른 관리처분계획의 인가 및 「빈집 및 소규모주택 정비에 관한 특례법」 제29조에 따른 사업시행계획인가로 취득한 입주자로 선정된 지위

② 제1항에도 불구하고 거래당사자 중 일방이 신고를 거부하는 경우에는 국토교통부령으로 정하는 바에 따라 단독으로 신고할 수 있다.

③ 「공인중개사법」 제2조제4호에 따른 개업공인중개사(이하 "개업공인중개사"라 한다)가 같은 법 제26조제1항에 따라 거래계약서를 작성·교부한 경우에는 제1항에도 불구하고 해당 개업공인중개사가 같은 항에 따른 신고를 하여야 한다. 이 경우 공동으로 중개를 한 경우에는 해당 개업공인중개사가 공동으로 신고하여야 한다.

④ 제3항에도 불구하고 개업공인중개사 중 일방이 신고를 거부한 경우에는 제2항을 준용한다. 〈신설 2019. 8. 20.〉

⑤ 제1항부터 제4항까지에 따라 신고를 받은 신고관청은 그 신고 내용을 확인한 후 신고인에게 신고필증을 지체 없이 발급하여야 한다. 〈개정 2019. 8. 20.〉

⑥ 부동산등의 매수인은 신고인이 제5항에 따른 신고필증을 발급받은 때에 「부동산등기 특별조치법」 제3조제1항에 따른 검인을 받은 것으로 본다. 〈개정 2019. 8. 20.〉

⑦ 제1항부터 제6항까지에 따른 신고의 절차와 그 밖에 필요한 사항은 국토교통부령으로 정한다. 〈개정 2019. 8. 20.〉

제3조의2(부동산 거래의 해제등 신고) ① 거래당사자는 제3조에 따라 신고한 후 해당 거래계약이 해제, 무효 또는 취소(이하 "해제등"이라 한다)된 경우 해제등이 확정된 날부터 30일 이내에 해당 신고관청에 공동으로 신고하여야 한다. 다만, 거래당사자 중 일방이 신고를 거부하는 경우에는 국토교통부령으로 정하는 바에 따라 단독으로 신고할 수 있다.

② 개업공인중개사가 제3조제3항에 따라 신고를 한 경우에는 제1항에도 불구하고 개업공인중개사가 같은 항에 따른 신고(공동으로 중개를 한 경우에는 해당 개업공인중개사가 공동으로 신고하는 것을 말한다)를 할 수 있다. 다만, 개업공인중개사 중 일방이 신고를 거부한 경우에는 제1항 단서를 준용한다.

③ 제1항 및 제2항에 따른 신고의 절차와 그 밖에 필요한 사항은 국토교통부령으로 정한다.

[본조신설 2019. 8. 20.]

제4조(금지행위) 누구든지 제3조 또는 제3조의2에 따른 신고에 관하여 다음 각 호의 어느 하나에 해당하는 행위를 하여서는 아니 된다. 〈개정 2019. 8. 20.〉

1. 개업공인중개사에게 제3조에 따른 신고를 하지 아니하게 하거나 거짓으로 신고하도록 요구하는 행위
2. 제3조제1항 각 호의 어느 하나에 해당하는 계약을 체결한 후 같은 조에 따른 신고 의무자가 아닌 자가 거짓으로 같은 조에 따른 신고를 하는 행위
3. 거짓으로 제3조 또는 제3조의2에 따른 신고를 하는 행위를 조장하거나 방조하는 행위
4. 제3조제1항 각 호의 어느 하나에 해당하는 계약을 체결하지 아니하였음에도 불구하고 거짓으로 같은 조에 따른 신고를 하는 행위
5. 제3조에 따른 신고 후 해당 계약이 해제등이 되지 아니하였음에도 불구하고 거짓으로 제3조의2에 따른 신고를 하는 행위

제5조(신고 내용의 검증) ① 국토교통부장관은 제3조에 따라 신고받은 내용, 「부동산 가격공시에 관한 법률」에 따라 공시된 토지 및 주택의 가액, 그 밖의 부동산 가격정보를 활용하여 부동산거래가격 검증체계를 구축·운영하여야 한다. 〈개정 2019. 8. 20.〉

② 신고관청은 제3조에 따른 신고를 받은 경우 제1항에 따른 부동산거래가

격 검증체계를 활용하여 그 적정성을 검증하여야 한다.

③ 신고관청은 제2항에 따른 검증 결과를 해당 부동산의 소재지를 관할하는 세무관서의 장에게 통보하여야 하며, 통보받은 세무관서의 장은 해당 신고 내용을 국세 또는 지방세 부과를 위한 과세자료로 활용할 수 있다.

④ 제1항부터 제3항까지에 따른 검증의 절차, 검증체계의 구축·운영, 그 밖에 필요한 세부 사항은 국토교통부장관이 정한다.

제6조(신고 내용의 조사 등) ① 신고관청은 제3조, 제3조의2 또는 제8조에 따라 신고 받은 내용이 누락되어 있거나 정확하지 아니하다고 판단하는 경우에는 국토교통부령으로 정하는 바에 따라 신고인에게 신고 내용을 보완하게 하거나 신고한 내용의 사실 여부를 확인하기 위하여 소속 공무원으로 하여금 거래당사자 또는 개업공인중개사에게 거래계약서, 거래대금 지급을 증명할 수 있는 자료 등 관련 자료의 제출을 요구하는 등 필요한 조치를 취할 수 있다. 〈개정 2019. 8. 20.〉

② 제1항에 따라 신고 내용을 조사(이하 이 조에서 "신고내용조사"라 한다)한 경우 신고관청은 조사 결과를 특별시장, 광역시장, 특별자치시장, 도지사, 특별자치도지사(이하 "시·도지사"라 한다)에게 보고하여야 하며, 시·도지사는 이를 국토교통부령으로 정하는 바에 따라 국토교통부장관에게 보고하여야 한다. 〈개정 2019. 8. 20.〉

③ 제1항에도 불구하고 국토교통부장관은 제3조, 제3조의2 또는 제8조에 따라 신고 받은 내용의 확인을 위하여 필요한 때에는 신고내용조사를 직접 또는 신고관청과 공동으로 실시할 수 있다. 〈신설 2019. 8. 20.〉

④ 국토교통부장관 및 신고관청은 제1항 및 제3항에 따른 신고내용조사를 위하여 국세·지방세에 관한 자료, 소득·재산에 관한 자료 등 대통령령으로 정하는 자료를 관계 행정기관의 장에게 요청할 수 있다. 이 경우 요청을 받은 관계 행정기관의 장은 정당한 사유가 없으면 그 요청에 따라야 한다. 〈신설 2019. 8. 20.〉

⑤ 국토교통부장관 및 신고관청은 신고내용조사 결과 그 내용이 이 법 또는 「주택법」, 「공인중개사법」, 「상속세 및 증여세법」 등 다른 법률을 위반하였다고 판단되는 때에는 이를 수사기관에 고발하거나 관계 행정기관에 통보하는 등 필요한 조치를 할 수 있다. 〈신설 2019. 8. 20.〉

제2장의2 주택 임대차 계약의 신고 〈신설 2020. 8. 18.〉

[시행일 : 2021. 6. 1.]

제6조의2(주택 임대차 계약의 신고) ① 임대차계약당사자는 주택(「주택임대차보호법」 제2조에 따른 주택을 말하며, 주택을 취득할 수 있는 권리를 포함한다. 이하 같다)에 대하여 대통령령으로 정하는 금액을 초과하는 임대차 계약을 체결한 경우 그 보증금 또는 차임 등 국토교통부령으로 정하는 사항을 임대차 계약의 체결일부터 30일 이내에 주택 소재지를 관할하는 신고

관청에 공동으로 신고하여야 한다. 다만, 임대차계약당사자 중 일방이 국가등인 경우에는 국가등이 신고하여야 한다.

② 제1항에 따른 주택 임대차 계약의 신고는 임차가구 현황 등을 고려하여 대통령령으로 정하는 지역에 적용한다.

③ 제1항에도 불구하고 임대차계약당사자 중 일방이 신고를 거부하는 경우에는 국토교통부령으로 정하는 바에 따라 단독으로 신고할 수 있다.

④ 제1항에 따라 신고를 받은 신고관청은 그 신고 내용을 확인한 후 신고인에게 신고필증을 지체 없이 발급하여야 한다.

⑤ 신고관청은 제1항부터 제4항까지의 규정에 따른 사무에 대한 해당 권한의 일부를 그 지방자치단체의 조례로 정하는 바에 따라 읍·면·동장 또는 출장소장에게 위임할 수 있다.

⑥ 제1항, 제3항 또는 제4항에 따른 신고 및 신고필증 발급의 절차와 그 밖에 필요한 사항은 국토교통부령으로 정한다.

[본조신설 2020. 8. 18.]

[시행일 : 2021. 6. 1.] 제6조의2

제6조의3(주택 임대차 계약의 변경 및 해제 신고) ① 임대차계약당사자는 제6조의2에 따라 신고한 후 해당 주택 임대차 계약의 보증금, 차임 등 임대차 가격이 변경되거나 임대차 계약이 해제된 때에는 변경 또는 해제가 확정된 날부터 30일 이내에 해당 신고관청에 공동으로 신고하여야 한다. 다만, 임대차계약당사자 중 일방이 국가등인 경우에는 국가등이 신고하여야 한다.

② 제1항에도 불구하고 임대차계약당사자 중 일방이 신고를 거부하는 경우에는 국토교통부령으로 정하는 바에 따라 단독으로 신고할 수 있다.

③ 제1항에 따라 신고를 받은 신고관청은 그 신고 내용을 확인한 후 신고인에게 신고필증을 지체 없이 발급하여야 한다.

④ 신고관청은 제1항부터 제3항까지의 규정에 따른 사무에 대한 해당 권한의 일부를 그 지방자치단체의 조례로 정하는 바에 따라 읍·면·동장 또는 출장소장에게 위임할 수 있다.

⑤ 제1항부터 제3항까지의 규정에 따른 신고 및 신고필증 발급의 절차와 그 밖에 필요한 사항은 국토교통부령으로 정한다.

[본조신설 2020. 8. 18.]

[시행일 : 2021. 6. 1.] 제6조의3

제6조의4(주택 임대차 계약 신고에 대한 준용규정) ① 주택 임대차 계약 신고의 금지행위에 관하여는 제4조를 준용한다.

② 주택 임대차 계약 신고 내용의 검증에 관하여는 제5조를 준용한다.

③ 주택 임대차 계약 신고 내용의 조사 등에 관하여는 제6조를 준용한다.

[본조신설 2020. 8. 18.]

[시행일 : 2021. 6. 1.] 제6조의4

제6조의5(다른 법률에 따른 신고 등의 의제) ① 제6조의2에도 불구하고 임차인

이「주민등록법」에 따라 전입신고를 하는 경우 이 법에 따른 주택 임대차 계약의 신고를 한 것으로 본다.

② 제6조의2 또는 제6조의3에도 불구하고「공공주택 특별법」에 따른 공공주택사업자 및「민간임대주택에 관한 특별법」에 따른 임대사업자는 관련 법령에 따른 주택 임대차 계약의 신고 또는 변경신고를 하는 경우 이 법에 따른 주택 임대차 계약의 신고 또는 변경신고를 한 것으로 본다.

③ 제6조의2, 제6조의3에 따른 신고의 접수를 완료한 때에는「주택임대차보호법」제3조의6제1항에 따른 확정일자를 부여한 것으로 본다(임대차계약서가 제출된 경우로 한정한다). 이 경우 신고관청은「주택임대차보호법」제3조의6제2항에 따라 확정일자부를 작성하거나「주택임대차보호법」제3조의6의 확정일자부여기관에 신고 사실을 통보하여야 한다.

[본조신설 2020. 8. 18.]

[시행일 : 2021. 6. 1.] 제6조의5

제3장 외국인등의 부동산 취득 등에 관한 특례

제7조(상호주의) 국토교통부장관은 대한민국국민, 대한민국의 법령에 따라 설립된 법인 또는 단체나 대한민국정부에 대하여 자국(自國) 안의 토지의 취득 또는 양도를 금지하거나 제한하는 국가의 개인·법인·단체 또는 정부에 대하여 대통령령으로 정하는 바에 따라 대한민국 안의 토지의 취득 또는 양도를 금지하거나 제한할 수 있다. 다만, 헌법과 법률에 따라 체결된 조약의 이행에 필요한 경우에는 그러하지 아니하다.

제8조(외국인등의 부동산 취득·보유 신고) ① 외국인등이 대한민국 안의 부동산등을 취득하는 계약(제3조제1항 각 호에 따른 계약은 제외한다)을 체결하였을 때에는 계약체결일부터 60일 이내에 대통령령으로 정하는 바에 따라 신고관청에 신고하여야 한다.

② 외국인등이 상속·경매, 그 밖에 대통령령으로 정하는 계약 외의 원인으로 대한민국 안의 부동산등을 취득한 때에는 부동산등을 취득한 날부터 6개월 이내에 대통령령으로 정하는 바에 따라 신고관청에 신고하여야 한다.

③ 대한민국 안의 부동산등을 가지고 있는 대한민국국민이나 대한민국의 법령에 따라 설립된 법인 또는 단체가 외국인등으로 변경된 경우 그 외국인등이 해당 부동산등을 계속보유하려는 경우에는 외국인등으로 변경된 날부터 6개월 이내에 대통령령으로 정하는 바에 따라 신고관청에 신고하여야 한다.

제9조(외국인등의 토지거래 허가) ① 제3조 및 제8조에도 불구하고 외국인등이 취득하려는 토지가 다음 각 호의 어느 하나에 해당하는 구역·지역 등에 있으면 토지를 취득하는 계약(이하 "토지취득계약"이라 한다)을 체결하기 전에 대통령령으로 정하는 바에 따라 신고관청으로부터 토지취득의 허가를 받아야 한다. 다만, 제11조에 따라 토지거래계약에 관한 허가를 받은

경우에는 그러하지 아니하다. 〈개정 2019. 11. 26.〉

1. 「군사기지 및 군사시설 보호법」 제2조제6호에 따른 군사기지 및 군사시설 보호구역, 그 밖에 국방목적을 위하여 외국인등의 토지취득을 특별히 제한할 필요가 있는 지역으로서 대통령령으로 정하는 지역
2. 「문화재보호법」 제2조제3항에 따른 지정문화재와 이를 위한 보호물 또는 보호구역
3. 「자연환경보전법」 제2조제12호에 따른 생태·경관보전지역
4. 「야생생물 보호 및 관리에 관한 법률」 제27조에 따른 야생생물 특별보호구역

② 신고관청은 관계 행정기관의 장과 협의를 거쳐 외국인등이 제1항 각 호의 어느 하나에 해당하는 구역·지역 등의 토지를 취득하는 것이 해당 구역·지역 등의 지정목적 달성에 지장을 주지 아니한다고 인정하는 경우에는 제1항에 따른 허가를 하여야 한다.

③ 제1항을 위반하여 체결한 토지취득계약은 그 효력이 발생하지 아니한다.

제4장 토지거래허가구역 등

제10조(토지거래허가구역의 지정) ① 국토교통부장관 또는 시·도지사는 국토의 이용 및 관리에 관한 계획의 원활한 수립과 집행, 합리적인 토지 이용 등을 위하여 토지의 투기적인 거래가 성행하거나 지가(地價)가 급격히 상승하는 지역과 그러한 우려가 있는 지역으로서 대통령령으로 정하는 지역에 대해서는 다음 각 호의 구분에 따라 5년 이내의 기간을 정하여 제11조제1항에 따른 토지거래계약에 관한 허가구역(이하 "허가구역"이라 한다)으로 지정할 수 있다.

1. 허가구역이 둘 이상의 시·도의 관할 구역에 걸쳐 있는 경우: 국토교통부장관이 지정
2. 허가구역이 동일한 시·도 안의 일부지역인 경우: 시·도지사가 지정. 다만, 국가가 시행하는 개발사업 등에 따라 투기적인 거래가 성행하거나 지가가 급격히 상승하는 지역과 그러한 우려가 있는 지역 등 대통령령으로 정하는 경우에는 국토교통부장관이 지정할 수 있다.

② 국토교통부장관 또는 시·도지사는 제1항에 따라 허가구역을 지정하려면 「국토의 계획 및 이용에 관한 법률」 제106조에 따른 중앙도시계획위원회(이하 "중앙도시계획위원회"라 한다) 또는 같은 법 제113조제1항에 따른 시·도도시계획위원회(이하 "시·도도시계획위원회"라 한다)의 심의를 거쳐야 한다. 다만, 지정기간이 끝나는 허가구역을 계속하여 다시 허가구역으로 지정하려면 중앙도시계획위원회 또는 시·도도시계획위원회의 심의 전에 미리 시·도지사(국토교통부장관이 허가구역을 지정하는 경우만 해당한다) 및 시장·군수 또는 구청장의 의견을 들어야 한다.

③ 국토교통부장관 또는 시·도지사는 제1항에 따라 허가구역으로 지정한

때에는 지체 없이 대통령령으로 정하는 사항을 공고하고, 그 공고 내용을 국토교통부장관은 시 · 도지사를 거쳐 시장 · 군수 또는 구청장에게 통지하고, 시 · 도지사는 국토교통부장관, 시장 · 군수 또는 구청장에게 통지하여야 한다.

④ 제3항에 따라 통지를 받은 시장 · 군수 또는 구청장은 지체 없이 그 공고 내용을 그 허가구역을 관할하는 등기소의 장에게 통지하여야 하며, 지체 없이 그 사실을 7일 이상 공고하고, 그 공고 내용을 15일간 일반이 열람할 수 있도록 하여야 한다.

⑤ 허가구역의 지정은 제3항에 따라 허가구역의 지정을 공고한 날부터 5일 후에 그 효력이 발생한다.

⑥ 국토교통부장관 또는 시 · 도지사는 허가구역의 지정 사유가 없어졌다고 인정되거나 관계 시 · 도지사, 시장 · 군수 또는 구청장으로부터 받은 허가구역의 지정 해제 또는 축소 요청이 이유 있다고 인정되면 지체 없이 허가구역의 지정을 해제하거나 지정된 허가구역의 일부를 축소하여야 한다.

⑦ 제6항에 따른 해제 또는 축소의 경우에는 제2항 본문, 제3항 및 제4항을 준용한다.

제11조(허가구역 내 토지거래에 대한 허가) ① 허가구역에 있는 토지에 관한 소유권 · 지상권(소유권 · 지상권의 취득을 목적으로 하는 권리를 포함한다)을 이전하거나 설정(대가를 받고 이전하거나 설정하는 경우만 해당한다)하는 계약(예약을 포함한다. 이하 "토지거래계약"이라 한다)을 체결하려는 당사자는 공동으로 대통령령으로 정하는 바에 따라 시장 · 군수 또는 구청장의 허가를 받아야 한다. 허가받은 사항을 변경하려는 경우에도 또한 같다.

② 경제 및 지가의 동향과 거래단위면적 등을 종합적으로 고려하여 대통령령으로 정하는 용도별 면적 이하의 토지에 대한 토지거래계약에 관하여는 제1항에 따른 허가가 필요하지 아니하다.

③ 제1항에 따른 허가를 받으려는 자는 그 허가신청서에 계약내용과 그 토지의 이용계획, 취득자금 조달계획 등을 적어 시장 · 군수 또는 구청장에게 제출하여야 한다. 이 경우 토지이용계획, 취득자금 조달계획 등에 포함되어야 할 사항은 국토교통부령으로 정한다. 다만, 시장 · 군수 또는 구청장에게 제출한 취득자금 조달계획이 변경된 경우에는 취득토지에 대한 등기일까지 시장 · 군수 또는 구청장에게 그 변경 사항을 제출할 수 있다.

④ 시장 · 군수 또는 구청장은 제3항에 따른 허가신청서를 받으면 「민원 처리에 관한 법률」에 따른 처리기간에 허가 또는 불허가의 처분을 하고, 그 신청인에게 허가증을 발급하거나 불허가처분 사유를 서면으로 알려야 한다. 다만, 제15조에 따라 선매협의(先買協議) 절차가 진행 중인 경우에는 위의 기간 내에 그 사실을 신청인에게 알려야 한다.

⑤ 제4항에 따른 기간에 허가증의 발급 또는 불허가처분 사유의 통지가 없거나 선매협의 사실의 통지가 없는 경우에는 그 기간이 끝난 날의 다음날

에 제1항에 따른 허가가 있는 것으로 본다. 이 경우 시장·군수 또는 구청장은 지체 없이 신청인에게 허가증을 발급히여야 한다.

⑥ 제1항에 따른 허가를 받지 아니하고 체결한 토지거래계약은 그 효력이 발생하지 아니한다.

⑦ 제2항에 따른 토지의 면적 산정방법에 관하여 필요한 사항은 대통령령으로 정한다.

제12조(허가기준) 시장·군수 또는 구청장은 제11조에 따른 허가신청이 다음 각 호의 어느 하나에 해당하는 경우를 제외하고는 허가하여야 한다.

1. 토지거래계약을 체결하려는 자의 토지이용목적이 다음 각 목의 어느 하나에 해당되지 아니하는 경우

   가. 자기의 거주용 주택용지로 이용하려는 경우

   나. 허가구역을 포함한 지역의 주민을 위한 복지시설 또는 편익시설로서 관할 시장·군수 또는 구청장이 확인한 시설의 설치에 이용하려는 경우

   다. 허가구역에 거주하는 농업인·임업인·어업인 또는 대통령령으로 정하는 자가 그 허가구역에서 농업·축산업·임업 또는 어업을 경영하기 위하여 필요한 경우

   라. 「공익사업을 위한 토지 등의 취득 및 보상에 관한 법률」이나 그 밖의 법률에 따라 토지를 수용하거나 사용할 수 있는 사업을 시행하는 자가 그 사업을 시행하기 위하여 필요한 경우

   마. 허가구역을 포함한 지역의 건전한 발전을 위하여 필요하고 관계 법률에 따라 지정된 지역·지구·구역 등의 지정목적에 적합하다고 인정되는 사업을 시행하는 자나 시행하려는 자가 그 사업에 이용하려는 경우

   바. 허가구역의 지정 당시 그 구역이 속한 특별시·광역시·특별자치시·시(「제주특별자치도 설치 및 국제자유도시 조성을 위한 특별법」 제10조제2항에 따른 행정시를 포함한다. 이하 이 조에서 같다)·군 또는 인접한 특별시·광역시·특별자치시·시·군에서 사업을 시행하고 있는 자가 그 사업에 이용하려는 경우나 그 자의 사업과 밀접한 관련이 있는 사업을 하는 자가 그 사업에 이용하려는 경우

   사. 허가구역이 속한 특별시·광역시·특별자치시·시 또는 군에 거주하고 있는 자의 일상생활과 통상적인 경제활동에 필요한 것 등으로서 대통령령으로 정하는 용도에 이용하려는 경우

2. 토지거래계약을 체결하려는 자의 토지이용목적이 다음 각 목의 어느 하나에 해당되는 경우

   가. 「국토의 계획 및 이용에 관한 법률」 제2조제2호에 따른 도시·군계획이나 그 밖에 토지의 이용 및 관리에 관한 계획에 맞지 아니한 경우

나. 생태계의 보전과 주민의 건전한 생활환경 보호에 중대한 위해(危害)
　　　를 끼칠 우려가 있는 경우
3. 그 면적이 그 토지의 이용목적에 적합하지 아니하다고 인정되는 경우

제13조(이의신청) ① 제11조에 따른 처분에 이의가 있는 자는 그 처분을 받은 날부터 1개월 이내에 시장·군수 또는 구청장에게 이의를 신청할 수 있다.

② 제1항에 따른 이의신청을 받은 시장·군수 또는 구청장은「국토의 계획 및 이용에 관한 법률」제113조제2항에 따른 시·군·구도시계획위원회의 심의를 거쳐 그 결과를 이의신청인에게 알려야 한다.

제14조(국가 등의 토지거래계약에 관한 특례 등) ① 제11조제1항을 적용할 때에 그 당사자의 한쪽 또는 양쪽이 국가, 지방자치단체,「한국토지주택공사법」에 따른 한국토지주택공사(이하 "한국토지주택공사"라 한다), 그 밖에 대통령령으로 정하는 공공기관 또는 공공단체인 경우에는 그 기관의 장이 시장·군수 또는 구청장과 협의할 수 있고, 그 협의가 성립된 때에는 그 토지거래계약에 관한 허가를 받은 것으로 본다.

② 다음 각 호의 경우에는 제11조를 적용하지 아니한다.

1.「공익사업을 위한 토지 등의 취득 및 보상에 관한 법률」에 따른 토지의 수용
2.「민사집행법」에 따른 경매
3. 그 밖에 대통령령으로 정하는 경우

제15조(선매) ① 시장·군수 또는 구청장은 제11조제1항에 따른 토지거래계약에 관한 허가신청이 있는 경우 다음 각 호의 어느 하나에 해당하는 토지에 대하여 국가, 지방자치단체, 한국토지주택공사, 그 밖에 대통령령으로 정하는 공공기관 또는 공공단체가 그 매수를 원하는 경우에는 이들 중에서 해당 토지를 매수할 자[이하 "선매자(先買者)"라 한다]를 지정하여 그 토지를 협의 매수하게 할 수 있다.

1. 공익사업용 토지
2. 제11조제1항에 따른 토지거래계약허가를 받아 취득한 토지를 그 이용목적대로 이용하고 있지 아니한 토지

② 시장·군수 또는 구청장은 제1항 각 호의 어느 하나에 해당하는 토지에 대하여 토지거래계약 허가신청이 있는 경우에는 그 신청이 있는 날부터 1개월 이내에 선매자를 지정하여 토지 소유자에게 알려야 하며, 선매자는 지정 통지를 받은 날부터 1개월 이내에 그 토지 소유자와 대통령령으로 정하는 바에 따라 선매협의를 끝내야 한다.

③ 선매자가 제1항과 제2항에 따라 토지를 매수할 때의 가격은「감정평가 및 감정평가사에 관한 법률」에 따라 감정평가법인등이 감정평가한 감정가격을 기준으로 하되, 토지거래계약 허가신청서에 적힌 가격이 감정가격보다 낮은 경우에는 허가신청서에 적힌 가격으로 할 수 있다. 〈개정 2019. 8.

20., 2020. 4. 7.〉

④ 시장·군수 또는 구청장은 제2항에 따른 선매협의가 이루어지지 아니한 경우에는 지체 없이 허가 또는 불허가의 여부를 결정하여 통보하여야 한다.

제16조(불허가처분 토지에 관한 매수 청구) ① 제11조제1항에 따른 허가신청에 대하여 불허가처분을 받은 자는 그 통지를 받은 날부터 1개월 이내에 시장·군수 또는 구청장에게 해당 토지에 관한 권리의 매수를 청구할 수 있다.

② 제1항에 따른 매수 청구를 받은 시장·군수 또는 구청장은 국가, 지방자치단체, 한국토지주택공사, 그 밖에 대통령령으로 정하는 공공기관 또는 공공단체 중에서 매수할 자를 지정하여, 매수할 자로 하여금 예산의 범위에서 공시지가를 기준으로 하여 해당 토지를 매수하게 하여야 한다. 다만, 토지거래계약 허가신청서에 적힌 가격이 공시지가보다 낮은 경우에는 허가신청서에 적힌 가격으로 매수할 수 있다.

제17조(토지 이용에 관한 의무 등) ① 제11조에 따라 토지거래계약을 허가받은 자는 대통령령으로 정하는 사유가 있는 경우 외에는 5년의 범위에서 대통령령으로 정하는 기간에 그 토지를 허가받은 목적대로 이용하여야 한다.

② 시장·군수 또는 구청장은 토지거래계약을 허가받은 자가 허가받은 목적대로 이용하고 있는지를 국토교통부령으로 정하는 바에 따라 조사하여야 한다.

③ 삭제〈2016. 12. 2.〉

④ 삭제〈2016. 12. 2.〉

제18조(이행강제금) ① 시장·군수 또는 구청장은 제17조제1항에 따른 토지의 이용 의무를 이행하지 아니한 자에 대하여는 상당한 기간을 정하여 토지의 이용 의무를 이행하도록 명할 수 있다. 다만, 대통령령으로 정하는 사유가 있는 경우에는 이용 의무의 이행을 명하지 아니할 수 있다.

② 시장·군수 또는 구청장은 제1항에 따른 이행명령이 정하여진 기간에 이행되지 아니한 경우에는 토지 취득가액의 100분의 10의 범위에서 대통령령으로 정하는 금액의 이행강제금을 부과한다.

③ 시장·군수 또는 구청장은 최초의 이행명령이 있었던 날을 기준으로 1년에 한 번씩 그 이행명령이 이행될 때까지 반복하여 제2항에 따른 이행강제금을 부과·징수할 수 있다.

④ 시장·군수 또는 구청장은 제17조제1항에 따른 이용 의무기간이 지난 후에는 이행강제금을 부과할 수 없다.

⑤ 시장·군수 또는 구청장은 제1항에 따른 이행명령을 받은 자가 그 명령을 이행하는 경우에는 새로운 이행강제금의 부과를 즉시 중지하되, 명령을 이행하기 전에 이미 부과된 이행강제금은 징수하여야 한다.

⑥ 제2항에 따른 이행강제금의 부과처분에 불복하는 자는 시장·군수 또는 구청장에게 이의를 제기할 수 있다.

⑦ 제2항 및 제3항에 따라 이행강제금 부과처분을 받은 자가 이행강제금을

납부기한까지 납부하지 아니한 경우에는 국세 체납처분의 예 또는 「지방행정제재 · 부과금의 징수 등에 관한 법률」에 따라 징수한다. 〈개정 2020. 3. 24.〉

⑧ 이행강제금의 부과, 납부, 징수 및 이의제기 방법 등에 필요한 사항은 대통령령으로 정한다.

제19조(지가 동향의 조사) 국토교통부장관이나 시 · 도지사는 토지거래허가제도를 실시하거나 그 밖에 토지정책을 수행하기 위한 자료를 수집하기 위하여 대통령령으로 정하는 바에 따라 지가의 동향과 토지거래의 상황을 조사하여야 하며, 관계 행정기관이나 그 밖의 필요한 기관에 이에 필요한 자료를 제출하도록 요청할 수 있다. 이 경우 자료 제출을 요청받은 기관은 특별한 사유가 없으면 요청에 따라야 한다.

제20조(다른 법률에 따른 인가 · 허가 등의 의제) ① 농지에 대하여 제11조에 따라 토지거래계약 허가를 받은 경우에는 「농지법」 제8조에 따른 농지취득자격증명을 받은 것으로 본다. 이 경우 시장 · 군수 또는 구청장은 「농업 · 농촌 및 식품산업 기본법」 제3조제5호에 따른 농촌(「국토의 계획 및 이용에 관한 법률」에 따른 도시지역의 경우에는 같은 법에 따른 녹지지역만 해당한다)의 농지에 대하여 토지거래계약을 허가하는 경우에는 농지취득자격증명의 발급 요건에 적합한지를 확인하여야 하며, 허가한 내용을 농림축산식품부장관에게 통보하여야 한다.

② 제11조제4항 및 제5항에 따라 허가증을 발급받은 경우에는 「부동산등기 특별조치법」 제3조에 따른 검인을 받은 것으로 본다.

제21조(제재처분 등) 국토교통부장관, 시 · 도지사, 시장 · 군수 또는 구청장은 다음 각 호의 어느 하나에 해당하는 자에게 제11조에 따른 허가 취소 또는 그 밖에 필요한 처분을 하거나 조치를 명할 수 있다.

1. 제11조에 따른 토지거래계약에 관한 허가 또는 변경허가를 받지 아니하고 토지거래계약 또는 그 변경계약을 체결한 자
2. 제11조에 따른 토지거래계약에 관한 허가를 받은 자가 그 토지를 허가받은 목적대로 이용하지 아니한 자
3. 부정한 방법으로 제11조에 따른 토지거래계약에 관한 허가를 받은 자

제22조(권리 · 의무의 승계 등) ① 제10조부터 제20조까지에 따라 토지의 소유권자, 지상권자 등에게 발생되거나 부과된 권리 · 의무는 그 토지 또는 건축물에 관한 소유권이나 그 밖의 권리의 변동과 동시에 그 승계인에게 이전한다.

② 이 법 또는 이 법에 따른 명령에 의한 처분, 그 절차 및 그 밖의 행위는 그 행위와 관련된 토지 또는 건축물에 대하여 소유권이나 그 밖의 권리를 가진 자의 승계인에 대하여 효력을 가진다.

제23조(청문) 국토교통부장관, 시 · 도지사, 시장 · 군수 또는 구청장은 제21조에 따라 토지거래계약 허가의 취소 처분을 하려면 청문을 하여야 한다.

제5장 부동산 정보 관리

제24조(부동산정책 관련 자료 등 종합관리) ① 국토교통부장관 또는 시장·군수·구청장은 적절한 부동산정책의 수립 및 시행을 위하여 부동산 거래상황, 외국인 부동산 취득현황, 부동산 가격 동향 등 이 법에 규정된 사항에 관한 정보를 종합적으로 관리하고, 이를 관련 기관·단체 등에 제공할 수 있다.

② 국토교통부장관 또는 시장·군수·구청장은 제1항에 따른 정보의 관리를 위하여 관계 행정기관이나 그 밖에 필요한 기관에 필요한 자료를 요청할 수 있다. 이 경우 관계 행정기관 등은 특별한 사유가 없으면 요청에 따라야 한다.

③ 제1항 및 제2항에 따른 정보의 관리·제공 및 자료요청은 「개인정보 보호법」에 따라야 한다.

제24조(부동산정책 관련 자료 등 종합관리) ① 국토교통부장관 또는 시장·군수·구청장은 적절한 부동산정책의 수립 및 시행을 위하여 부동산 거래상황, 주택 임대차 계약상황, 외국인 부동산 취득현황, 부동산 가격 동향 등 이 법에 규정된 사항에 관한 정보를 종합적으로 관리하고, 이를 관련 기관·단체 등에 제공할 수 있다. 〈개정 2020. 8. 18.〉

② 국토교통부장관 또는 시장·군수·구청장은 제1항에 따른 정보의 관리를 위하여 관계 행정기관이나 그 밖에 필요한 기관에 필요한 자료를 요청할 수 있다. 이 경우 관계 행정기관 등은 특별한 사유가 없으면 요청에 따라야 한다.

③ 제1항 및 제2항에 따른 정보의 관리·제공 및 자료요청은 「개인정보 보호법」에 따라야 한다.

[시행일 : 2021. 6. 1.] 제24조

제25조(부동산정보체계의 구축·운영) 국토교통부장관은 효율적인 정보의 관리 및 국민편의 증진을 위하여 대통령령으로 정하는 바에 따라 부동산거래의 계약·신고·허가·관리 등의 업무와 관련된 정보체계를 구축·운영할 수 있다.

제25조(부동산정보체계의 구축·운영) 국토교통부장관은 효율적인 정보의 관리 및 국민편의 증진을 위하여 대통령령으로 정하는 바에 따라 부동산거래 및 주택 임대차의 계약·신고·허가·관리 등의 업무와 관련된 정보체계를 구축·운영할 수 있다. 〈개정 2020. 8. 18.〉

[시행일 : 2021. 6. 1.] 제25조

제5장의2 보칙 〈신설 2016. 12. 2.〉

제25조의2(신고포상금의 지급) ① 시장·군수 또는 구청장은 다음 각 호의 어느 하나에 해당하는 자를 관계 행정기관이나 수사기관에 신고하거나 고발한 자에게 예산의 범위에서 포상금을 지급할 수 있다. 〈개정 2019. 8. 20.〉

1. 제3조제1항부터 제4항까지 또는 제4조제2호를 위반하여 부동산등의 실제 거래가격을 거짓으로 신고한 자
1의2. 제4조제4호를 위반하여 거짓으로 제3조에 따른 신고를 한 자
1의3. 제4조제5호를 위반하여 거짓으로 제3조의2에 따른 신고를 한 자
2. 제11조제1항에 따른 허가 또는 변경허가를 받지 아니하고 토지거래계약을 체결한 자 또는 거짓이나 그 밖의 부정한 방법으로 토지거래계약 허가를 받은 자
3. 토지거래계약허가를 받아 취득한 토지에 대하여 제17조제1항을 위반하여 허가받은 목적대로 이용하지 아니한 자
② 제1항에 따른 포상금의 지급에 드는 비용은 시·군이나 구의 재원으로 충당한다.
③ 제1항에 따른 포상금 지급의 대상·기준·방법 및 절차 등에 관한 구체적인 사항은 대통령령으로 정한다.
[본조신설 2016. 12. 2.]

제25조의2(신고포상금의 지급) ① 시장·군수 또는 구청장은 다음 각 호의 어느 하나에 해당하는 자를 관계 행정기관이나 수사기관에 신고하거나 고발한 자에게 예산의 범위에서 포상금을 지급할 수 있다. 〈개정 2019. 8. 20., 2020. 8. 18.〉
1. 제3조제1항부터 제4항까지 또는 제4조제2호를 위반하여 부동산등의 실제 거래가격을 거짓으로 신고한 자
1의2. 제4조제4호를 위반하여 거짓으로 제3조에 따른 신고를 한 자
1의3. 제4조제5호를 위반하여 거짓으로 제3조의2에 따른 신고를 한 자
1의4. 제6조의2 또는 제6조의3을 위반하여 주택 임대차 계약의 보증금·차임 등 계약금액을 거짓으로 신고한 자
2. 제11조제1항에 따른 허가 또는 변경허가를 받지 아니하고 토지거래계약을 체결한 자 또는 거짓이나 그 밖의 부정한 방법으로 토지거래계약 허가를 받은 자
3. 토지거래계약허가를 받아 취득한 토지에 대하여 제17조제1항을 위반하여 허가받은 목적대로 이용하지 아니한 자
② 제1항에 따른 포상금의 지급에 드는 비용은 시·군이나 구의 재원으로 충당한다.
③ 제1항에 따른 포상금 지급의 대상·기준·방법 및 절차 등에 관한 구체적인 사항은 대통령령으로 정한다.
[본조신설 2016. 12. 2.]
[시행일 : 2021. 6. 1.] 제25조의2

제25조의3(권한 등의 위임 및 위탁) ① 이 법에 따른 국토교통부장관의 권한은 그 일부를 대통령령으로 정하는 바에 따라 시·도지사, 시장·군수 또는 구청장에게 위임할 수 있다.

② 국토교통부장관은 제5조의 부동산거래가격 검증체계 구축 · 운영, 제6조 제3항에 따른 신고내용조사 및 제25조의 부동산정보체계의 구축 · 운영 업무를 대통령령으로 정하는 바에 따라 부동산시장 관련 전문성이 있는 공공기관에 위탁할 수 있다. 〈개정 2019. 8. 20.〉
[본조신설 2016. 12. 2.]

제6장 벌칙

제26조(벌칙) ① 제9조제1항에 따른 허가를 받지 아니하고 토지취득계약을 체결하거나 부정한 방법으로 허가를 받아 토지취득계약을 체결한 외국인 등은 2년 이하의 징역 또는 2천만원 이하의 벌금에 처한다.

② 제11조제1항에 따른 허가 또는 변경허가를 받지 아니하고 토지거래계약을 체결하거나, 속임수나 그 밖의 부정한 방법으로 토지거래계약 허가를 받은 자는 2년 이하의 징역 또는 계약 체결 당시의 개별공시지가에 따른 해당 토지가격의 100분의 30에 해당하는 금액 이하의 벌금에 처한다.

③ 제21조에 따른 허가 취소, 처분 또는 조치명령을 위반한 자는 1년 이하의 징역 또는 1천만원 이하의 벌금에 처한다.

제27조(양벌규정) 법인의 대표자나 법인 또는 개인의 대리인, 사용인, 그 밖의 종업원이 그 법인 또는 개인의 업무에 관하여 제26조의 위반행위를 하면 그 행위자를 벌하는 외에 그 법인 또는 개인에게도 해당 조문의 벌금형을 과(科)한다. 다만, 법인 또는 개인이 그 위반행위를 방지하기 위하여 해당 업무에 관하여 상당한 주의와 감독을 게을리하지 아니한 경우에는 그러하지 아니하다.

제28조(과태료) ① 다음 각 호의 어느 하나에 해당하는 자에게는 3천만원 이하의 과태료를 부과한다. 〈개정 2019. 8. 20.〉

1. 제4조제4호를 위반하여 거짓으로 제3조에 따라 신고한 자
2. 제4조제5호를 위반하여 거짓으로 제3조의2에 따라 신고한 자
3. 제6조를 위반하여 거래대금 지급을 증명할 수 있는 자료를 제출하지 아니하거나 거짓으로 제출한 자 또는 그 밖의 필요한 조치를 이행하지 아니한 자

② 다음 각 호의 어느 하나에 해당하는 자에게는 500만원 이하의 과태료를 부과한다. 〈개정 2019. 8. 20.〉

1. 제3조제1항부터 제4항까지의 규정을 위반하여 같은 항에 따른 신고를 하지 아니한 자(공동신고를 거부한 자를 포함한다)
1의2. 제3조의2제1항을 위반하여 같은 항에 따른 신고를 하지 아니한 자(공동신고를 거부한 자를 포함한다)
2. 제4조제1호를 위반하여 개업공인중개사에게 제3조에 따른 신고를 하지 아니하게 하거나 거짓으로 신고하도록 요구한 자
3. 제4조제3호를 위반하여 거짓으로 제3조에 따른 신고를 하는 행위를 조

장하거나 방조한 자

4. 제6조를 위반하여 거래대금 지급을 증명할 수 있는 자료 외의 자료를 제출하지 아니하거나 거짓으로 제출한 자

③ 제3조제1항부터 제4항까지 또는 제4조제2호를 위반하여 그 신고를 거짓으로 한 자에게는 해당 부동산등의 취득가액의 100분의 5 이하에 상당하는 금액의 과태료를 부과한다. 〈개정 2019. 8. 20.〉

④ 제8조제1항에 따른 신고를 하지 아니하거나 거짓으로 신고한 자에게는 300만원 이하의 과태료를 부과한다.

⑤ 다음 각 호의 어느 하나에 해당하는 자에게는 100만원 이하의 과태료를 부과한다.

1. 제8조제2항에 따른 취득의 신고를 하지 아니하거나 거짓으로 신고한 자

2. 제8조제3항에 따른 토지의 계속보유 신고를 하지 아니하거나 거짓으로 신고한 자

⑥ 제1항부터 제5항까지에 따른 과태료는 대통령령으로 정하는 바에 따라 신고관청이 부과 · 징수한다. 이 경우 개업공인중개사에게 과태료를 부과한 신고관청은 부과일부터 10일 이내에 해당 개업공인중개사의 중개사무소(법인의 경우에는 주된 중개사무소를 말한다)를 관할하는 시장 · 군수 또는 구청장에 과태료 부과 사실을 통보하여야 한다.

제28조(과태료) ① 다음 각 호의 어느 하나에 해당하는 자에게는 3천만원 이하의 과태료를 부과한다. 〈개정 2019. 8. 20.〉

1. 제4조제4호를 위반하여 거짓으로 제3조에 따라 신고한 자

2. 제4조제5호를 위반하여 거짓으로 제3조의2에 따라 신고한 자

3. 제6조를 위반하여 거래대금 지급을 증명할 수 있는 자료를 제출하지 아니하거나 거짓으로 제출한 자 또는 그 밖의 필요한 조치를 이행하지 아니한 자

② 다음 각 호의 어느 하나에 해당하는 자에게는 500만원 이하의 과태료를 부과한다. 〈개정 2019. 8. 20.〉

1. 제3조제1항부터 제4항까지의 규정을 위반하여 같은 항에 따른 신고를 하지 아니한 자(공동신고를 거부한 자를 포함한다)

1의2. 제3조의2제1항을 위반하여 같은 항에 따른 신고를 하지 아니한 자 (공동신고를 거부한 자를 포함한다)

2. 제4조제1호를 위반하여 개업공인중개사에게 제3조에 따른 신고를 하지 아니하게 하거나 거짓으로 신고하도록 요구한 자

3. 제4조제3호를 위반하여 거짓으로 제3조에 따른 신고를 하는 행위를 조장하거나 방조한 자

4. 제6조를 위반하여 거래대금 지급을 증명할 수 있는 자료 외의 자료를 제출하지 아니하거나 거짓으로 제출한 자

③ 제3조제1항부터 제4항까지 또는 제4조제2호를 위반하여 그 신고를 거

짓으로 한 자에게는 해당 부동산등의 취득가액의 100분의 5 이하에 상당하는 금액의 과태료를 부과한다. 〈개정 2019. 8. 20.〉

④ 제8조제1항에 따른 신고를 하지 아니하거나 거짓으로 신고한 자에게는 300만원 이하의 과태료를 부과한다.

⑤ 다음 각 호의 어느 하나에 해당하는 자에게는 100만원 이하의 과태료를 부과한다. 〈개정 2020. 8. 18.〉

1. 제8조제2항에 따른 취득의 신고를 하지 아니하거나 거짓으로 신고한 자
2. 제8조제3항에 따른 토지의 계속보유 신고를 하지 아니하거나 거짓으로 신고한 자
3. 제6조의2 또는 제6조의3에 따른 신고를 하지 아니하거나(공동신고를 거부한 자를 포함한다) 그 신고를 거짓으로 한 자

⑥ 제1항부터 제5항까지에 따른 과태료는 대통령령으로 정하는 바에 따라 신고관청이 부과 · 징수한다. 이 경우 개업공인중개사에게 과태료를 부과한 신고관청은 부과일부터 10일 이내에 해당 개업공인중개사의 중개사무소(법인의 경우에는 주된 중개사무소를 말한다)를 관할하는 시장 · 군수 또는 구청장에 과태료 부과 사실을 통보하여야 한다.

[시행일 : 2021. 6. 1.] 제28조

제29조(자진 신고자에 대한 감면 등) 신고관청은 제28조제2항제1호부터 제3호까지 및 제3항부터 제5항까지의 어느 하나에 따른 위반사실을 자진 신고한 자에 대하여 대통령령으로 정하는 바에 따라 같은 규정에 따른 과태료를 감경 또는 면제할 수 있다.

부칙 〈제17219호, 2020. 4. 7.〉

제1조(시행일) 이 법은 공포 후 3개월이 경과한 날부터 시행한다.

제2조(다른 법률의 개정) ①부터 ⑭까지 생략

⑮ 부동산 거래신고 등에 관한 법률 일부를 다음과 같이 개정한다.

제15조제3항 중 "감정평가업자가"를 "감정평가법인등이"로 한다.

⑯부터 ㉕까지 생략

제3조 생략

부동산 거래신고 등에 관한 법률 시행령

[시행 2020. 6. 30] [대통령령 제30807호, 2020. 6. 30, 타법개정]

국토교통부(토지정책과) 044-201-3402

제1장 총칙
제1조(목적) 이 영은 「부동산 거래신고 등에 관한 법률」에서 위임된 사항과 그 시행에 필요한 사항을 규정함을 목적으로 한다.

제2조(외국인등에 해당하는 국제기구) 「부동산 거래신고 등에 관한 법률」(이하 "법"이라 한다) 제2조제4호사목에서 "대통령령으로 정하는 국제기구"란 다음 각 호의 어느 하나에 해당하는 기구를 말한다.
1. 국제연합과 그 산하기구·전문기구
2. 정부간 기구
3. 준정부간 기구
4. 비정부간 국제기구

제2장 부동산 거래의 신고
제3조(부동산 거래의 신고) ① 법 제3조제1항 각 호 외의 부분 본문에서 "그 실제 거래가격 등 대통령령으로 정하는 사항"이란 다음 각 호의 사항을 말한다. 다만, 제5호의2 및 제5호의3은 실제 거래가격이 6억원 이상인 주택(「주택법」 제2조제1호의 주택을 말한다. 이하 이 조에서 같다)과 같은 법 제63조에 따라 지정된 투기과열지구(이하 이 조에서 "투기과열지구"라 한다) 또는 같은 법 제63조의2에 따라 지정된 조정대상지역에 소재하는 주택으로서 실제 거래가격이 3억원 이상인 주택의 거래계약을 체결한 경우(거래당사자 중 매수인이 법 제3조제1항 단서에 따른 국가등인 경우는 제외한다)에만 적용한다. 〈개정 2017. 9. 26., 2020. 3. 13.〉
1. 거래당사자의 인적사항
2. 계약 체결일, 중도금 지급일 및 잔금 지급일
3. 거래대상 부동산등(부동산을 취득할 수 있는 권리에 관한 계약의 경우에는 그 권리의 대상인 부동산을 말한다)의 소재지·지번·지목 및 면적
4. 거래대상 부동산등의 종류(부동산을 취득할 수 있는 권리에 관한 계약의 경우에는 그 권리의 종류를 말한다)
5. 실제 거래가격
5의2. 거래대상 주택의 취득에 필요한 자금의 조달계획 및 지급방식. 이 경우 투기과열지구에 소재하는 주택으로서 실제 거래가격이 9억원을 초과하는 주택의 거래계약을 체결한 경우에는 자금의 조달계획을 증명하는 국토교통부령으로 정하는 서류를 첨부해야 한다.
5의3. 거래대상 주택에 매수자 본인이 입주할지 여부와 입주 예정 시기

6. 계약의 조건이나 기한이 있는 경우에는 그 조건 또는 기한
7. 「공인중개사법」제2조제4호에 따른 개업공인중개사(이하 "개업공인중개사"라 한다)가 거래계약서를 작성·교부한 경우에는 다음 각 목의 사항
　가. 개업공인중개사의 인적사항
　나. 개업공인중개사가 「공인중개사법」제9조에 따라 개설등록한 중개사무소의 상호·전화번호 및 소재지
② 법 제3조제1항 각 호 외의 부분 단서에서 "대통령령으로 정하는 자"란 다음 각 호의 기관을 말한다.
1. 「공공기관의 운영에 관한 법률」에 따른 공공기관
2. 「지방공기업법」에 따른 지방직영기업·지방공사 또는 지방공단
③ 법 제3조제1항제2호에서 "「택지개발촉진법」, 「주택법」 등 대통령령으로 정하는 법률"이란 다음 각 호의 법률을 말한다. 〈개정 2018. 2. 9.〉
1. 「건축물의 분양에 관한 법률」
2. 「공공주택 특별법」
3. 「도시개발법」
4. 「도시 및 주거환경정비법」
4의2. 「빈집 및 소규모주택 정비에 관한 특례법」
5. 「산업입지 및 개발에 관한 법률」
6. 「주택법」
7. 「택지개발촉진법」
④ 법 제3조제1항에 따른 신고관청(이하 "신고관청"이라 한다)은 같은 조에 따라 외국인등이 부동산등의 취득을 신고한 내용을 매 분기 종료일부터 1개월 이내에 특별시장·광역시장·도지사 또는 특별자치도지사에게 제출(「전자서명법」제2조제1호에 따른 전자문서에 의한 제출을 포함한다)하여야 한다. 다만, 특별자치시장은 직접 국토교통부장관에게 제출하여야 한다.
⑤ 제4항 본문에 따라 신고내용을 제출받은 특별시장·광역시장·도지사 또는 특별자치도지사는 제출받은 날부터 1개월 이내에 그 내용을 국토교통부장관에게 제출하여야 한다.
제4조(부동산거래가격 검증체계의 구축·운영) 국토교통부장관은 법 제5조제1항에 따른 부동산거래가격 검증체계(이하 "검증체계"라 한다)의 구축·운영을 위하여 다음 각 호의 사항에 관한 자료를 제출할 것을 신고관청에 요구할 수 있다.
1. 법 제5조제2항에 따른 신고가격의 적정성 검증결과
2. 법 제6조에 따른 신고내용의 조사결과
3. 그 밖에 검증체계의 구축·운영을 위하여 필요한 사항
제4조의2(자료의 제공 요청) 법 제6조제4항 전단에서 "국세·지방세에 관한 자료, 소득·재산에 관한 자료 등 대통령령으로 정하는 자료"란 별표 1에 따른 자료를 말한다.

[본조신설 2020. 2. 18.]

제3장 외국인등의 부동산 취득 등에 관한 특례
제5조(외국인등의 부동산 취득 신고 등) ① 법 제8조에 따라 부동산등의 취득 또는 계속보유에 관한 신고를 하려는 외국인등은 신고서에 국토교통부령으로 정하는 서류를 첨부하여 신고관청에 제출하여야 한다.

② 법 제8조제2항에서 "대통령령으로 정하는 계약 외의 원인"이란 다음 각 호의 어느 하나에 해당하는 사유를 말한다. 〈개정 2020. 2. 18.〉

1. 「공익사업을 위한 토지 등의 취득 및 보상에 관한 법률」 및 그 밖의 법률에 따른 환매권의 행사
2. 법원의 확정판결
3. 법인의 합병
4. 건축물의 신축 · 증축 · 개축 · 재축

③ 신고관청은 법 제8조에 따른 신고내용을 매 분기 종료일부터 1개월 이내에 특별시장 · 광역시장 · 도지사 또는 특별자치도지사에게 제출(「전자서명법」 제2조제1호에 따른 전자문서에 의한 제출을 포함한다)하여야 한다. 다만, 특별자치시장은 직접 국토교통부장관에게 제출하여야 한다.

④ 제3항 본문에 따라 신고내용을 제출받은 특별시장 · 광역시장 · 도지사 또는 특별자치도지사는 제출받은 날부터 1개월 이내에 그 내용을 국토교통부장관에게 제출하여야 한다.

제6조(외국인등의 토지거래 허가) ① 법 제9조제1항에 따라 토지취득의 허가를 받으려는 외국인등은 신청서에 국토교통부령으로 정하는 서류를 첨부하여 신고관청에 제출하여야 한다.

② 법 제9조제1항제1호에서 "대통령령으로 정하는 지역"이란 국방목적상 필요한 섬 지역으로서 국토교통부장관이 국방부장관 등 관계 중앙행정기관의 장과 협의하여 고시하는 지역을 말한다.

③ 제1항에 따른 신청서를 받은 신고관청은 신청서를 받은 날부터 15일 이내에 허가 또는 불허가 처분을 하여야 한다.

④ 신고관청은 법 제9조에 따른 허가내용을 매 분기 종료일부터 1개월 이내에 특별시장 · 광역시장 · 도지사 또는 특별자치도지사에게 제출(「전자서명법」 제2조제1호에 따른 전자문서에 의한 제출을 포함한다)하여야 한다. 다만, 특별자치시장은 직접 국토교통부장관에게 제출하여야 한다.

⑤ 제4항 본문에 따라 허가내용을 제출받은 특별시장 · 광역시장 · 도지사 또는 특별자치도지사는 제출받은 날부터 1개월 이내에 그 내용을 국토교통부장관에게 제출하여야 한다.

제4장 토지거래허가구역 등
제7조(허가구역의 지정) ① 법 제10조제1항 각 호 외의 부분에서 "대통령령으

로 정하는 지역"이란 다음 각 호의 어느 하나에 해당하는 지역을 말한다.

1. 「국토의 계획 및 이용에 관한 법률」에 따른 광역도시계획, 도시·군기본계획, 도시·군관리계획 등 토지이용계획이 새로 수립되거나 변경되는 지역
2. 법령의 제정·개정 또는 폐지나 그에 따른 고시·공고로 인하여 토지이용에 대한 행위제한이 완화되거나 해제되는 지역
3. 법령에 따른 개발사업이 진행 중이거나 예정되어 있는 지역과 그 인근 지역
4. 그 밖에 국토교통부장관 또는 특별시장·광역시장·특별자치시장·도지사·특별자치도지사(이하 "시·도지사"라 한다)가 투기우려가 있다고 인정하는 지역 또는 관계 행정기관의 장이 특별히 투기가 성행할 우려가 있다고 인정하여 국토교통부장관 또는 시·도지사에게 요청하는 지역

② 법 제10조제1항제2호 단서에서 "투기적인 거래가 성행하거나 지가가 급격히 상승하는 지역과 그러한 우려가 있는 지역 등 대통령령으로 정하는 경우"란 다음 각 호의 요건을 모두 충족하는 경우를 말한다.

1. 국가 또는 「공공기관의 운영에 관한 법률」에 따른 공공기관이 관련 법령에 따른 개발사업을 시행하는 경우일 것
2. 해당 지역의 지가변동률 등이 인근지역 또는 전국 평균에 비하여 급격히 상승하거나 상승할 우려가 있는 경우일 것

③ 법 제10조제3항에서 "대통령령으로 정하는 사항"이란 다음 각 호의 사항을 말한다.

1. 법 제10조제1항에 따른 토지거래계약에 관한 허가구역(이하 "허가구역"이라 한다)의 지정기간
2. 허가구역 내 토지의 소재지·지번·지목·면적 및 용도지역(「국토의 계획 및 이용에 관한 법률」 제36조에 따른 용도지역을 말한다. 이하 같다)
3. 허가구역에 대한 축척 5만분의 1 또는 2만5천분의 1의 지형도
4. 제9조제1항에 따른 허가 면제 대상 토지면적

제8조(토지거래계약의 허가절차) ① 법 제11조제1항 전단에 따른 토지거래계약(이하 "토지거래계약"이라 한다)의 허가를 받으려는 자는 공동으로 다음 각 호의 사항을 기재한 신청서에 국토교통부령으로 정하는 서류를 첨부하여 허가관청(법 제11조제1항에 따른 허가권자를 말한다. 이하 같다)에 제출하여야 한다.

1. 당사자의 성명 및 주소(법인인 경우에는 법인의 명칭 및 소재지와 대표자의 성명 및 주소)
2. 토지의 지번·지목·면적·이용현황 및 권리설정현황
3. 토지의 정착물인 건축물·공작물 및 입목 등에 관한 사항
4. 이전 또는 설정하려는 권리의 종류

5. 계약예정금액
6. 토지의 이용에 관한 계획
7. 토지를 취득(토지에 관한 소유권·지상권 또는 소유권·지상권의 취득을 목적으로 하는 권리를 이전하거나 설정하는 것을 말한다. 이하 같다)하는 데 필요한 자금조달계획
② 법 제11조제1항 후단에 따른 토지거래계약 변경허가를 받으려는 자는 공동으로 다음 각 호의 사항을 기재한 신청서에 국토교통부령으로 정하는 서류를 첨부하여 허가관청에 제출하여야 한다.
1. 제1항제1호부터 제3호까지의 사항
2. 토지거래계약 허가번호
3. 변경내용
4. 변경사유
③ 제1항 또는 제2항에 따른 신청서를 받은 허가관청은 지체 없이 필요한 조사를 하고 신청서를 받은 날부터 15일 이내에 허가·변경허가 또는 불허가 처분을 하여야 한다.

제9조(토지거래계약허가 면제 대상 토지면적 등) ① 법 제11조제2항에서 "대통령령으로 정하는 용도별 면적"이란 다음 각 호의 구분에 따른 면적을 말한다. 다만, 국토교통부장관 또는 시·도지사가 허가구역을 지정할 당시 해당 지역에서의 거래실태 등을 고려하여 다음 각 호의 면적으로 하는 것이 타당하지 아니하다고 인정하여 해당 기준면적의 10퍼센트 이상 300퍼센트 이하의 범위에서 따로 정하여 공고한 경우에는 그에 따른다.
1. 「국토의 계획 및 이용에 관한 법률」 제36조제1항제1호에 따른 도시지역(이하 "도시지역"이라 한다): 다음 각 목의 세부 용도지역별 구분에 따른 면적
    가. 주거지역: 180제곱미터
    나. 상업지역: 200제곱미터
    다. 공업지역: 660제곱미터
    라. 녹지지역: 100제곱미터
    마. 가목부터 라목까지의 구분에 따른 용도지역의 지정이 없는 구역: 90제곱미터
2. 도시지역 외의 지역: 250제곱미터. 다만, 농지(「농지법」 제2조제1호에 따른 농지를 말한다. 이하 같다)의 경우에는 500제곱미터로 하고, 임야의 경우에는 1천제곱미터로 한다.
② 제1항에 따른 면적을 산정할 때 일단(一團)의 토지이용을 위하여 토지거래계약을 체결한 날부터 1년 이내에 일단의 토지 일부에 대하여 토지거래계약을 체결한 경우에는 그 일단의 토지 전체에 대한 거래로 본다.
③ 허가구역 지정 당시 제1항에 따른 면적을 초과하는 토지가 허가구역 지정 후에 분할(「국토의 계획 및 이용에 관한 법률」에 따른 도시·군계획사

업의 시행 등 공공목적으로 인한 분할은 제외한다)로 제1항에 따른 면적 이하가 된 경우 분할된 해당 토지에 대한 분할 후 최초의 토지거래계약은 제1항에 따른 면적을 초과하는 토지거래계약으로 본다. 허가구역 지정 후 해당 토지가 공유지분으로 거래되는 경우에도 또한 같다.

제10조(허가기준) ① 법 제12조제1호다목에서 "대통령령으로 정하는 자"란 다음 각 호의 어느 하나에 해당하는 자를 말한다.

1. 다음 각 목의 어느 하나에 해당하는 사람(이하 "농업인등"이라 한다)으로서 본인이 거주하는 특별시·광역시(광역시의 관할구역에 있는 군은 제외한다)·특별자치시·특별자치도·시 또는 군(광역시의 관할구역에 있는 군을 포함한다)에 소재하는 토지를 취득하려는 사람

    가. 「농업·농촌 및 식품산업 기본법」 제3조제2호에 따른 농업인

    나. 「수산업·어촌 발전 기본법」 제3조제3호에 따른 어업인

    다. 「임업 및 산촌 진흥촉진에 관한 법률」 제2조제2호에 따른 임업인

2. 농업인등으로서 본인이 거주하는 주소지로부터 30킬로미터 이내에 소재하는 토지를 취득하려는 사람

3. 다음 각 목의 어느 하나에 해당하는 농업인등으로서 협의양도하거나 수용된 날부터 3년 이내에 협의양도하거나 수용된 농지를 대체하기 위하여 본인이 거주하는 주소지로부터 80킬로미터 안에 소재하는 농지[행정기관의 장이 관계 법령에서 정하는 바에 따라 구체적인 대상을 정하여 대체농지의 취득을 알선하는 경우를 제외하고는 종전의 토지가액(「부동산 가격공시에 관한 법률」에 따른 개별공시지가를 기준으로 하는 가액을 말한다. 이하 같다) 이하인 농지로 한정한다]를 취득하려는 사람

    가. 「공익사업을 위한 토지 등의 취득 및 보상에 관한 법률」 또는 그 밖의 법령에 따라 공익사업용으로 농지를 협의양도하거나 농지가 수용된 사람(실제 경작자로 한정한다)

    나. 가목에 해당하는 농지를 임차하거나 사용차(使用借)하여 경작하던 사람으로서 「공익사업을 위한 토지 등의 취득 및 보상에 관한 법률」에 따른 농업의 손실에 대한 보상을 받은 사람

4. 제1호부터 제3호까지에 해당하지 아니하는 자로서 그 밖에 거주지·거주기간 등에 관하여 국토교통부령으로 정하는 요건을 갖춘 자

② 법 제12조제1호사목에서 "대통령령으로 정하는 용도에 이용하려는 경우"란 허가구역이 속한 특별시·광역시·특별자치시·시 또는 군에 거주하고 있는 자가 다음 각 호의 어느 하나에 해당하는 경우를 말한다. 〈개정 2020. 2. 18.〉

1. 「공익사업을 위한 토지 등의 취득 및 보상에 관한 법률」 또는 그 밖의 법령에 따라 농지 외의 토지를 공익사업용으로 협의양도하거나 수용된 사람이 그 협의양도하거나 수용된 날부터 3년 이내에 그 허가구역에서 협의양도하거나 수용된 토지에 대체되는 토지(종전의 토지가액 이하인 토

지로 한정한다)를 취득하려는 경우

2. 관계 법령에 따라 개발·이용행위가 제한되거나 금지된 토지로서 국토교통부령으로 정하는 토지에 대하여 현상 보존의 목적으로 토지를 취득하려는 경우

3. 「민간임대주택에 관한 특별법」 제2조제7호에 따른 임대사업자 등 관계 법령에 따라 임대사업을 할 수 있는 자가 임대사업을 위하여 건축물과 그에 딸린 토지를 취득하려는 경우

제11조(국가 등의 토지거래계약에 관한 특례) ① 법 제14조제1항에서 "대통령령으로 정하는 공공기관 또는 공공단체"란 다음 각 호의 기관 또는 단체를 말한다. 〈개정 2019. 4. 2.〉

1. 「한국농수산식품유통공사법」에 따른 한국농수산식품유통공사
2. 「대한석탄공사법」에 따른 대한석탄공사
3. 「한국토지주택공사법」에 따른 한국토지주택공사
4. 「한국관광공사법」에 따른 한국관광공사
5. 「한국농어촌공사 및 농지관리기금법」에 따른 한국농어촌공사
6. 「한국도로공사법」에 따른 한국도로공사
7. 「한국석유공사법」에 따른 한국석유공사
8. 「한국수자원공사법」에 따른 한국수자원공사
9. 「한국전력공사법」에 따른 한국전력공사
10. 「한국철도공사법」에 따른 한국철도공사
11. 「산림조합법」에 따른 산림조합 및 산림조합중앙회
12. 「농업협동조합법」에 따른 농업협동조합·축산업협동조합 및 농업협동조합중앙회
13. 「수산업협동조합법」에 따른 수산업협동조합 및 수산업협동조합중앙회
14. 「중소기업진흥에 관한 법률」에 따른 중소벤처기업진흥공단
15. 「한국은행법」에 따른 한국은행
16. 「지방공기업법」에 따른 지방공사와 지방공단
17. 「공무원연금법」에 따른 공무원연금공단
18. 「인천국제공항공사법」에 따른 인천국제공항공사
19. 「국민연금법」에 따른 국민연금공단
20. 「사립학교교직원 연금법」에 따른 사립학교교직원연금공단
21. 「금융회사부실자산 등의 효율적 처리 및 한국자산관리공사의 설립에 관한 법률」에 따른 한국자산관리공사(이하 "한국자산관리공사"라 한다)
22. 「항만공사법」에 따른 항만공사

② 「국유재산법」 제2조제10호에 따른 총괄청 또는 같은 조 제11호에 따른 중앙관서의 장등이 같은 법 제9조에 따른 국유재산종합계획에 따라 국유재산을 취득하거나 처분하는 경우로서 법 제12조에 따른 허가기준에 적합하게 취득하거나 처분한 후 허가관청에 그 내용을 통보한 때에는 법 제14조

제1항에 따른 협의가 성립된 것으로 본다.

③ 법 제14조제2항제3호에서 "대통령령으로 정하는 경우"란 다음 각 호의 어느 하나에 해당하는 경우를 말한다. 〈개정 2018. 2. 9., 2018. 2. 27.〉

1. 「공익사업을 위한 토지 등의 취득 및 보상에 관한 법률」에 따라 토지를 협의취득·사용하거나 환매하는 경우
2. 「국유재산법」 제9조에 따른 국유재산종합계획에 따라 국유재산을 일반경쟁입찰로 처분하는 경우
3. 「공유재산 및 물품 관리법」 제10조에 따른 공유재산의 관리계획에 따라 공유재산을 일반경쟁입찰로 처분하는 경우
4. 「도시 및 주거환경정비법」 제74조에 따른 관리처분계획 또는 「빈집 및 소규모주택 정비에 관한 특례법」 제29조에 따른 사업시행계획에 따라 분양하거나 보류지 등을 매각하는 경우
5. 「도시개발법」 제26조에 따른 조성토지등의 공급계획에 따라 토지를 공급하는 경우, 같은 법 제35조에 따라 환지 예정지로 지정된 종전 토지를 처분하는 경우, 같은 법 제40조에 따른 환지처분을 하는 경우 또는 같은 법 제44조에 따라 체비지 등을 매각하는 경우
6. 「주택법」 제15조에 따른 사업계획의 승인을 받아 조성한 대지를 공급하는 경우 또는 같은 법 제54조에 따라 주택(부대시설 및 복리시설을 포함하며, 주택과 주택 외의 시설을 동일 건축물로 건축하여 공급하는 경우에는 그 주택 외의 시설을 포함한다)을 공급하는 경우
7. 「택지개발촉진법」 제18조에 따라 택지를 공급하는 경우
8. 「산업입지 및 개발에 관한 법률」 제2조제9호에 따른 산업단지개발사업 또는 같은 조 제12호에 따른 준산업단지를 개발하기 위한 사업으로 조성된 토지를 같은 법 제16조에 따른 사업시행자(같은 법 제38조에 따라 사업시행자로부터 분양에 관한 업무를 위탁받은 산업단지관리공단을 포함한다)가 분양하는 경우
9. 「농어촌정비법」 제25조 또는 제26조에 따른 환지계획에 따라 환지처분을 하는 경우 또는 같은 법 제43조에 따라 농지 등의 교환·분할·합병을 하는 경우
10. 「농어촌정비법」에 따른 사업시행자가 농어촌정비사업을 시행하기 위하여 농지를 매입하는 경우
11. 「상법」 제3편제4장제10절·제11절, 「채무자 회생 및 파산에 관한 법률」의 절차에 따라 법원의 허가를 받아 권리를 이전하거나 설정하는 경우
12. 국세 및 지방세의 체납처분 또는 강제집행을 하는 경우
13. 국가 또는 지방자치단체가 법령에 따라 비상재해시 필요한 응급조치를 위하여 권리를 이전하거나 설정하는 경우
14. 「한국농어촌공사 및 농지관리기금법」에 따라 한국농어촌공사가 농지의 매매·교환 및 분할을 하는 경우

15. 법 제9조에 따라 외국인등이 토지취득의 허가를 받은 경우
16. 한국자산관리공사가 「금융회사부실자산 등의 효율적 처리 및 한국자산 관리공사의 설립에 관한 법률」 제4조 또는 제5조에 따라 토지를 취득하 거나 경쟁입찰을 거쳐서 매각하는 경우 또는 한국자산관리공사에 매각 이 의뢰되어 3회 이상 공매하였으나 유찰된 토지를 매각하는 경우
17. 「국토의 계획 및 이용에 관한 법률」 제47조 또는 「개발제한구역의 지정 및 관리에 관한 특별조치법」 제17조에 따라 매수청구된 토지를 취득하 는 경우
18. 「신행정수도 후속대책을 위한 연기 · 공주지역 행정중심복합도시 건설 을 위한 특별법」, 「혁신도시 조성 및 발전에 관한 특별법」 또는 「기업도 시개발 특별법」에 따라 조성된 택지 또는 주택을 공급하는 경우
19. 「건축물의 분양에 관한 법률」에 따라 건축물을 분양하는 경우
20. 「산업집적활성화 및 공장설립에 관한 법률」 제28조의4에 따라 지식산 업센터를 분양하는 경우
21. 법령에 따라 조세 · 부담금 등을 토지로 물납하는 경우

제12조(선매) ① 법 제15조제1항 각 호 외의 부분에서 "대통령령으로 정하는 공공기관 또는 공공단체"란 제11조제1항제1호부터 제10호까지의 기관 또 는 단체를 말한다.

② 법 제15조제1항에 따라 선매자(先買者)로 지정된 자는 같은 조 제2항에 따른 지정 통지를 받은 날부터 15일 이내에 매수가격 등 선매조건을 기재 한 서면을 토지소유자에게 통지하여 선매협의를 하여야 하며, 지정 통지를 받은 날부터 1개월 이내에 국토교통부령으로 정하는 바에 따라 선매협의조 서를 허가관청에 제출하여야 한다.

제13조(토지에 관한 매수청구) ① 법 제16조제1항에 따라 토지의 매수청구를 하려는 자는 다음 각 호의 사항을 기재한 청구서를 허가관청에 제출하여야 한다.
1. 토지에 관한 권리의 종류 및 내용
2. 토지의 면적
3. 그 밖에 국토교통부령으로 정하는 사항

② 법 제16조제2항에서 "대통령령으로 정하는 공공기관 또는 공공단체"란 제11조제1항제1호부터 제10호까지의 기관 또는 단체를 말한다.

제14조(토지 이용에 관한 의무 등) ① 법 제17조제1항에서 "대통령령으로 정 하는 사유가 있는 경우"란 다음 각 호의 어느 하나에 해당하는 경우를 말한 다. 〈개정 2020. 6. 30.〉
1. 토지를 취득한 후 「국토의 계획 및 이용에 관한 법률」 또는 관계 법령에 따라 용도지역 등 토지의 이용 및 관리에 관한 계획이 변경됨으로써 「국 토의 계획 및 이용에 관한 법률」 또는 관계 법령에 따른 행위제한으로 인하여 당초의 목적대로 이용할 수 없게 된 경우

2. 토지를 이용하기 위하여 관계 법령에 따른 허가·인가 등을 신청하였
   으나 국가 또는 지방자치단체가 국토교통부령으로 정하는 사유로 일정
   기간 허가·인가 등을 제한하는 경우로서 그 제한기간 내에 있는 경우
3. 법 제12조에 따른 허가기준에 맞게 당초의 이용목적을 변경하는 경우
   로서 허가관청의 승인을 받은 경우
4. 다른 법률에 따른 행위허가를 받아 법 제12조에 따른 허가기준에 맞게
   당초의 이용목적을 변경하는 경우로서 해당 행위의 허가권자가 이용목
   적 변경에 관하여 허가관청과 협의를 한 경우
5. 「해외이주법」 제6조에 따라 이주하는 경우
6. 「병역법」 제18조 또는 「대체역의 편입 및 복무 등에 관한 법률」 제17조
   에 따라 복무하는 경우
7. 「자연재해대책법」 제2조제1호에 따른 재해로 인하여 허가받은 목적대
   로 이행하는 것이 불가능한 경우
8. 공익사업의 시행 등 토지거래계약허가를 받은 자에게 책임 없는 사유
   로 허가받은 목적대로 이용하는 것이 불가능한 경우
9. 다음 각 목의 건축물을 취득하여 실제로 이용하는 자가 해당 건축물의
   일부를 임대하는 경우
   가. 「건축법 시행령」 별표 1 제1호의 단독주택[다중주택 및 공관(公館)
       은 제외한다]
   나. 「건축법 시행령」 별표 1 제2호의 공동주택(기숙사는 제외한다)
   다. 「건축법 시행령」 별표 1 제3호의 제1종 근린생활시설
   라. 「건축법 시행령」 별표 1 제4호의 제2종 근린생활시설
10. 「산업집적활성화 및 공장설립에 관한 법률」 제2조제1호에 따른 공장을
    취득하여 실제로 이용하는 자가 해당 공장의 일부를 임대하는 경우
11. 그 밖에 토지거래계약허가를 받은 자가 불가피한 사유로 허가받은 목
    적대로 이용하는 것이 불가능하다고 「국토의 계획 및 이용에 관한 법
    률」 제113조제2항에 따른 시·군·구도시계획위원회에서 인정한 경우
② 법 제17조제1항에서 "대통령령으로 정하는 기간"이란 다음 각 호의 구
분에 따른 기간을 말한다.
1. 법 제12조제1호가목부터 다목까지의 목적으로 허가를 받은 경우: 토지
   취득일부터 2년
2. 법 제12조제1호라목부터 바목까지의 목적으로 허가를 받은 경우: 토지
   취득일부터 4년. 다만, 분양을 목적으로 허가를 받은 토지로서 개발에
   착수한 후 토지 취득일부터 4년 이내에 분양을 완료한 경우에는 분양을
   완료한 때에 4년이 지난 것으로 본다.
3. 제10조제2항제1호에 따라 대체토지를 취득하기 위하여 허가를 받은 경
   우: 토지 취득일부터 2년
4. 제10조제2항제2호에 따라 현상보존의 목적으로 토지를 취득하기 위하

여 허가를 받은 경우: 토지 취득일부터 5년

5. 제1호부터 제4호까지의 경우 외의 경우: 토지 취득일부터 5년

제15조 삭제 〈2017. 5. 29.〉

제16조(이행강제금의 부과) ① 법 제18조제1항 본문에 따른 이행명령은 문서로 하여야 하며, 이행기간은 3개월 이내로 정하여야 한다.

② 법 제18조제1항 단서에서 "대통령령으로 정하는 사유"란 「농지법」 제10조제1항제1호부터 제4호까지 어느 하나를 위반하여 같은 법 제62조에 따른 이행강제금을 부과한 경우를 말한다.

③ 법 제18조제2항에서 "대통령령으로 정하는 금액"이란 다음 각 호의 구분에 따른 금액을 말한다.

1. 토지거래계약허가를 받아 토지를 취득한 자가 당초의 목적대로 이용하지 아니하고 방치한 경우: 토지 취득가액의 100분의 10에 상당하는 금액

2. 토지거래계약허가를 받아 토지를 취득한 자가 직접 이용하지 아니하고 임대한 경우: 토지 취득가액의 100분의 7에 상당하는 금액

3. 토지거래계약허가를 받아 토지를 취득한 자가 제14조제1항제3호에 따른 허가관청의 승인 없이 당초의 이용목적을 변경하여 이용하는 경우: 토지 취득가액의 100분의 5에 상당하는 금액

4. 제1호부터 제3호까지에 해당하지 아니하는 경우: 토지 취득가액의 100분의 7에 상당하는 금액

④ 제3항 각 호에 따른 토지 취득가액은 실제 거래가격으로 한다. 다만, 실제 거래가격이 확인되지 아니하는 경우에는 취득 당시를 기준으로 가장 최근에 발표된 개별공시지가(「부동산 가격공시에 관한 법률」에 따른 개별공시지가를 말한다)를 기준으로 산정한다.

⑤ 허가관청은 법 제18조제2항에 따른 이행강제금을 부과하기 전에 이행기간 내에 이행명령을 이행하지 아니하면 이행강제금을 부과·징수한다는 뜻을 미리 문서로 계고(戒告)하여야 한다.

⑥ 법 제18조제2항에 따른 이행강제금을 부과하는 경우에는 이행강제금의 금액·부과사유·납부기한 및 수납기관, 이의제기방법 및 이의제기기관 등을 명시한 문서로 하여야 한다.

⑦ 제6항에 따른 이행강제금 부과처분을 받은 자는 법 제18조제6항에 따라 이의를 제기하려는 경우에는 부과처분을 고지받은 날부터 30일 이내에 하여야 한다.

제17조(지가동향조사 등) ① 국토교통부장관은 법 제19조에 따라 연 1회 이상 전국의 지가변동률을 조사하여야 한다.

② 국토교통부장관은 필요한 경우에는 「한국감정원법」에 따른 한국감정원의 원장으로 하여금 매월 1회 이상 지가동향, 토지거래상황 및 그 밖에 필요한 자료를 제출하게 할 수 있다. 이 경우 실비의 범위에서 그 소요 비용을 지원하여야 한다.

③ 시·도지사는 관할구역의 지가동향 및 토지거래상황을 국토교통부령으로 정하는 바에 따라 조사하여야 하며, 그 결과 허가구역을 지정·축소하거나 해제할 필요가 있다고 인정하는 경우에는 국토교통부장관에게 그 구역의 지정·축소 또는 해제를 요청할 수 있다.
④ 삭제 〈2020. 2. 18.〉

제5장 부동산 정보 관리 등
제18조(고유식별정보의 처리) 국토교통부장관, 신고관청 및 허가관청은 다음 각 호의 사무를 수행하기 위하여 불가피한 경우 「개인정보 보호법 시행령」 제19조제1호·제2호 또는 제4호에 따른 주민등록번호, 여권번호 또는 외국인등록번호가 포함된 자료를 처리할 수 있다
1. 법 제3조에 따른 부동산 거래신고
2. 법 제5조에 따른 신고내용의 검증
3. 법 제6조에 따른 신고내용의 조사 등
4. 법 제8조에 따른 외국인등의 부동산 취득·보유 신고
5. 법 제9조에 따른 외국인등의 토지거래 허가
6. 법 제11조에 따른 허가구역 내 토지거래에 대한 허가
7. 법 제25조에 따른 부동산정보체계 운영

제19조(부동산정보체계의 구축·운영) ① 국토교통부장관은 법 제25조에 따라 효율적인 정보의 관리 및 국민편의 증진을 위하여 다음 각 호의 정보를 관리할 수 있는 정보체계를 구축·운영할 수 있다.
1. 법 제3조에 따른 부동산거래 신고 정보
2. 검증체계 관련 정보
3. 법 제8조에 따른 외국인등의 부동산 취득·보유 신고 자료 및 관련 정보
4. 토지거래계약의 허가 관련 정보
5. 「부동산등기 특별조치법」 제3조에 따른 검인 관련 정보
6. 부동산 거래계약 등 부동산거래 관련 정보
② 국토교통부장관은 정보체계에 구축되어 있는 정보를 수요자에게 제공할 수 있다. 이 경우 정보체계 운영을 위하여 불가피한 사유가 있거나 개인정보의 보호를 위하여 필요하다고 인정할 때에는 제공하는 정보의 종류와 내용을 제한할 수 있다.
③ 제1항과 제2항에서 규정한 사항 외에 정보체계의 구축·운영 및 이용에 필요한 사항은 국토교통부장관이 정한다.

제5장의2 보칙 〈신설 2017. 5. 29.〉
제19조의2(포상금 지급대상 및 기준) ① 신고관청 또는 허가관청은 다음 각 호의 어느 하나에 해당하는 경우에는 법 제25조의2제1항에 따른 포상금을 지급해야 한다. 〈개정 2020. 2. 18.〉

1. 신고관청이 적발하기 전에 법 제25조의2제1항제1호, 제1호의2 또는 제1호의3에 해당하는 자를 신고하고 이를 입증할 수 있는 증거자료를 제출한 경우로서 그 신고사건에 대하여 법 제28조제1항제1호·제2호 또는 같은 조 제3항에 따른 과태료가 부과된 경우
2. 허가관청 또는 수사기관이 적발하기 전에 법 제25조의2제1항제2호에 해당하는 자를 신고하거나 고발한 경우로서 그 신고 또는 고발사건에 대한 공소제기 또는 기소유예 결정이 있는 경우
3. 허가관청이 적발하기 전에 법 제25조의2제1항제3호에 해당하는 자를 신고한 경우로서 그 신고사건에 대한 허가관청의 이행명령이 있는 경우
② 제1항에도 불구하고 다음 각 호의 어느 하나에 해당하는 경우에는 포상금을 지급하지 아니할 수 있다.
1. 공무원이 직무와 관련하여 발견한 사실을 신고하거나 고발한 경우
2. 해당 위반행위를 하거나 위반행위에 관여한 자가 신고하거나 고발한 경우
3. 익명이나 가명으로 신고 또는 고발하여 신고인 또는 고발인를 확인할 수 없는 경우
③ 제1항에 따른 포상금은 신고 또는 고발 건별로 다음 각 호의 구분에 따라 지급한다. 〈개정 2020. 2. 18.〉
1. 법 제25조의2제1항제1호, 제1호의2 또는 제1호의3에 따른 포상금의 경우: 법 제28조제1항 또는 제3항에 따라 부과되는 과태료의 100분의 20에 해당하는 금액. 이 경우 법 제25조의2제1항제1호에 따른 포상금의 지급한도액은 1천만원으로 한다.
2. 법 제25조의2제1항제2호 또는 제3호에 따른 포상금의 경우: 50만원. 이 경우 같은 목적을 위하여 취득한 일단의 토지에 대한 신고 또는 고발은 1건으로 본다.
[본조신설 2017. 5. 29.]
제19조의3(포상금 지급절차) ① 법 제25조의2제1항 각 호의 어느 하나에 해당하는 자를 신고하려는 자는 국토교통부령으로 정하는 신고서 및 증거자료 (같은 항 제1호, 제1호의2 또는 제1호의3에 해당하는 자를 신고하는 경우만 해당한다)를 신고관청 또는 허가관청에 제출해야 한다. 〈개정 2020. 2. 18.〉
② 수사기관은 법 제25조의2제1항제2호에 해당하는 자에 대한 신고 또는 고발 사건을 접수하여 수사를 종료하거나 공소제기 또는 기소유예의 결정을 하였을 때에는 지체 없이 허가관청에 통보하여야 한다.
③ 제1항에 따라 신고서를 제출받거나 제2항에 따라 수사기관의 통보를 받은 신고관청 또는 허가관청은 제19조의2에 따라 포상금 지급 여부를 결정하고 이를 신고인 또는 고발인에게 알려야 한다.
④ 제3항에 따라 포상금 지급 결정을 통보받은 신고인 또는 고발인은 국토교통부령으로 정하는 포상금 지급신청서를 작성하여 신고관청 또는 허가관청에 제출하여야 한다.

⑤ 신고관청 또는 허가관청은 제4항에 따른 신청서가 접수된 날부터 2개월 이내에 포상금을 지급하여야 한다.
⑥ 하나의 사건에 대하여 신고 또는 고발한 사람이 2명 이상인 경우에는 국토교통부령으로 정하는 바에 따라 포상금을 배분하여 지급한다.
⑦ 제1항부터 제6항까지에서 규정한 사항 외에 포상금의 지급절차 및 방법 등에 관하여 필요한 사항은 국토교통부령으로 정한다.
[본조신설 2017. 5. 29.]
제19조의4(업무의 위탁) 국토교통부장관은 법 제25조의3제2항에 따라 다음 각 호의 업무를 「한국감정원법」에 따른 한국감정원에 위탁한다. 〈개정 2020. 2. 18.〉
1. 법 제5조제1항에 따른 부동산거래가격 검증체계의 구축 · 운영
1의2. 법 제6조제3항에 따른 신고 내용의 조사
2. 법 제25조에 따른 부동산정보체계의 구축 · 운영
[본조신설 2017. 5. 29.]

제6장 벌칙
제20조(과태료의 부과기준) 법 제28조제1항부터 제5항까지의 규정에 따른 과태료의 부과기준은 별표 2와 같다. 〈개정 2020. 2. 18.〉
제21조(자진 신고자에 대한 감경 또는 면제의 기준 등) ① 법 제29조에 따른 과태료의 감경 또는 면제 기준은 다음 각 호와 같다. 〈개정 2020. 2. 18.〉
1. 법 제6조제1항 또는 제3항에 따른 국토교통부장관 또는 신고관청(이하 "조사기관"이라 한다)의 조사가 시작되기 전에 자진 신고한 자로서 다음 각 목의 요건을 모두 충족한 경우: 과태료 면제
    가. 자진 신고한 위반행위가 법 제28조제2항제2호 · 제3호 또는 같은 조 제3항부터 제5항까지의 어느 하나에 해당할 것
    나. 신고관청에 단독(거래당사자 일방이 여러 명인 경우 그 일부 또는 전부가 공동으로 신고한 경우를 포함한다. 이하 이 조에서 같다)으로 신고한 최초의 자일 것
    다. 위반사실 입증에 필요한 자료 등을 제공하는 등 조사가 끝날 때까지 성실하게 협조하였을 것
2. 조사기관의 조사가 시작된 후 자진 신고한 자로서 다음 각 목의 요건을 모두 충족한 경우: 과태료의 100분의 50 감경
    가. 제1호가목 및 다목에 해당할 것
    나. 조사기관이 허위신고 사실 입증에 필요한 증거를 충분히 확보하지 못한 상태에서 조사에 협조했을 것
    다. 조사기관에 단독으로 신고한 최초의 자일 것
② 제1항에도 불구하고 다음 각 호의 어느 하나에 해당하는 경우에는 과태료를 감경 · 면제하지 않는다. 〈개정 2020. 2. 18.〉

1. 자진 신고하려는 부동산등의 거래계약과 관련하여 「국세기본법」 또는 「지방세법」 등 관련 법령을 위반한 사실 등이 관계기관으로부터 조사기관에 통보된 경우
2. 자진 신고한 날부터 과거 1년 이내에 제1항제1호 및 제2호에 따른 자진 신고를 하여 3회 이상 해당 신고관청에서 과태료의 감경 또는 면제를 받은 경우
③ 법 제29조에 따라 자진 신고를 하려는 자는 국토교통부령으로 정하는 신고서 및 위반행위를 입증할 수 있는 서류를 조사기관에 제출해야 한다. 〈개정 2020. 2. 18.〉
④ 제1항부터 제3항까지에서 규정한 사항 외에 자진 신고자에 대한 과태료의 감경 또는 면제에 대한 세부운영절차 등은 국토교통부령으로 정한다.

부칙 〈제30807호, 2020. 6. 30.〉
제1조(시행일) 이 영은 공포한 날부터 시행한다. 〈단서 생략〉
제2조부터 제4조까지 생략
제5조(다른 법령의 개정) ①부터 ⑪까지 생략
⑫ 부동산 거래신고 등에 관한 법률 시행령 일부를 다음과 같이 개정한다.
제14조제1항제6호를 다음과 같이 한다.
6. 「병역법」 제18조 또는 「대체역의 편입 및 복무 등에 관한 법률」 제17조에 따라 복무하는 경우
⑬부터 ㉗까지 생략

의안번호	제호	
의 결 연 월 일	2020.　.　. (제　회)	

부동산 거래신고 등에 관한 법률
시행령 일부개정령안

제 출 자	국무위원 김현미 (국토교통부장관)
제출 연월일	2020.　7.　.

법제처 심사 전

1. 의결주문

부동산 거래신고 등에 관한 법률 시행령 일부개정령안을 별지와 같이 의결한다.

2. 제안이유

「주택시장 안정을 위한 관리방안」('20.6.17)의 후속조치로, 법인 거래정보 수집 강화를 통해 법인 거래의 특수성이 신고사항에 충분히 반영될 수 있도록 하고, 투기과열지구·조정대상지역에 소재하는 주택을 거래하거나 법인이 주택을 매수하는 경우에는 자금조달계획서를 제출하도록 하여 자금출처 조사 등 투기 수요 대응의 실효성을 제고하며, 투기과열지구에 소재하는 주택을 거래하는 경우 자금조달계획서 작성 항목 별 증빙자료를 첨부하여 제출토록 함으로써 비정상 자금조달 등 이상거래에 대한 신속한 대응 및 선제적 조사를 도모하고자 함

3. 주요내용

가. 법인거래 신고사항 확대(안 제3조제1항 및 제7항) 법인이 매도인 또는 매수인으로서 주택을 거래하는 경우 법인 등기현황, 거래 상대방과의 특수관계 여부 및 그 관계, 주택 취득목적(법인이 매수인인 경우)을 신고토록 함

나. 자금조달계획서 제출대상 확대(안 제3조제6항) 투기과열지구·조정대상지역 내에서 주택을 거래하는 경우 거래가액과 무관하게 자금조달계획서를 제출하도록 하고, 법인이 주택 매수자인 거래건의 경우 거래지역 및 거래가액과 무관하게 자금조달계획서 제출을 의무화

다. 자금조달계획서 증빙자료 제출대상 확대(안 제3조제6항) 투기과열지구 내 주택 거래 신고 시 거래가액과 무관하게 자금조달계획서 작성 항목 별 증빙자료를 첨부하여 제출토록 함

라. 고유식별정보 처리(안 제18조) 신고 관청 등이 부동산 거래의 해제·무효·취소 신고의 업무를 수행하기 위하여 불가피한 경우, 「개인정보보호법 시행령」 제19조에 따른 주민등록번호, 여권번호 또는 외국인등록번호가 포함된 자료를 처리할 수 있도록 함

마. 전자서명 특례(안 제19조의5) 부동산 거래 등 신고·신청 시 「전자서명법」에 따른 '인증서'를 통해 서명·날인할 수 있도록 함

4. 주요토의과제

없음

5. 참고사항

가. 관계법령 : 생   략

나. 예산조치 : 별도조치 필요 없음
디. 합　　의 : 해당기관 없음
라. 기　　타 : 없　음

대통령령 제　　호

부동산 거래신고 등에 관한 법률 시행령 일부개정령안

부동산 거래신고 등에 관한 법률 시행령 일부를 다음과 같이 개정한다.

제3조제1항 각 호 외의 부분 단서를 삭제하고, 같은 항에 제1호의2를 다음과 같이 신설하며, 같은 항 제5호의2 후단을 삭제하고, 같은 조에 제6항 및 제7항을 각각 다음과 같이 신설한다.

1의2. 거래당사자 중「부동산등기법」제49조제1항제2호에 따른 부동산등기용등록번호를 부여 받은 법인으로서「법인 및 재외국민의 부동산등기용등록번호 부여에 관한 규칙」별표3에 따른 상법법인(이하 이 조에서 "법인"이라 한다)이 포함된 경우 다음 각 목의 사항

　가. 법인의 등기 현황

　나. 법인과 거래상대방 간 특수관계 여부(거래상대방이 개인인 경우에는 그 개인이 거래상대방인 법인의 임원이거나, 거래상대방인 법인의 임원과「국세기본법」제2조제20호가목에 따른 친족관계(이하 이 목에서 "친족관계"라 한다)에 있는 경우를 말하며, 거래상대방이 법인인 경우에는 거래당사자인 매도법인의 임원과 매수법인의 임원 중 동일인이 포함되어 있거나, 법인의 임원 간 친족관계가 있는 경우를 말한다) 및 그 관계

　다. 법인의 주택(「건축법」시행령 별표1 제1호에 따른 단독주택 또는 제2호에 따른 공동주택을 말하며, 주택을 취득할 수 있는 권리에 관한 계약의 경우에는 그 권리를 포함한다. 이하 이 조에서 같다) 취득 목적

⑥ 제1항에도 불구하고 제1항제5호의2 및 제5호의3은 다음 각 호의 어느 하나에 해당하는 경우에만 적용한다. 다만, 거래당사자 중 매수인이 법 제3조제1항 단서에 따른 국가등인 경우는 제외한다.

1. 실제 거래가격이 6억원 이상인 주택의 거래계약을 체결하는 경우

2. 「주택법」제63조에 따라 지정된 투기과열지구(이하 이 조에서 "투기과열지구"라 한다) 또는 같은 법 제63조의2에 따라 지정된 조정대상지역에 소재하는 주택의 거래계약을 체결하는 경우. 다만, 투기과열지구에 소재하는 주택의 거래계약을 체결한 경우에는 제1항제5호의2에 따른 자금의 조달계획을 증명하는 국토교통부령으로 정하는 서류를 첨부해야 한다.

418

3. 법인이 주택의 매수자로서 거래계약을 체결하는 경우

⑦ 제1항에도 불구하고 제1항제1호의2는 주택의 거래계약을 체결하는 경우에만 적용한다. 다만, 다음 각 호의 어느 하나에 해당하는 경우에는 제외한다.

1. 거래당사자 중 법 제3조제1항 단서에 따른 국가등이 포함된 경우
2. 제3항 각 호의 법률에 따른 주택의 공급계약인 경우

제18조에 제1호의2를 다음과 같이 신설한다.

1의2. 법 제3조의2에 따른 부동산 거래의 해제등 신고

제5장의2에 제19조의5를 다음과 같이 신설한다.

제19조의5(전자서명의 특례) 법 제3조, 제3조의2, 제8조 및 제9조에 따라 신고 또는 신청을 하는 경우에는 「전자서명법」 제2조제6호에 따른 인증서(서명자의 실지명의를 확인할 수 있는 것을 말한다. 이하 "전자인증"이라 한다)의 방법으로 서명 또는 날인할 수 있다. 이 경우 전자인증 방법으로 신분을 증명할 수 있다.

부칙

제1조(시행일) 이 영은 공포한 날부터 시행한다.
제2조(부동산 거래의 신고사항에 관한 적용례) 제3조의 개정규정은 이 영 시행 이후 거래계약을 체결하는 경우부터 적용한다.

신·구조문대비표

현행	개정안
제3조(부동산 거래의 신고) ① 법 제3조제1항 각 호 외의 부분 본문에서 "그 실제 거래가격 등 대통령령으로 정하는 사항"이란 다음 각 호의 사항을 말한다. 다만, 제5호의2 및 제5호의3은 실제 거래가격이 6억원 이상인 주택(「주택법」 제2조제1호의 주택을 말한다. 이하 이 조에서 같다)과 같은 법 제63조에 따라 지정된 투기과열지구(이하 이 조에서 "투기과열지구"라 한다) 또는 같은 법 제63조의2에 따라 지정된 조정대상지역에 소재하는 주택으로서 실제 거래가격이 3억원 이상인 주택의 거래계약을 체결한 경우(거래당사자 중 매수인이 법 제3조제1항 단서에 따른 국가등인 경우는 제외한다)에만 적용한다.	제3조(부동산 거래의 신고) ① ───. 〈단서 삭제〉
1. (생략)	1. (현행과 같음)
〈신설〉	1의2. 거래당사자 중 「부동산등기법」 제49조제1항제2호에 따른 부동산등기용등록번호를 부여 받은 법인으로서 「법인 및 재외국민의 부동산등기용등록번호 부여에 관한 규칙」 별표3에 따른 상법법인(이하 이 조에서 "법인"이라 한다)이 포함된 경우 다음 각 목의 사항 가. 법인의 등기 현황 나. 법인과 거래상대방 간 특수관계 여부(거래상대방이 개인인 경우에는 그 개인이 거래상대방인 법인의 임원이거나, 거래상대방인 법인의 임원과 「국세기본법」 제2조제20호가목에 따른 친족관계(이하 이 목에서 "친족관계"라 한다)에 있는 경우를 말하며, 거래상대방이 법인인 경우에는 거래당사자인 매도법인의 임원과 매수법인의 임원 중 동일인이 포함되어 있거나, 법인의 임원 간 친족관계가 있는 경우를 말한다) 및 그 관계

	다. 법인의 주택(「건축법」 시행령 별표 1 제1호에 따른 단독주택 또는 제2호에 따른 공동주택을 말하며, 주택을 취득할 수 있는 권리에 관한 계약의 경우에는 그 권리를 포함한다. 이하 이 조에서 같다) 취득 목적
2. ~ 5. (생략)	2. ~ 5. (현행과 같음)
5의2. 거래대상 주택의 취득에 필요한 자금의 조달계획 및 지급방식. 이 경우 투기과열지구에 소재하는 주택으로서 실제 거래가격이 9억원을 초과하는 주택의 거래계약을 체결한 경우에는 자금의 조달계획을 증명하는 국토교통부령으로 정하는 서류를 첨부해야 한다.	5의2. ─────────── ───────────. 〈후단 삭제〉
5의3. ~ 7. (생략)	5의3. ~ 7. (현행과 같음)
② ~ ⑤ (생략)	② ~ ⑤ (현행과 같음)
〈신설〉	⑥ 제1항에도 불구하고 제1항제5호의2 및 제5호의3은 다음 각 호의 어느 하나에 해당하는 경우에만 적용한다. 다만, 거래당사자 중 매수인이 법 제3조제1항 단서에 따른 국가등인 경우는 제외한다. 1. 실제 거래가격이 6억원 이상인 주택의 거래계약을 체결하는 경우 2. 「주택법」 제63조에 따라 지정된 투기과열지구(이하 이 조에서 "투기과열지구"라 한다) 또는 같은 법 제63조의2에 따라 지정된 조정대상지역에 소재하는 주택의 거래계약을 체결하는 경우. 다만, 투기과열지구에 소재하는 주택의 거래계약을 체결한 경우에는 제1항제5호의2에 따른 자금의 조달계획을 증명하는 국토교통부령으로 정하는 서류를 첨부해야 한다. 3. 법인이 주택의 매수자로서 거래계약을 체결하는 경우

〈신설〉	⑦ 제1항에도 불구하고 제1항제1호의2는 주택의 거래계약을 체결하는 경우에만 적용한다. 다만, 다음 각 호의 어느 하나에 해당하는 경우에는 제외한다. 1. 거래당사자 중 법 제3조제1항 단서에 따른 국가등이 포함된 경우 2. 제3항 각 호의 법률에 따른 주택의 공급계약인 경우
제18조(고유식별정보의 처리) 국토교통부장관, 신고관청 및 허가관청은 다음 각 호의 사무를 수행하기 위하여 불가피한 경우 「개인정보 보호법 시행령」 제19조제1호·제2호 또는 제4호에 따른 주민등록번호, 여권번호 또는 외국인등록번호가 포함된 자료를 처리할 수 있다	제18조(고유식별정보의 처리) ──── ──────────────── ──────────────── ──────────────── ──────────────── ──────────────── ────
1. (생략)	1. (현행과 같음)
〈신설〉	1의2. 법 제3조의2에 따른 부동산 거래의 해제등 신고
2. ~ 7. (생략)	2. ~ 7. (현행과 같음)
〈신설〉	제19조의5(전자서명의 특례) 법 제3조, 제3조의2, 제8조 및 제9조에 따라 신고 또는 신청을 하는 경우에는 「전자서명법」 제2조제6호에 따른 인증서(서명자의 실지명의를 확인할 수 있는 것을 말한다. 이하 "전자인증"이라 한다)의 방법으로 서명 또는 날인할 수 있다. 이 경우 전자인증 방법으로 신분을 증명할 수 있다.

〈 의안 소관 부서명 〉

국토교통부 토지정책과	
연락처	(044) 201 – 3402

증빙서류 제출 등에 관한 안내

- 미제출 사유서 작성 및 증빙서류 발급방법 -

2020. 3.

국토교통부
토지정책과

순　서

사례1

☞ 매수인 A는 매도인 B와 '20.3.17. 서울시 OO구 OO동 OO아파트 매매계약을 10억원에 체결((계약금 1억원, 중도금은 3억원(4.30.), 잔금은 6억원(6.30.))하고 매수인 A는 자기자금 6억원(예금액 1억, 주식매각대금 1억, 아버지 증여 1억, 전세로 살고 있는 주택 3억)과 금융대출 및 가족 등에게 돈을 빌려 4억원(금융대출 3억, 친형에게 차용 1억)을 마련할 계획을 세우려는 경우

【자금조달계획서 작성 예시】

① 자금조달계획					
	자기자금	② 금융기관 예금액 100,000,000 원		③ 주식·채권 매각대금 100,000,000 원	
		④ 증여·상속 100,000,000 원		⑤ 현금 등 그 밖의 자금 원	
		[ ]부부 [V]직계존속 (관계: 부) [ ]그 밖의 관계( )		[ ]보유 현금 [ ]그 밖의 자산 (종류:)	
		⑥ 부동산 처분대금 등 300,000,000 원		⑦ 소계 600,000,000 원	
	차입금 등	⑧ 금융기관 대출액 합계 300,000,000 원	주택담보대출		300,000,000 원
			신용대출		원
			그 밖의 대출	(대출 종류:)	원
		기존 주택 보유 여부 (주택담보대출이 있는 경우만 기재) [V] 미보유 [ ]보유 (건)			
		⑨ 임대보증금 등 원		⑩ 회사지원금·사채 등 원	
		⑪ 그 밖의 차입금 100,000,000 원		⑫ 소계	400,000,000 원
		[ ]부부 [ ]직계존속 (관계:) [V]그 밖의 관계(형)			
	⑬ 합계				1,000,000,000 원

【증빙서류 미제출 사유서 작성 예시(민원인 서면제출)】

자조서 기재항목		증빙서류	①제출여부	미제출사유
자기자금	금융기관 예금액	예금잔액증명서	○	제출완료
		기 타		
	주식·채권 매각대금	주식거래내역서	○	제출완료
		예금잔액증명서	○	
		기 타		
	증여·상속	증여·상속세 신고서		제출완료
		납세증명서	○	
		기 타		
	현금 등 그 밖의 자금	소득금액증명원		해당없음
		근로소득원천징수영수증		
		기 타		
	부동산 처분대금 등	부동산 매매계약서		제출완료
		부동산 임대차계약서	○	
		기 타		
차입금	금융기관 대출액	금융거래확인서	X	4월 말 대출신청 예정
		부채증명서	X	
		금융기관 대출신청서	X	
		기 타	X	
	임대보증금	부동산임대차계약서		해당없음
	회사지원금·사채	금전을 빌린 사실과 그 금액을 확인할 수 있는 서류		해당없음
	그 밖의 차입금	금전을 빌린 사실과 그 금액을 확인할 수 있는 서류	X	4월 말 차입예정

유의사항

① 작성항목별 증빙서류 제출여부 O/X 표시
② 자금조달계획서에 작성되지 않은 항목은 제출여부 미표시 및 '미제출 사유란'에 "해당없음"으로 작성
③ 자금조달계획서에 항목별 사항을 작성은 했으나 제출시점에 증빙서류를 제출할 수 없는 경우 그 사유를 간략하게 작성(예시: 증여, 매매계약, 대출 등 추후 예정인 경우 "00월 예정"으로 작성)
④ 제출된 사항에 대하여 담당자는 증빙서류 및 자금조달계획서 확인

【증빙서류 미제출 사유서 작성 예시(인터넷 제출)】

자조서 기재항목		①증빙서류 제출대상	증빙서류	②제출여부	③미제출사유
자기자금	금융기관 예금액	○	예금잔액증명서	V	
			기 타		
	주식·채권 매각대금	○	주식거래내역서	V	
			예금잔액증명서	V	
			기 타		
	증여·상속	○	증여·상속세 신고서		
			납세증명서	V	
			기 타		
	현금 등 그 밖의 자금	X	소득금액증명원		
			근로소득원천징수영수증		
			기 타		
	부동산 처분대금 등	○	부동산 매매계약서		
			부동산 임대차계약서	V	
			기 타		
차입금	금융기관 대출액	○	금융거래확인서		4월 말 대출신청 예정
			부채증명서		
			금융기관 대출신청서		
			기 타		
	임대보증금	X	부동산임대차계약서		
	회사지원금·사채	X	금전을 빌린 사실과 그 금액을 확인할 수 있는 서류		
	그 밖의 차입금	○	금전을 빌린 사실과 그 금액을 확인할 수 있는 서류		4월 말 차입예정

유의사항

① 증빙서류 제출대상란에 "○" 표시된 항목은 해당 증빙서류를 제출하거나 미제출 사유를 작성 (자금조달계획서 작성에 따라 ○, X 자동설정)

② 제출한 증빙서류에 "V" 표시

③ 증빙서류 제출대상란에 "○" 이 표시되었으나 제출시점에 증빙서류를 제출할 수 없는 경우 그 사유를 간략하게 작성(예시: 증여, 매매계약, 대출 등 추후 예정인 경우 "00월 예정"으로 작성)

④ 제출된 사항에 대하여 담당자는 증빙서류 및 자금조달계획서 확인

사례2

☞ 매수인 A는 매도인 B와 '20.3.17. 서울시 OO구 OO동 OO아파트 매매계약을 12억원에 체결((계약금 1억원, 중도금은 5억원(4.30.), 잔금은 6억원(6.30.))하고 매수인 A는 자기자금 5억원(예금액 2억, 아버지 1억, 친형 1억 증여, 현금 1억)과 금융대출 등 차입금으로 7억원(금융대출 1억, 기존 전세보증금 5억, 배우자에게 차용 1억)을 마련할 계획을 세우려는 경우

【자금조달계획서 작성 예시】

① 자금조달계획	자기자금	② 금융기관 예금액 200,000,000 원		③ 주식·채권 매각대금 원	
		④ 증여·상속 200,000,000 원		⑤ 현금 등 그 밖의 자금 100,000,000 원	
		[ ]부부 [V]직계존비속 (관계: 부) [V]그 밖의 관계(형)		[V]보유 현금 [ ]그 밖의 자산 (종류:)	
		⑥ 부동산 처분대금 등 원		⑦ 소계 500,000,000 원	
	차입금 등	⑧ 금융기관 대출액 합계 100,000,000 원	주택담보대출		원
			신용대출		100,000,000 원
			그 밖의 대출	(대출 종류:)	원
		기존 주택 보유 여부 (주택담보대출이 있는 경우만 기재) [ ] 미보유 [ ]보유 (건)			
		⑨ 임대보증금 등 500,000,000 원		⑩ 회사지원금·사채 등 원	
		⑪ 그 밖의 차입금 100,000,000 원		⑫ 소계 700,000,000 원	
		[V]부부 [ ]직계존비속 (관계:) [ ]그 밖의 관계( )			
	⑬ 합계			1,200,000,000 원	

【증빙서류 미제출 사유서 작성 예시(민원인 서면제출)】

자조서 기재항목		증빙서류	①제출여부	미제출사유
자기자금	금융기관 예금액	예금잔액증명서	○	제출완료
		기 타		
	주식·채권 매각대금	주식거래내역서		해당없음
		예금잔액증명서		
		기 타		
	증여·상속	증여·상속세 신고서	○	제출완료
		납세증명서		
		기 타		
	현금 등 그 밖의 자금	소득금액증명원	○	제출완료
		근로소득원천징수영수증		
		기 타		
	부동산 처분대금 등	부동산 매매계약서		해당없음
		부동산 임대차계약서		
		기 타		
차입금	금융기관 대출액	금융거래확인서	X	4월 말 대출신청 예정
		부채증명서	X	
		금융기관 대출신청서	X	
		기 타	X	
	임대보증금	부동산임대차계약서	○	제출완료
	회사지원금·사채	금전을 빌린 사실과 그 금액을 확인할 수 있는 서류		해당없음
	그 밖의 차입금	금전을 빌린 사실과 그 금액을 확인할 수 있는 서류	○	제출완료

유의사항

① 작성항목별 증빙서류 제출여부 O/X 표시
② 자금조달계획서에 작성되지 않은 항목은 제출여부 미표시 및 '미제출 사유란'에 "해당없음"으로 작성
③ 자금조달계획서에 항목별 사항을 작성은 했으나 제출시점에 증빙서류를 제출할 수 없는 경우 그 사유를 간략하게 작성(예시: 증여, 매매계약, 대출 등 추후 예정인 경우 "00월 예정"으로 작성)
④ 제출된 사항에 대하여 담당자는 증빙서류 및 자금조달계획서 확인

430

【증빙서류 미제출 사유서 작성 예시(인터넷 제출)】

자조서 기재항목		①증빙서류 제출대상	증빙서류	②제출 여부	③미제출사유
자기 자금	금융기관 예금액	○	예금잔액증명서	V	
			기 타		
	주식·채권 매각대금	X	주식거래내역서		
			예금잔액증명서		
			기 타		
	증여·상속	○	증여·상속세 신고서	V	
			납세증명서		
			기 타		
	현금 등 그 밖의 자금	○	소득금액증명원	V	
			근로소득원천징수영수증		
			기 타		
	부동산 처분대금 등	X	부동산 매매계약서		
			부동산 임대차계약서		
			기 타		
차 입 금	금융기관 대출액	○	금융거래확인서		4월 말 대출신청 예정
			부채증명서		
			금융기관 대출신청서		
			기 타		
	임대보증금	○	부동산임대차계약서	V	
	회사지원금 ·사채	X	금전을 빌린 사실과 그 금액을 확인할 수 있는 서류		
	그 밖의 차입금	○	금전을 빌린 사실과 그 금액을 확인할 수 있는 서류	V	

유의사항

① 증빙서류 제출대상란에 "○" 표시된 항목은 해당 증빙서류를 제출하거나 미제출 사유를 작성 (자금조달계획서 작성에 따라 ○, X 자동설정)
② 제출한 증빙서류에 "V" 표시
③ 증빙서류 제출대상란에 "○"이 표시되었으나 제출시점에 증빙서류를 제출할 수 없는 경우 그 사유를 간략하게 작성(예시: 증여, 매매계약, 대출 등 추후 예정인 경우 "00월 예정"으로 작성)
④ 제출된 사항에 대하여 담당자는 증빙서류 및 자금조달계획서 확인

☞ 매수인 A는 '20.3.17. 서울시 00구 00동 00아파트 분양 계약을 10억원에 체결((계약금 1억원, 중도금은 6억원, 잔금 3억원))하고 매수인 A는 자기자금 6억원(예금액 2억, 주택 처분 4억)과 금융대출 등 차입금으로 4억원(금융대출 3억, 아버지에게 차용 1억)을 마련할 계획을 세우려는 경우

※ 중도금은 6회 납부, 잔금은 입주 시 납부

【자금조달계획서 작성 예시】

① 자금 조달계획	자기 자금	② 금융기관 예금액 200,000,000 원		③ 주식·채권 매각대금 원	
		④ 증여·상속 원 [ ]부부 [ ]직계존속 (관계:) [ ]그 밖의 관계( )		⑤ 현금 등 그 밖의 자금 원 [ ]보유 현금 [ ]그 밖의 자산 (종류:)	
		⑥ 부동산 처분대금 등 400,000,000 원		⑦ 소계 600,000,000 원	
	차입금 등	⑧ 금융기관 대출액 합계 300,000,000 원	주택담보대출		
			신용대출		
			그 밖의 대출	300,000,000 원 (대출 종류: 중도금집단대출)	
		기존 주택 보유 여부 (주택담보대출이 있는 경우만 기재) [ ] 미보유 [ ]보유 (건)			
		⑨ 임대보증금 등 원		⑩ 회사지원금·사채 등 원	
		⑪ 그 밖의 차입금 100,000,000 원 [ ]부부 [V]직계존속 (관계: 부) [ ]그 밖의 관계( )		⑫ 소계 400,000,000 원	
	⑬ 합계			1,000,000,000 원	

【증빙서류 미제출 사유서 작성 예시(민원인 서면제출)】

자조서 기재항목		증빙서류	①제출 여부	미제출사유
자기 자금	금융기관 예금액	예금잔액증명서	○	제출완료
		기 타		
	주식·채권 매각대금	주식거래내역서		해당없음
		예금잔액증명서		
		기 타		
	증여·상속	증여·상속세 신고서		해당없음
		납세증명서		
		기 타		
	현금 등 그 밖의 자금	소득금액증명원		해당없음
		근로소득원천징수영수증		
		기 타		
	부동산 처분대금 등	부동산 매매계약서	X	매도의뢰 중으로 현재까지 매매계약 미체결
		부동산 임대차계약서	X	
		기 타	X	
차입금	금융기관 대출액	금융거래확인서	X	4월말 중도금대출 신청 예정
		부채증명서	X	
		금융기관 대출신청서	X	
		기 타	X	
	임대보증금	부동산임대차계약서		해당없음
	회사지원금·사채	금전을 빌린 사실과 그 금액을 확인할 수 있는 서류		해당없음
	그 밖의 차입금	금전을 빌린 사실과 그 금액을 확인할 수 있는 서류	○	제출완료

유의사항

① 작성항목별 증빙서류 제출여부 O/X 표시
② 자금조달계획서에 작성되지 않은 항목은 제출여부 미표시 및 '미제출 사유란'에 "해당없음"으로 작성
③ 자금조달계획서에 항목별 사항을 작성은 했으나 제출시점에 증빙서류를 제출할 수 없는 경우 그 사유를 간략하게 작성(예시: 증여, 매매계약, 대출 등 추후 예정인 경우 "00월 예정"으로 작성)
④ 제출된 사항에 대하여 담당자는 증빙서류 및 자금조달계획서 확인

【증빙서류 미제출 사유서 작성 예시(인터넷 제출)】

자조서 기재항목		①증빙서류 제출대상	증빙서류	②제출 여부	③미제출사유
자기 자금	금융기관 예금액	○	예금잔액증명서	V	
			기 타		
	주식·채권 매각대금	X	주식거래내역서		
			예금잔액증명서		
			기 타		
	증여·상속	X	증여·상속세 신고서		
			납세증명서		
			기 타		
	현금 등 그 밖의 자금	X	소득금액증명원		
			근로소득원천징수영수증		
			기 타		
	부동산 처분대금 등	○	부동산 매매계약서		매도의뢰 중으로 현재까지 매매계약 미체결
			부동산 임대차계약서		
			기 타		
차 입 금	금융기관 대출액	○	금융거래확인서		4월 말 중도금대출 신청 예정
			부채증명서		
			금융기관 대출신청서		
			기 타		
	임대보증금	X	부동산임대차계약서		
	회사지원금 ·사채	X	금전을 빌린 사실과 그 금액을 확인할 수 있는 서류		
	그 밖의 차입금	○	금전을 빌린 사실과 그 금액을 확인할 수 있는 서류	V	

유의사항

① 증빙서류 제출대상란에 "○" 표시된 항목은 해당 증빙서류를 제출하거나 미제출 사유를 작성 (자금조달계획서 작성에 따라 ○, X 자동설정)
② 제출한 증빙서류에 "V" 표시
③ 증빙서류 제출대상란에 "○" 이 표시되었으나 제출시점에 증빙서류를 제출할 수 없는 경우 그 사유를 간략하게 작성(예시: 증여, 매매계약, 대출 등 추후 예정인 경우 "00월 예정"으로 작성)
④ 제출된 사항에 대하여 담당자는 증빙서류 및 자금조달계획서 확인

Ⅱ 증빙서류 발급방법 안내

1 금융기관 예금액(자기자금)

제출 증빙 서류	발급 방법
예금잔액 증명서	① 인터넷 뱅킹을 통한 발급 인터넷 뱅킹 접속 → 공인인증서 로그인 → 증명서 발급 → 발급 계좌 선택 및 발급기준일(또는 조회기간) 설정 후 발급 ② 영업점을 직접 방문하여 발급 ※ 주의 : **발급일 기준을 당일로 설정 시 당일 해당 계좌의 모든 입/출금 거래 제한.** 은행별 로그인 및 발급방법 상이할 수 있으므로 자세한 내용은 해당 은행 문의(OTP 및 보안카드 필요 등)

【잔액증명서 예시】

2 주식·채권 매각대금(자기자금)

제출 증빙 서류	발급 방법
주식거래내역서	① 인터넷 뱅킹 : 증권사 인터넷뱅킹 접속하여 발급 인터넷 뱅킹 접속 → 공인인증서 로그인 → 증명서 발급 → 조회기간 설정 후 발급 ② 고객센터 유선연결 : 상담원에게 직접 발급 신청하여 FAX 또는 우편으로 수신(계좌번호 및 비밀번호 필요) ③ 영업점 방문 ※ 주의 : 은행별 로그인 및 발급방법 상이할 수 있으므로, 자세한 내용은 해당 증권사 문의(범용공인인증서 필요 등)
예금잔액증명서	금융기관 예금액의 예금 잔액 증명서 발급 방법 참고

【주식거래내역서 예시】

위탁계좌 거래내역서

화면번호 : 1180

○○증권 고객센터   2020-03-17 오후 3:26:16 현재
계좌번호 :   개설일 : 2019년 04월 03일   전화번호 :

[거래변동내역]   조회기간 : 2020/01/01 ~ 2020/03/17   <전체거래>

거래일자	적요	종목(관고)번호	거래종목	입출금고	유가잔고	예수금	거래점
2020-01-02				4 * 13000 = 52000	4	7,803 03640	고객센터
2020-01-02				7 * 28900 = 202300	0	209,589 03640	고객센터
		수수료		9			
		거래세		202			
		거래농특세		303			
		정산금액		201,786			
2020-01-06				20 * 4325 = 86500	20	123,086 03640	고객센터
		수수료		3			
		정산금액		86,503			
2020-01-06				4 * 13100 = 52400	0	175,356 03640	고객센터
		거래세		52			
		거래농특세		78			
		정산금액		52,270			

3 증여·상속(자기자금)

제출 증빙 서류	발급 방법
증여세·상속세 신고서	① 증여세과세표준신고 및 자진납부 계산서 : 「상속세 및 증여세법 시행규칙」 별지 제10호서식 ② 상속세과세표준신고 및 자진납부 계산서 : 「상속세 및 증여세법 시행규칙」 별지 제9호서식
납세증명서	국세청 홈텍스 로그인 → 민원증명 → 국세증명신청 → 납세증명 신청서 ※ 납세증명서 : 증명발급일 현재 체납액이 없음을 증명하기 위해 발급하는 문서

【증여세과세표준신고 및 자진납부계산서】　　　【납세증명서】

제출 증빙 서류	발급 방법
소득금액증명원	홈텍스 로그인 → 민원증명 → 국세증명신청 → 소득금액증명(근로소득) (공인인증필요) ※ 소득금액 증명원 : 종합소득세 신고 또는 연말 정산한 　　　　　　　　　근로소득자의 소득 금액을 증명하는 문서
근로소득 원천징수영수증	홈텍스 로그인 → 조회/발급 → 기타조회 → 근로소득 지급명세서 조회 → 사업자 별 조회 가능 ※ 근로소득원천징수영수증 : 원천징수세액을 영수할 때 사용하는 문서

【소득금액 증명원】　　　　　　　　【근로소득 원천징수 영수증】

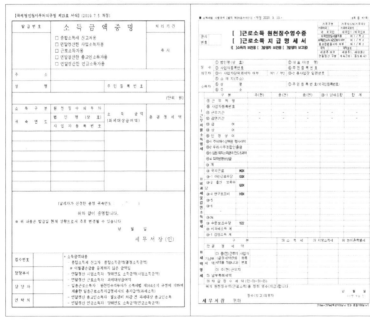

부동산 처분대금 등(자기자금)

☞ 본인 소유 부동산의 매도, 기존 임대보증금을 통해 조달하려는 경우

【부동산 매매계약서】

【부동산 임대차계약서】

금융기관 대출액(차입금)

제출 증빙 서류	발급 방법
금융거래확인서	① 인터넷 뱅킹을 통한 발급 인터넷 뱅킹 접속 → 공인인증서 로그인 → 증명서 발급 → 금융거래확인서 발급 ② 영업점을 직접 방문하여 발급 ※ 주의 : 발급일 기준을 당일로 설정 시 당일 해당 계좌의 모든 입/출금 거래 제한. 은행별 로그인 및 발급방법 상이할 수 있으므로 자세한 내용은 해당 은행 문의(OTP 및 보안카드 필요 등)
부채증명서	① 인터넷 뱅킹을 통한 발급 인터넷 뱅킹 접속 → 공인인증서 로그인 → 증명서 발급 → 부채증명서 발급 ② 영업점을 직접 방문하여 발급 ※ 주의 : 발급일 기준을 당일로 설정 시 당일 해당 계좌의 모든 입/출금 거래 제한. 은행별 로그인 및 발급방법 상이할 수 있으므로 자세한 내용은 해당 은행 문의(OTP 및 보안카드 필요 등)
대출신청서	대출받기위해 금융기관에 제출한 신청서

【금융거래확인서】　　　　　　【부채증명서】　　　　　　【대출신청서】

임대보증금(차입금)

☞ 취득 주택의 신규 임대차 계약 또는 매도인으로부터 승계한 임대차 계약이 있는 경우

【부동산 임대차계약서 예시】

부 동 산 임 대 차 계 약 서

[ ]전세 [ ]월세

임대인과 임차인 쌍방은 아래 표시 부동산에 관하여 다음 계약내용과 같이 임대차계약을 체결한다.

1. 부동산의 표시

소 재 지				
토 지	지 목		면 적	㎡
건 물	구조용도		면 적	㎡
임대할 부분			면 적	㎡

2. 계약내용

제 1 조 (목적) 위 부동산의 임대차에 한하여 임대인과 임차인은 합의에 의하여 임차보증금 및 차임을 아래와 같이 지불하기로 한다.

보 증 금	금	원정 (₩)
계 약 금	금	원정은 계약시에 지불하고 영수함. 영수자(인)
중 도 금	금	원정은 년 월 일에 지불하며
잔 금	금	원정은 년 월 일에 지불한다.
차임(월세)	금	원정은 (선불로 · 후불로) 매월 일에 지불한다.

제 2조 (존속기간) 임대인은 위 부동산을 임대차 목적대로 사용·수익할 수 있는 상태로 _____년_____월_____일 까지 임차인에게 인도하며, 임대차 기간은 인도일로부터 _____년_____월_____일까지로 한다.

제 3조 (용도변경 및 전대 등) 임차인은 임대인의 동의 없이 위 부동산의 용도나 구조를 변경하거나 전대·임차권 양도 또는 담보제공을 하지 못하며 임대차 목적 이외의 용도로 사용할 수 없다.

제 4조 (계약의 해지) 임차인의 차임연체액이 2기의 차임액에 달하거나 제3조를 위반하였을 때 임대인은 즉시 본 계약을 해지 할 수 있다.

제 5조 (계약의 종료) 임대차계약이 종료된 경우에 임차인은 위 부동산을 원상으로 회복하여 임대인에게 반환한다. 이러한 경우 임대인은 보증금을 임차인에게 반환하고, 연체 임대료 또는 손해배상금이 있을 때는 이들을 제하고 그 잔액 을 반환한다.

제 6조 (계약의 해제) 임차인이 임대인에게 중도금(중도금이 없을 때는 잔금)을 지불하기 전까지, 임대인은 계약금의 배액 을 상환하고, 임차인은 계약금을 포기하고 본 계약을 해제할 수 있다.

제 7조 (채무불이행과 손해배상) 임대인 또는 임차인이 본 계약상의 내용에 대하여 불이행이 있을 경우 그 상대방은 불이 행한 자에 대하여 서면으로 최고하고 계약을 해제할 수 있다. 그리고 계약 당사자는 계약해제에 따른 손해배상을 각각 상대방에 대하여 청구할 수 있다.

특약사항

본 계약을 증명하기 위하여 계약 당사자가 이의 없음을 확인하고 각각 서명·날인 후 임대인 임 임차인은 매장마다 간인하여야 하며, 각각 1통씩 보관한다.   20 년 월 일

임대인	주 소						
	주민등록번호		전 화		성 명		인
	대리인 주소		주민등록번호		성 명		
임차인	주 소						
	주민등록번호		전 화		성 명		인
	대리인 주소		주민등록번호		성 명		

8 회사지원금·사채(차입금)

☞ 매수인 본인 소속 회사 또는 대부업체로부터 대출을 받았다면
해당 서류 증명

【회사지원금 신청 양식 예시】

회장	간사	과장	담당	결
				재

대 여 금 신 청 서 (✓ 24회 상환
　　　　　　　　　　　□ 36회 상환)
　　　　　　　　　　　□ 특　　별

장 귀하　　　　　　　　　　　　　　　　2020 .01. 03.

신 청 금 액 : 금　　　　　천만원정(₩10,000,000)

정식발령일 : 2019 년　　01월　　01일

위와 같이 차용함에 있어　　　　규약을 준수하고 동 규약에 의하여
상환함은 물론 본인의 제급여 및 탈퇴전별금 등에서 일방적으로 회수
하여도 이의를 제기하지 않을 것을 확약하며 차용합니다.

대여 희망일 : 2020.01.30.

입 금 계 좌 :

보증방법 : ✓보증보험가입(이율 연2.71%)　□ 무보증(이율 연3.71%)

신청인(사용인) 소속 :　　　　사번 :　　　성명 :　　　　(인)

　※ 24회 상환(24개월) : 급여일에만 균등할부상환합니다.
　※ 36회 상환(36개월) : 급여일에만 균등할부상환합니다.
　※ 특　　별(24개월) : 급여일에 이자만을 상환하며, 만기시 원금 일시상환합니다.

442

그 밖의 차입금

☞ 가족 또는 친인척 등 제3자에게 빌려 자금을 마련할 계획이라면 차용증
등으로 증명 가능

【차용증 양식 예시】

차 용 증

1. 원   금 : 금 이억원(금 ₩200,000,000원)
2. 대 여 일 :
3. 변 제 일 :   단, 양자간 합의에 의해 전액 또
   는 일부를 중도 변제하거나 대여기간을 연장할 수 있다.
4. 이   자 :
5. 이자의 지급시기 : 대여일 익월(2020.1월)부터
                                        연 이자 상당액의

6. 연체 이자 : 연   %, 연체일 수 만큼 일할 계산한다

채무자는 위와 같은 조건으로 차용하고 차용증은 채무자와 채권자가 각
1부씩 보관한다.

          채 무 자 :
          주민등록번호 :
          전 화 번 호 :
          주 소 지 :

          채 권 자 :
          주민등록번호 :
          전 화 번 호 :
          주 소 지 : .

※ 위 양식은 일반적인 차용증과 다를 수 있음

📖 북오션 부동산 재테크 도서 목록 📖

부동산/재테크/창업

롱텀 부동산 투자 58가지

이 책은 현재의 내 자금 규모로, 어떤 위치의 부동산을 언제 살 것인가에 대한 탁월한 분석을 펼쳐 보여 준다. 월세탈출, 전세탈출, 무주택자탈출을 꿈꾸는, 건물주가 되고 싶고, 꼬박꼬박 월세 받으며 여유로운 노후를 보내고 싶은 사람들을 위한 확실한 부동산 투자 지침서가 되기에 충분하다. 이 책은 실질금리 마이너스 시대를 사는 부동산 실수요자, 투자자 모두에게 현실적인 투자 원칙을 수립할 수 있도록 해줄 뿐 아니라 실제 구매와 투자에 있어서도 참고할 정보가 많다.

장인석 지음 | 17,500원
348쪽 | 152×224mm

나의 꿈, 꼬마빌딩 건물주 되기

'조물주 위에 건물주'라는 유행어가 있듯이 건물주는 누구나 한 번은 품어보는 달콤한 꿈이다. 자금이 없으면 건물주는 영원한 꿈일까? 저자는 현재와 미래의 부동산 흐름을 읽을 줄 아는 안목과 자기 자금력에 맞춤한 전략, 꼬마빌딩을 관리할 줄 아는 노하우만 있으면 부족한 자금을 충분히 상쇄할 수 있다고 주장한다. 또한 액수별 투자전략과 빌딩 관리 노하우 그리고 건물주가 알아야 할 부동산지식을 알기 쉽게 설명한다.

나창근 지음 | 15,000원
302쪽 | 152×224mm

월급쟁이들은 경매가 답이다
1,000만 원으로 시작해서 연금처럼 월급받는 투자 노하우

경매에 처음 도전하는 직장인의 눈높이에서 부동산 경매의 모든 것을 알기 쉽게 풀어낸다. 일상생활에서 부동산에 대한 감각을 기를 수 있는 방법에서부터 경매용어와 절차를 이해하기 쉽게 설명하며 각 과정에서 꼭 알아야 할 중요사항들을 살펴본다. 경매 종목 또한 주택, 업무용 부동산, 상가로 분류하여 각 종목별 장단점, '주택임대차보호법' 등 경매와 관련되어 파악하고 있어야 할 사항들도 꼼꼼하게 짚어준다.

박갑현 지음 | 14,500원
264쪽 | 152×224mm

초저금리 시대에도 꼬박꼬박 월세 나오는
수익형 부동산

나창근 지음 | 17,000원
332쪽 | 152×224mm

현재 (주)기림이엔씨 부설 리치부동산연구소 대표이사로 재직하고 있으며 [부동산TV], [MBN], [한국경제TV], [KBS] 등 방송에서 알기 쉬운 눈높이 설명으로 호평을 받은 저자는 부동산 트렌드의 변화와 흐름을 짚어주며 수익형 부동산의 종류별 특성과 투자노하우를 소개한다. 여유자금이 부족한 투자자도 전략적으로 투자할 수 있는 혜안을 얻을 수 있을 것이다.

주식/금융투자

북오션의 주식/금융 투자부문의 도서에서 독자들은 주식투자 입문부터 실전 전문투자, 암호화폐 등 최신의 투자흐름까지 폭넓게 선택할 수 있습니다.

주식투자
기본도 모르고 할 뻔했다

박병창 지음 | 19,000원
360쪽 | 172×235mm

코로나 19로 경기가 위축되는데도 불구하고 저금리 기조가 계속되자 시중에 풀린 돈이 주식시장으로 몰리고 있다. 때 아닌 활황을 맞은 주식시장에 너나없이 뛰어들고 있는데, 과연 이들은 기본은 알고 있는 것일까? '삼프로TV', '쏠쏠TV'의 박병창 트레이더는 '기본 원칙' 없이 시작하는 주식 투자는 결국 손실로 이어짐을 잘 알고 있기에 이 책을 써야만 했다.

하루 만에 수익 내는
데이트레이딩 3대 타법

유지윤 지음 | 25,000원
312쪽 | 172×235mm

주식 투자를 한다고 하면 다들 장기 투자나 가치 투자를 말하지만, 장기 투자와 다르게 단기 투자, 그중 데이트레이딩은 개인도 충분히 가능하다. 물론 쉽지는 않다. 꾸준한 노력과 연습이 있어야 한다. 하지만 가능하다는 것이 중요하고, 매일 수익을 낼 수 있다는 것이 중요하다. 그 방법을 이 책이 알려준다.

최기운 지음 | 18,000원
424쪽 | 172×245mm

10만원으로 시작하는 주식투자

4차산업혁명 시대를 선도하는 기업의 주식은 어떤 것들이 있을까? 이제 이 책을 통해 초보투자자들은 기본적이고 다양한 기술적 분석을 익히고 그것을 바탕으로 향후 성장 유망한 기업에 투자할 수 있는 밝은 눈을 가진 성공한 가치투자자가 될 수 있다. 조금 더 지름길로 가고 싶다면 저자가 친절하게 가이드 해준 몇몇 기업을 눈여겨보아도 좋다.

박병창 지음 | 18,000원
288쪽 | 172×235mm

현명한 당신의
주식투자 교과서

경력 23년차 트레이더이자 한때 스패큐라는 아이디로 주식투자 교육 전문가로 불리기도 한 저자는 "기본만으로 성공할 수 없지만, 기본 없이는 절대 성공할 수 없다"고 하며, 우리가 모르는 '기본'을 설명한다. 아마도 이 책을 보고 나면 '내가 이것도 몰랐다니' 하는 감탄사가 입에서 나올지도 모른다. 저자가 말해주는 세 가지 기본만 알면 어떤 상황에서도 주식투자를 할 수 있다.

최기운 지음 | 18,000원
300쪽 | 172×235mm

동학 개미 주식 열공

〈순매매 교차 투자법〉은 단순하다. 주가에 가장 큰 영향을 미치는 사람의 심리가 차트에 드러난 것을 보고 매매하기 때문이다. 머뭇거리는 개인 투자자와 냉철한 외국인 투자자의 순매매 동향이 교차하는 곳을 매매 시점으로 보고 판단하면 매우 높은 확률로 이익을 실현할 수 있다.

곽호열 지음 | 19,000원
244쪽 | 188×254mm

초보자를 실전 고수로 만드는
주가차트 완전정복

이 책은 주식 전문 블로그 〈달공이의 주식투자 노하우〉의 운영자 곽호열이 예리한 분석력과 세심한 코치로 입문하는 사람은 물론 중급자들이 놓치기 쉬운 기술적 분석을 다양하게 선보인다. 상승이 예상되는 관심 종목 분석과 차트를 통한 매수·매도 타이밍 포착, 수익과 손실에 따른 리스크 관리 및 대응방법 등 주식시장에서 이기는 노하우와 차트기술에 대해 안내한다.

유지윤 지음 | 18,000원
264쪽 | 172×235mm

누구나 주식투자로
3개월에 1000만원 벌 수 있다

주식시장에서 은근슬쩍 돈을 버는 사람들이 있다. '3개월에 1000만 원' 정도를 목표로 정하고, 자신만의 투자법을 착실히 지키는 사람들이다. 3개월에 1000만 원이면 웬만한 사람들 월급이다. 대박을 노리지 않고, 딱 3개월에 1000만 원만 목표로 삼고, 그것에 맞는 투자 원칙만 지키면 가능하다. 이렇게 1000만 원을 벌고 나서 다음 단계로 점프해도 늦지 않는다.

근투생 김민후(김달호) 지음
16,000원 | 224쪽
172×235mm

삼성전자 주식을 알면
주식 투자의 길이 보인다

인기 유튜브 '근투생'의 주린이를 위한 투자 노하우. 국내 최초로 삼성전자 주식을 입체분석한 책이다. 삼성전자 주식은 이른바 '국민주식'이 되었다. 매년 꾸준히 놀라운 이익을 내고 있으며, 변화가 적고 꾸준히 상승할 것이라는 예상이 있기에, 이 책에서는 삼성전자 주식을 모델로 초보 투자자가 알아야 할 거의 모든 것을 설명한다.

금융의정석 지음 | 16,000원
232쪽 | 152×224mm

슬기로운 금융생활

직장인이 부자가 될 방법은 월급을 가지고 효율적으로 소비하고, 알뜰히 저축해서, 가성비 높은 투자를 하는 것뿐이다. 그 기반이 되는 것이 금융 지식이다. 금융 지식을 전달함으로써 개설 8개월 만에 10만 구독자를 달성하고 지금도 아낌없이 자신의 노하우를 나누어주고 있는 크리에이터 '금융의정석'이 영상으로는 자세히 전달할 수 없었던 이야기들을 이 책에 담았다.

최기운 지음 | 18,000원
252쪽 | 170×224mm

주식 투자의 정석

은행 예금으로 노후를 대비할 수 없는 저금리 시대에서는 단순한 급여 저축만으로는 미래를 설계할 수 없다. 이런 이유로 많은 개인투자자가 재테크를 위해 투자를 시작한다. 이 책은 새로운 개인투자자로 거듭나기 위한 구체적인 방법과 노하우를 제시한다. 과거 증시에서 개인투자자가 왜 투자에 성공할 수 없었는지 원인을 분석해 투자에 실패하는 가능성을 줄이고자 했다.